长得好看能当饭吃吗

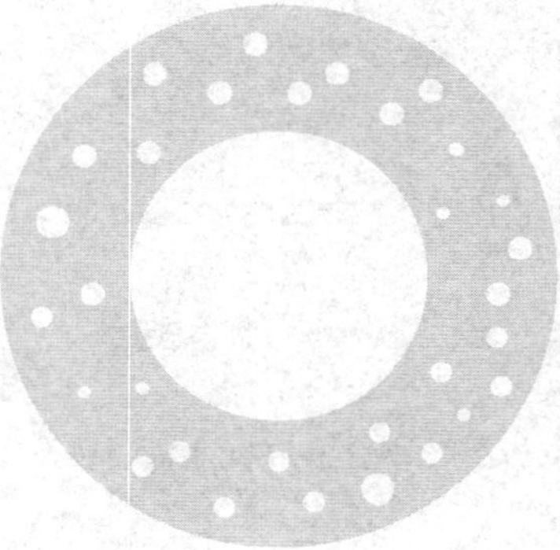

提升认知的33个经济学常识

PRETTY OR HUNGRY
LIFE IS A CHOICE

谢宗博——著

新世界出版社
NEW WORLD PRESS

图书在版编目（CIP）数据

长得好看能当饭吃吗：提升认知的33个经济学常识 / 谢宗博著．-- 北京：新世界出版社，2022.4（2024.7重印）
ISBN 978-7-5104-7475-0

Ⅰ．①长… Ⅱ．①谢… Ⅲ．①经济学－通俗读物 Ⅳ．① F0-49

中国版本图书馆 CIP 数据核字 (2022) 第 053302 号

长得好看能当饭吃吗：提升认知的33个经济学常识

作　　者：谢宗博
责任编辑：贾瑞娜
装帧设计：王左左
责任校对：宣　慧
责任印制：王宝根
出　　版：新世界出版社
网　　址：http://www.nwp.com.cn
社　　址：北京西城区百万庄大街 24 号（100037）
发 行 部：(010)6899 5968（电话） (010)6899 0635（电话）
总 编 室：(010)6899 5424（电话） (010)6832 6679（传真）
版 权 部：+8610 6899 6306（电话） nwpcd@sina.com（电邮）
印　　刷：嘉业印刷（天津）有限公司
经　　销：新华书店
开　　本：710mm × 1000mm　1/16　尺寸：170mm × 240mm
字　　数：378 千字　印张：25
版　　次：2022 年 4 月第 1 版　2024 年 7 月第 3 次印刷
书　　号：ISBN 978-7-5104-7475-0
定　　价：78.00 元

序 | PREFACE

经济学有什么用?

“你们这些学经济学的，为什么也没赚到什么钱呢？”“学了经济学，你为啥算不到哪只股票明天会涨呢？”“经济学对于我们的生活到底有什么用？”

这是我一直被问到，也一直在思考的问题。

必须承认，我们习惯认知的科学，逻辑大多源于自然科学，1+1=2，$E=MC^2$，规范精准，毋容置疑。

但是，经济学作为社会科学，研究的是复杂多变的人与社会，无法像自然科学那样准确定义研究标的，也无法通过实验还原真实的场景。经济学家就算使用一定的假设来简化所面临的问题，也无法得出一个放之四海皆准的答案。

比如，传统的经济学假设人都是理性的，在此基础上来分析人的行为对经济的影响。但人是不是理性的呢？不是。

不理性的人遵循什么样的逻辑来处理事情呢？没有办法穷举，俗话说，一千个人眼里就有一千个哈姆雷特。不同的经济学家，只能进一步做出各种假设，强行认为大家都会遵循某一个类似的准则，然后进行逻辑推导。

这也就导致对同一个问题，不同的经济学家会有不同的结论，甚至互相矛盾，我们该听谁的呢？

经济学所有的名词、结论、规律，都是建立在一定的假设条件之上的，任何结论都不能直接套用，这是它跟自然科学最大的不同。特别是理科学得比较好的人，很容易忽视社会科学的复杂性，忽视任何社会科学都必须建立在一定的条件之上。

因此，我们在用经济学常识来认知这个世界的时候，决不能僵化，或者死搬硬套，更不能通过一些所谓“十堂课实现财富自由”的课程来认知经济规律。而是要从最基础的经济学假设学起，不仅要学结论，更要学结论的前提，学推导的过程和逻辑，搞清楚适用的条件和环境，才不会变成“鹦鹉学舌”。

如此看来，经济学似乎是虚无缥缈、不着边际的，甚至对我们的生活根本就没什么用。可真的是这样吗？

还真不是。虽然不同的经济学派都有各自的假设和观点，但只要深入到经济学的底层逻辑中去，就会发现经济学存在的意义并不是告诉你一个直接的结论，而是带你掌握认知世界的方法和逻辑。

面对人生的诸多选择时，如果利用经济学的分析方法来指导行为，思考世界的角度就会变得通透而清晰。

比如，“去大城市策马奔腾还是留在小城市岁月静好”，看起来难以抉择，如果你掌握了机会成本的概念，利弊分析就清晰了很多。

再比如，在你失恋之后痛苦欲绝终日以泪洗面的日子里，如果你学过沉没成本的概念，就能决绝地与过往挥手告别，迎接更美好的下一段恋情。

这就是经济学对生活的意义。

很多人以为经济学研究的是金钱，但哈佛大学的指定经济学教材《微观经济学》（达龙·阿西莫格鲁等著）开篇就说道：“选择，而非金钱，才是经济学家研究的统一主题。”

经济学家认为，所有的人类行为都是选择的结果。在人生中，我们会面临无数次选择，有的时候答案是黑白分明的，但大多数时候我们无法看清自己拥有哪些选项，也很难去预测每一个选择会带给我们什么样的未来。

经济学的作用就在于此，它不像数学有一个标准答案，也不像物理化学可以改造“世界”，却可以通过对社会、心理等诸多因素的分析，找出这个世界运行的经济逻辑，引领你看清自己所拥有的选项，看透每个选项的优劣，找准自己内心最真实的需求，从而做出恰如其分的选择。

《长得好看能当饭吃吗》这个书名的选择也是如此。这本力求用经济学解答人生诸多选择难题的经济学常识读物，为什么会用这个看起来与经济学八竿子打不着的书名呢？

乍一看确实很突兀，但仔细想想，“当饭吃”，不就是最基本的经济学吗？选择以何种方式来解决我们的温饱，进而过上富裕生活，不正是经济学要思考和解决的问题吗，不也正是我们生活中想要掌握的最大秘诀吗？

长得好看能当饭吃吗？答案是显而易见的，在经济学中却远远不止回答一个“是”这么简单。

作为社会科学，经济学除了帮我们认识世界，还有一个更大的作用，就是在被验证的逻辑中，寻找更适用的场景和机会，让更多的选择浮现在我们面前。因此，经济学并没有止步于“颜值”，而是在此基础上，让美成为一种产业。时尚的服装、绚丽的舞台、优雅的包装，都是“长得好看”在经济学中的应用。

通过对“长得好看为什么能当饭吃”的研究，我们还可以发现，能让人得到愉悦感并非仅仅只是美貌和外在，丰富的才识、幽默的谈吐，这一切能给人带来舒适感的表现，都是“长得好看”的经济学解释，并可以带来“能当饭吃”的价值，甚至可以产生比容貌更大的经济学意义。正如《脱口秀大会》的黑马——徐志胜，凭着金句迭出的自嘲，把“暴力美学”发挥到极致，一跃成为“脱口秀花瓶”，创造了不亚于一线明星的身价。

你看，经济学不仅仅只是回答了为什么“长得好看能当饭吃”，还告诉大家，长相不过是“美”的一种表现，只要选准合适的努力方向，把握好自己的人生选择，挖掘出自己的独特“美”，就一定能得到属于自己的“那碗饭”。

这么一来，“长得好看能当饭吃”这个看起来门槛很高的选项，即使是对于我这种相貌平平的人来说，也变成了一种可行的选择。

希望这本书也能够帮助面临人生选择的每一个你，做出相对完美的抉择。

目录 | CONTENTS

第一章

生活“异常”现象里隐藏的经济学

为什么收入越来越多，却感觉越来越穷？

买前冲动，买完后悔，怎么走出商家的套路？

水是必需品都这么便宜，钻石没什么用为啥那么贵？

01 坎蒂隆效应

为什么收入越来越多，却感觉越来越穷？

穷只是一种错觉，其实是你的购买力排位下降了

Zumbo：

大学毕业 10 年来，工资年年涨，钱却越来越不够用，紧巴巴的生活总是围绕着我，阴魂不散。

我记得刚毕业的时候，一个月才几千块钱。那时候，除了租房没什么别的大项开支，剩下来的，经常跟朋友们一起去喝酒、旅行。虽然也没剩下多少钱，但是似乎也没有为钱发愁过。

现在，一个月工资涨到了四五万，却越来越感觉不够花了：房子按揭 2 万多，养车子花销好几千，老婆买个包，孩子读个课外班，七七八八下来，根本剩不下来。打算出去旅游一趟，还得精打细算，假日不敢去，酒店、机票太贵；平时不舍得去，请假扣奖金划不来。

这似乎是个奇怪的逻辑，钱都去哪儿了？

跟身边朋友聊起来，大家都有这样的感受。真要说起来，身边的朋友买房的买房，买车的买车，一年还要出国旅游几次，生活品质确

实提高了，但为啥大家都还是有越过越穷的感觉呢？

我们是更穷了还是更富了，答案看起来是显而易见的。为什么还有那么多人觉得自己更穷了呢？

穷富只是个相对概念

所谓“越过越穷”，并不是自身真的比10年前的生活条件更低了。

真要跟10年前来对比的话，我们的生活条件毫无疑问是一直在持续改善提高中的。

以前羡慕别人手持大哥大，现在人人都用上手机了，而且还随时随地在线；

以前到别的城市旅游都很难，现在新马泰等东南亚国家已经成了中国人扎堆的“游乐园”；

以前满大街都是自行车，现在小汽车堵成了一锅粥；

以前买身衣服就算过年了，现在衣服“随走随买，随穿随丢”；

只是我们已经把这些当作理所当然的生活，所以并不认为这些代表我们“富”了。

实际上，如果纵向比较的话，近几十年，是中国人物质条件极大丰富、人们生活水平快速提高的阶段。我们从贫穷跨入小康，物质生活发展的速度超过了西方国家过去几百年的努力。

但是，我们为什么还是觉得自己穷呢？

因为“穷富”是个相对概念，我们相对的标的是横向比较，而不是纵向比较。

也就是说，大家所谓的穷富，主要是跟身边的人对比，而不是跟过去的自己对比。所谓的穷，只是跟朋友或身边的人相比，自己的生活条件不如别人罢了。

中国经济的快速发展所新增加的财富，并没有完全平均地分配到每个人身上，当然由于贡献不同、承担的风险不同，财富分配也没办法、更不应该完全平均分配。但由于财富的不平均增长，造成了贫富差距的拉大，从而也就带来了新的穷富之分。

就算你在上海买了套100多平方米的房子，如果身边朋友都是住独栋老别墅，你马上就感觉自己是个穷人了。

一个年入千万的金领，如果朋友的企业都IPO（首次公开募股）上市了，看到自己还在苦苦地卖命挣钱，是不是比刚刚领到1万元年终奖的外卖员还觉得困顿穷苦？

看来，我们并不是真的变穷了，只是身边朋友太有钱，让我们相形之下没有了“有钱”的感觉。

钱并不等于购买力

钱越挣越多，能随便花的却越来越少。这种感受，大家都有。

其实，钱并不等于购买力。甚至社会上的钱越多，我们手里的钱越“不值钱”。

2020年年初以来，受新冠肺炎疫情冲击，世界上大多数国家的经济发展普遍呈现下滑趋势。作为应对，美国、欧盟、日本等主要经济体都实行了刺激经济计划，简单来说就是增发货币，也就是印钞票。

据统计，截至2020年底，全球8大主要经济体新增货币发行量高达14万亿美元左右，约合人民币100万亿元。这是什么概念？就相当于给全球70多亿人口每人发了约1.4万元人民币。

2021年，刚刚上台的美国总统拜登再次实施的约1.9万亿美元疫情援助计划，将导致许多国家加入新一轮的印钞行列。

全球性货币增发带来什么样的后果呢？必然的结果是：全球性通货膨胀和个人资产大幅度缩水，无人能幸免。

增发货币，为什么会让我们手里的钱“不值钱”呢？

还是举个例子吧：

假设我们10个人，每个人有10块钱，组成了一个小社会，有人当总统，有人卖馒头，各司其职。

到了中午，卖馒头的这位开始营业了。他准备了10个馒头，最初叫价3元一个，由于我们每个人手里才10块钱，所以大家都不舍得买，经过几轮平衡，最终价格降到了1元，大家每个人的心理上都接受了，用财富的十分之一买一个馒头。

因此，哪怕一个馒头吃不饱，但谁也不舍得多花钱买两个馒头，这样也刚好实现了供需平衡。

等到傍晚，又到吃饭的时候了，还是10个馒头，每个1元，大家虽然还是吃不饱，仍然是每人花1块钱各买一个馒头。

看着大家生活这么拮据，总统发话了：每人发10元，敞开吃。

最先拿到钱的那个，马上拿两块钱买了两个馒头，吃得饱饱的。

市场机制传导是非常快的。这时候，卖馒头的那位马上意识到了：消费需求上来了。按照这个比例，10个人有20个馒头的消费需求，而我目前每天做馒头的能力只有10个，这时候怎么办？

涨价！

第二个人来买馒头的时候，价格已经涨到了2块，他看看手中新发的10元，一狠心花了4元也买了两个。

这时候，卖馒头的会怎么想？

继续涨价，涨到他们每人只买一个为止，因为只有这样才能实现收入的最大化。

价格涨涨跌跌，最后会稳定在哪里？

会稳定在2元一个馒头、每人买一个的状态。这时候，虽然大家的财富从10元增长到了20元，现实仍然是，每个人要用财富的十分之一买一个馒头。

为什么？

因为社会的总消费会与总供给实现天然的均衡，如果在消费、供给没有发生变化的情况下，财富的增加并不会带来更多的购买力。

也就是说，我们手里的钱多了，但是我们的购买力没变。

但是，现实生活中，货币增发的钱并不是平均、同时发放到我们每个人手里的。新增的货币逐渐流向社会，优先获得的人群先获利，并推高资产价格。后面的人虽然钱也增加了，资产却在缩水，这就是坎蒂隆效应（Cantillon effect）：前排占了后排便宜，上游掠夺了下游，收入的再分配悄然完成。

货币购买力下降是全球的共性问题。无论是美元、欧元、英镑，还是人民币、比索、里拉，它们的购买力都是随着时间的流逝而在逐渐下降。只是有的国家的货币购买力下降得缓慢一些，有的下降得快一些罢了。

要想保证自己的购买力排位保持不下降，从而获得“富”的感觉，那么在社会财富的增长过程中，你需要注意两个方面的财富你是不是共享了。

新财富的分配

第一个方面：新财富的增加你参与分配了吗？你分配的比例超过平均数了吗？

每年社会的总财富都在持续增加，最直接的表现就是GDP的增长。然而，增长的新财富分配是不均衡的，地区的分配不均衡，行业的分配不均衡，社会角色的分配不均衡。

中国在过去十多年财富一直实现高增长，而且从增长率看，远超任何国家，同时也在形成明显的财富分化，无论是从地域、行业还是财富占有形态来看，都是如此。

与大家关系密切的就是工资增长远远没有赶上社会财富的增长，这就导致依靠工资收入来累积财富的人，在社会财富中的地位必然逐步下降。

一个最直接的例子就是，20世纪90年代甚至21世纪初期毕业的大学生，当时工资可能只有两三千块钱，但那时房价在大城市也不过几千块一平方米，能过万的已经是豪宅了。买房虽然有点难度，但总还是可以买得起的。如果那时花二三十万，甚至七八十万在一线城市买套房子，放到现在，基本上都过千万了，是全家这么多年来所有工资收入的数十倍。

而现在毕业的大学生呢？工资最高也不过一两万起步，而一二线城市的房价已经涨到了几万甚至十几万元一平方米了，三四线城市的房价也普遍涨到了一万元一平方米。也就是说，随便在哪个级别的城市买房，基本上都要花费上百万。

年轻人别说全款了，连按揭都很难承受。

这就是财富增长过程中必然导致的结果：财富和收入之间的离散度在加大，劳动产生的收入增长远远赶不上资产创造的财富增长，“人挣钱”远远赶不上“钱生钱”。

这个在经济学上叫作马太效应（Matthew effect），它反映出一种富的更富、穷的更穷的两极分化的社会现象。

旧财富的通胀

第二个方面：旧财富的通货膨胀你追上了吗？

通货就是钱，我们常说钱是硬通货，就是这个意思。膨胀就是“变多”。一言以蔽之，通货膨胀就是“钱多了”。钱多了，购买力就下降，钱就不值钱了。

传统经济学认为，货币最核心的理论，就是货币的数量要和整个经济发展动态匹配。

如果货币增长速度和整个经济发展速度相匹配，这叫货币增发；超过经济发展速度，就叫货币超发。货币增发，可以维持货币价值稳定；货币超发，经济“消化”不了，钱就溢出来了，导致商品价格上涨。物价上涨，货币贬值，钱不值钱。

关于货币与价格的关系，20世纪初，美国经济学家费雪（Lrving Fisher）提出了著名的费雪公式（Fisher equation）：

$$MV=PQ$$

式中，M代表货币发行量（money supply），V代表货币流通速度（velocity of money），P代表商品价格（price），Q代表商品数量（quantity）。

在Q（商品数量）保持不变的情况下，M（货币发行量）增速过快自然导致P（商品价格）的快速上涨。

在近代史上，我们对通胀有深刻的记忆。中华人民共和国成立之前，国民党蒋、宋、孔、陈四大家族强取豪夺人民的财富，20年间四大家族的财富翻了20倍。各地军阀更是滥印钞票，搞得纸币的面额还没有印钱的纸本身值钱，老百姓想买袋大米得扛着一袋子的钱去。

现代社会里也不乏通货膨胀导致国家濒于崩溃、人民陷入水深火热的例子。

2014年以前的委内瑞拉，简直是地球上的乐土。委内瑞拉的国土面积有91万多平方公里，其中可耕地面积近3000万公顷，在一些地区还能一年三熟，盛产水稻、玉米、高粱等农作物，足以轻松养活3000多万的国民。

其矿物资源更是傲人，全国铁矿储量20亿吨以上，煤储量90亿吨左右，石油储量占世界储量的4%。2011年的数据显示，委内瑞拉的全国探明原油储备有3000亿桶之多，成为全球第一大探明原油储备国，占全球探明储量的18%。有段时间，委内瑞拉的油价每加仑（1加仑=3.79升）折合人民币才1.17元，一升油比一升矿泉水还要便宜。

也正因如此，在很长的一段时间内，委内瑞拉的福利待遇好得像天堂一般，免费福利涵盖了医疗、住房、教育等方方面面。

毫不夸张地说，油价每涨一元，委内瑞拉的福利待遇就要增加一元。

可惜盛筵必散。2014年国际油价断崖式下跌，委内瑞拉政府享尽富贵却未曾预期“楼塌了”要怎么应对，只能采取加印货币的方式去维持高补贴和高福利，而货币超发又引起了严重的通货膨胀，惨剧就此拉开帷幕。

委内瑞拉政府在2018年把国民最低工资提高了3000%以上，然而老百姓却一点也没感动。因为幅度听起来是挺惊人，可买起菜来也就相当于多了30美元而已。在他们国家，买一只5斤的鸡要花1500万，30美元扔进去连个响都听不到。

财富的锚定物

如何对抗财富的缩水，让自己的财富随着社会财富同步增长呢？

我们要看到，通货膨胀给消费性、投资性的生活带来两种截然不同的结果。

消费性的代表是猪肉价格，意味着生活成本的提高；投资性的代表是房价，意味着财富的增加。

你的财富越多地用于消费，那么通胀对你来说就意味着收入的贬值，消费的增加；越多地用于投资，通胀就意味着财富的溢价。

这个也就很直白地告诉了大家，要想不被通胀打败，就必须尽可能多地配置到投资性的财富上面。

说到这个话题，经济学家们发现一个有趣的现象，虽然通胀年年在增加，市场却一直有个锚定物，来体现社会总价值的稳定。

锚定物，顾名思义，就是把你的财富锚定起来。潮涨潮落，有了船锚，船的位置就能相对固定下来。财富锚的含义大概也是这样的。

在过去的一二十年里，房产是中国财富的锚定物。而房产确实也给了中国家庭丰厚的回报，很多人也通过住房投资，让自己的财富锚定下来。

锚定的意思不是只涨不跌，而是保持财富的均值不变。比如，即便房价下跌10%，那他在一个城市的财富排名也不会发生较大的变化，因为大家基本都配置了房产，要跌一起跌，他本身锚定的财富阶层并没有发生改变。

有人可能觉得如果只是一套自住房，价格涨跌并不重要。但是在过去的20年，正是有了房子的那批人，才抵抗住了通货膨胀带来的货币贬值效应，锚定了自己在社会财富中的排位。

随着房产价格逐渐稳定下来，房价已经无法再继续起到锚定甚至超越的作用了。

一方面，房地产投资进入稳定期，像过去还较常见的“三年一倍”的涨幅如今已经基本很少见，未来会更加少见。特别是随着中央对“房住不炒”的定性，房子的居住属性更加明显，投资属性开始逐步消退。住房投资的快速升值预期，已经逐渐消退。

过去20年地产投资的年回报率在10%以上，未来可能下降到3%左右，甚至3%以下，低于物价上涨水平。

另一方面，更长周期的投资理财产品，比如股票、基金、理财等证券产品规模在加速扩大，而且市场预期收益率更高。

股票市场隐含的回报率在10%左右，当然因为风险不同，回报有好有坏。但是这就导致了投资方向的天平已经逐渐向长周期的投资理财产品倾斜。

今后，一套到两套房产依然会是刚需，但在刚需之外，更多的财富锚定来自股票、基金等投资理财产品，因为这是相对于房产更加高效的投资资产。

正如海通证券研究所荀玉根所说：“如果说过去20年大家的财富差距取决于买了几套房的话，那未来10年、20年，财富的差距肯定就取决于配了多少权益资产。”

回到最初的这个问题，我们应该首先要明白，物质生活是在逐步改善的，我们赶上了国家快速发展的好时机。但是这种发展红利在逐步放缓，某些领域也在逐渐走向内卷化，根本原因还是我们已步入“高质量增长”阶段。经济快速增长时，蛋糕一直在做大，分配矛盾不突出；进入存量阶段后，矛盾开始尖锐，分化开始加大。

财富分化带给我们的直观感受，并不是收入更高了就变富了，而是在财富中的位置靠前了，才是变富了。放大来看，如果在整个社会中，财富的排位一直能够维持不变，甚至有所进步，才是所谓的“富”了。

对此，我们要有未雨绸缪的意识，对未来的经济形势有自己的判断。无论经济情况如何，个人资产都有可能升值或缩水，不同的资产表现方式也不一样，最重要的是，我们要树立投资意识，通过投资手段，不仅让自己的钱和资产不缩水，不感受到“穷”，更要用有限的资金实现保值增值，让自己和家庭过上更好的生活。

02 边际决策

水是必需品都这么便宜，钻石没什么用为啥那么贵?

请记住这句话：理性的决策看的是边际量

Zumbo：

作为一个收入不高、生活拮据的人，我对价格的敏感度非常高。人生中有很多我无法理解的价格，比如房价为什么这么高，钻石为什么这么贵?

作为一个实用主义者，我感觉真正有用的东西都很便宜，比如水、米、油、盐，甚至人类最离不开的空气完全免费。但是真正昂贵的似乎都没有那么必需，比如钻石、首饰、包包。

我当然为此很开心，起码我们穷人还能活下去。但是，我无法理解的是，价格不是应该跟这个产品的实用性相关吗，为什么越有用的越便宜，越无用的越贵呢?

19世纪的经济学家们也曾一直困惑于跟你类似的问题：为什么对于人类生存

至关重要的水价值很低，而对人类生存可有可无的钻石则有很高的价值？

西方经济学的鼻祖亚当·斯密（Adam Smith）在他的划时代著作《国富论》里，就提到了这个悖论，也称作价值悖论。

对于这个问题，古典经济理论并没能给出很好的解释。直到19世纪70年代，边际效用学派出现，提出了边际主义，标志着经济学中爆发了一场全面革命，这场革命被称为边际革命。

这场革命使经济学从古典经济学强调的生产、供给和成本，转向现代经济学关注的消费、需求和效用。

边际革命从19世纪70年代初开始持续到20世纪初，相继二三十年，边际效用学派的代表人物是英国经济学家威廉·斯坦利·杰文斯（William Stanley Javons），洛桑学派的法国经济学家莱昂·瓦尔拉斯（Léon Walras）和奥地利学派创始人、经济学家卡尔·门格尔（Carl Menger）。他们在19世纪70年代初先后出版了各自的代表作，并不约而同地讨论了同一个问题，即价值由什么决定。

价值并不来自实用性

边际主义指出：在价值决策中最重要的是边际，即最后一单位的消费品或是产品。

例如，家里买一辆车可以方便出行，价值比较大；家里人多，或者说考虑第一辆车要维修或作为备用车，打算买的第二辆车也相当有价值，但不如第一辆车有价值；第三辆车就更不如前面的两辆车了。给定汽车的价格，相信很少有人会去购买三辆车，因为第三辆车对他来说价值可能低于其价格。

这个思路也恰好可以用来解释“水和钻石”的问题。

物品的价值是由它带给人的边际效用决定的——水虽然是生命必需品，但是水的存量大，因此在边际上多一滴、少一滴对效用的影响不大，多喝一瓶水带来不了太多的边际收益，一瓶水的价格也就不会那么高（价格即消费者愿意付出的边际成本）。

反观钻石，因为稀有，多拥有一颗对于个人带来的边际效益会很高（比如显气质、突出品位、可以夸耀等），因此一颗钻石的价格相比水这种必需品，其消费者愿意付出的边际成本反而高很多。正是由于这个原因，钻石的价值要远远高于水。

由此可见，在生活中的许多决策，大家内心所关注的问题通常不是极端的非此即彼，而是“多一点”还是“少一点”的比较，也就是对边际成本和边际收益的权衡。

举例来说，我们需要考虑如何在购置食品和购置衣物上分配资金。一般来说，我们不会只买衣服不吃饭，也不会只吃饭不买衣服，而会考虑是多买些食品而少买些衣服，还是多买些衣服而少买些食品。

这样的选择就是边际选择。

经济决策需要边际主义

为了更进一步地理解为什么人们总是在边际上做决策，我们先来了解一下，什么是“边际”。

边际（margin），就是指边缘、额外、追加的意思。比如一张A4纸的四个边，就是这张纸的边际。而在经济学中，边际就是一个值，由于某一个变量，引起了边际值的变动。

通俗一点来讲，边际就是对于整体来说，最新增加的一个单位所引起的变化。比如：边际成本就是增加每一份产品或者产量，所带来的成本增加量；边际效用就是每多消费一份商品，所带来的总体满足程度的变化值。

边际主义出现后，就迅速应用到了经济决策的各个层面，比如投资决策。

假设你的公司正在开发一种新产品，按照预计，产品开发需要投资500万元，可以实现700万元的收益，利润为200万元。

在开发过程中，已经投入了400万元之后，你发现完成整个开发所需要的成本提高了，还需要 200 万元才能完成，而且由于市场上已经有竞争性产品出现，预计收益将下降到 500 万元。

这时候，请你做个决策，这个产品开发有盈利吗，是不是需要继续？

站在整个项目的成本分析来看，开发成本提高到了600万元，但是收益只有500万元，总计将亏损100万元。

无疑，这是个失败的产品开发计划。那么，如果不继续开发呢？已经投入的400万元也无法收回。看来，继续开发也是亏，不继续开发也是亏，应该如何决策呢？

从边际效用的角度考虑，这个问题就比较简单了。

我们来计算一下继续开发的边际效用。

如果选择继续开发，那么新增的边际成本是200万元，带来的收入是500万元（之前完全没有收入），那么边际收益为300万元。

既然边际收益为正，那么就应该继续开发。

为什么计算总收益和计算边际收益会出现如此截然不同的结果呢？

实际上，我们计算总收益的时候，只看到了收益为负，还忽略了一个重点，那就是如果不继续开发，之前投入的400万元将全部亏损；如果继续开发，还能带来一些收益，总亏损会降低到100万元，两者之差正是边际收益带来的。

也就是说，继续开发可以将亏损由400万元降低到100万元，正所谓减少亏损也是赚，哪怕明知这个项目总体是亏损的，也就只能选择继续开发下去了。

这个其实也解释了很多企业为什么明明每年都在亏损，却一直都在经营。

因为很多企业在初期投入了巨额资金，建厂房、买设备，等等。一旦停止经营，这些投入都将变成泡沫。

继续经营呢，虽然从平均成本上看是亏损的。但亏损的一部分原因是这些固定资产要折旧计算为成本。然而这些成本并不是新增的开支，实际上新增的开支只不过是原料和人工开支而已，这就是边际成本，只要最终售价超过这些边际成本，那么就有边际效益，就值得继续运营下去。

价格等于边际成本

边际分析还被用在产品定价和确定市场规模上。比如：

一家生产自行车的工厂，生产规模能达到每年 1.5 万辆，但是每年实际生产和销售的是 1 万辆。这家工厂每年固定的开支是 100 万元，每辆车的生产成本是 100 元，目前销售价格是 250 元。

今年，有一个新客户，想要在这家公司每年采购 5000 辆自行车，但是采购价只能给 150 元。请问，这个价格可以接受吗？

这就是一个典型的用边际成本来定价的问题。

我们先用成本法来分析一下：

公司年产1万辆自行车，总成本是：100万元+100元×1万辆=200万元，总收入是250元×1万辆=250万元，利润是50万元。

平均到每辆自行车上，销售价是250元/辆，成本是200元/辆，利润是50元/辆。

如果按照这样的成本测算，这个新客户给出的价格只有150元/辆，远低于200元/辆的成本，等于每卖一辆亏50元，这个订单不是一个划算的订单，不能接受。

按照边际效益来计算呢？

由于固定成本不会因为生产更多的产品而变动，公司产能还有5000辆的空闲也不需要专门增加设备，那么多生产一辆自行车，所增加的边际成本只需要100元，边际收入却是150元，每生产一辆还有50元的边际收益，这笔订单可以接受。

你看，同样一件事，按照成本法分析和按照边际效益分析，得出的结果是截然相反的。

边际收益还可以用来决定公司的经营规模。

我们都知道，由于固定成本的存在，公司发展得越大，单位成本就会越低，收益也就越来越高。这是由规模变大，固定成本分摊更少，同时企业规模带动效率提高等各种因素造成的，这个叫作“规模经济”。

但是，如果发展到一定阶段，固定成本又会增加，这是因为规模大了，需要新增更多的设备和基础配置，管理成本也会随之提高，从而导致单位成本上升，平均下来，每个产品带来的收益又会逐步下降，这叫“规模不经济”。

那么，为了使公司收益最大化，公司经营规模应该设定为多大呢？

从边际分析的角度看，企业只要每多生产出来一个产品，都能带来收益，也就是说边际收益为正，那就应该继续扩大规模。

即使是由于规模不经济导致边际收益在下降，只要是边际收益没有降到负数，也就是说，哪怕新生产的产品收益越来越少，只要还能多赚钱，就应该继续扩大规模。

直到新生产的产品边际收益为零，多生产的产品不再能为公司增加利润，公司扩大生产也就没有意义了，这个时候企业的利润已经达到最大化了。

也就是说，边际收益为零的产品，就是公司应该生产的最多产品数量，公司运营的规模就应该保持这么大。

互联网的边际趋零

边际分析甚至还可以解释为什么互联网平台都是免费甚至还补贴用户，却还有那么高的市值。

那是因为互联网技术一般是软件开发，一次性投入比较高，但是日常维护和服务成本非常低，导致边际成本逐步向零逼近。

比如，淘宝系统开发完成后，新增一个用户所需要投入的新成本非常低，可能新增10万个用户才需要增加一台服务器，而一台服务器的价格平均下来则非常低。这就造成了淘宝的规模越大，它的边际成本越趋向于0，哪怕边际收益再低，只要能超过零，都会有正向的收益，并会带动规模继续做大。

我们刚刚说了，公司规模最大化的界限是边际收益为零，这时候公司利润最大化。所以只要淘宝的边际收益还没有低到零，那么就可以继续扩大规模，同时公司利润也将继续提升。

这两年热炒的“互联网流量”也是基于这样的情况。首先，从成本的角度去看，一个平台刚刚开始起步的最早期，流量的单位获取成本很高，在现实中的表现就是高额补贴。

随着流量的上升，新获流量的边际成本在逐渐呈现下降趋势，规模越大成本越低，边际成本趋向于零。

但从收益的角度来看，则正好相反。流量在边际上呈现上升趋势，越到后期，流量的收益就越高。这就是为何互联网企业前期都在拼命烧钱吸引流量的原因，因为互联网的创业逻辑是先形成流量，等到流量形成后再变现。

这也正是互联网时代投资的基本逻辑：投资于一家用户和收入增长远远快于成本增长的公司。

下面，我们用一个例子，就能看出来互联网模式对传统企业带来了边际效用的结构性冲击。

在电商兴起之前，苏宁算是电器销售行业的老大了。但是，苏宁每开一家门店，只能服务半径20公里的用户，想要服务更多用户，就只能在20公里外再开一家店。

单店服务区域有限，能够销售的产品也有限，单店的运营成本，摊在每次销售上，边际成本是一个比较稳定的数值。

所以，单店是否盈利，需要确保销售的产品有相当大的价差，才能摊销掉运营成本，才能保证边际收益为正，才能实现收益最大化。

但是，京东出现了。京东商城前期投入巨大，但因为京东商城所能覆盖的用户数理论是无上限的，所以边际成本会不断递减，最终接近于零。

由于边际成本很低，京东想要获取边际收益所需的价差就非常低。那么很明显，京东与苏宁的价格战，在一开始就处在了完全不同的维度上。

京东为了打价格战，前期一直不赚钱，甚至亏损，但投资人依然对京东有很大的信心，为什么？因为京东的边际成本可以持续递减，1000万用户不赚钱，那1亿用户呢？2亿用户呢？总有一个数字，最终会让京东赚钱，而且越赚越多。

把努力放在边际上

边际效用如此有效，并不仅仅体现在经济学范畴。在生活中，也有很多决策是需要在边际上做出判断的。

首先，要把努力放在边际上。

一件工作，最重要的是什么？大家应该都会认为肯定是最核心、价值最大、挑战最大的部分，这部分往往最能体现专业水准。真正的业务骨干，最重要的就是要贡献足够多的业绩，需要勤劳肯干，把自己的业绩体现在解决最核心、最有价值的内容上。

但是，最有价值的事情不是一成不变的，是会随着情境的不同而动态转移的。一件事情一旦完成，重要性就不复存在。最重要的永远是当下要完成的工作，我们可以把它叫作“边际工作”。

比如，我们准备开发一个网上商城系统。一开始，最重要的工作是进行系统架构，紧接着是进行编程和调试，然后变成了试运行和完善，最后呢？变成了推广和应用。

如果不能理解最重要的工作是边际工作，不能把最大的努力放在边际上，会发生什么情况呢？

当我们的网上商城系统开发接近尾声，即将面向社会推广，需要撰写一个网上商城的使用手册。这可能只是整个系统开发中最不起眼的小活，但如果我们没有把努力放在这个方面，而是敷衍了事，那么大众看到错漏百出的使用手册，不管你系统做得再好，都不会来使用了，最后变成了百无一用的网上“废城”。

可惜的是，很多人都往往执拗于工作惯性和职业习惯，固守静态的“重要事情”，却看不到或者看到了也不愿意去染指“重要事情”的边际变化，在自认为的“不重要的事情”上栽了跟斗，还认为自己委屈，受了不公正待遇。久而久之，你就与重要的事情无缘，你的重要性就会下降——哪怕你原来本事很大。

除了适应事情的边际变化，我们还要努力降低自己的边际成本。

有的人是靠努力挣钱，一分耕耘一分收获，他的边际成本是稳定不变的，今天有活儿干就有收入，明天没活儿干就要吃土。

今天做的付出无法裨益明天的自己。卖小吃的摊贩，开服装店的大姐，种地的农民，每一个隔间里的所谓白领，莫不如是。

如果你的边际成本无法降低，那么再勤奋又如何？如果单纯的勤劳就能致富，那富士康的工人就应该是天底下最富有的人了。

换句话说，如果你能把投入一份时间精力的产品卖出更多份，那就是做着边际成本递减的事。规模越大，你需要多投入的精力越少，而你的收入越高。

比如，借用互联网的春风，把销售搬到网络上去，搭建营销体系，使销售迈上自驱的发展轨道；再比如，通过知识的学习和累积，使自身的边际能力、边际价值得到提高。

说一千道一万，最重要的事情，就是当下的事情，处于人生边际的事情。

着眼长远，把当前的事情做好，聚焦于能够增加价值的事情，就是在为自己拓展人生的边际。

03 定价机制

喜欢的东西都很贵，不舍得买，怎么办？

别再贪便宜啦，有些东西还真是越贵越值得买

这个问题来自我跟一个朋友的聊天，姑且把她叫作Wendy吧。

Wendy喜欢关注生活中很多事情的来龙去脉。比如我们在聊到物品的价值时，她问我，你知道为什么超市的草莓那么贵吗？我们去地里采摘草莓的时候，会发现草莓本身很便宜，到超市买就比自己去采摘贵出好几倍。但是，同样作为农产品，超市里苹果、脐橙的价格，为什么却没有比直接去果园采摘的贵很多呢？

其实道理很简单。Wendy告诉我，因为草莓的保鲜特别难，即使采取了昂贵的冷链运输方式，新鲜草莓一两天内还是会开始逐渐坏掉。采摘出来的一吨草莓，到最终从超市里销售出去，基本上有半吨因为保鲜问题损耗掉了，因此超市的价格自然就比现场采摘的贵很多。苹果、脐橙并不需要特别的保鲜，而且储存期比较长，不容易坏，价格也就比采摘贵不了太多。

是的，价格里总是隐藏着各种信息。我们在购买商品的时候，总会觉得为什么这个东西这么贵啊，为什么别的同类产品又那么便宜呢？为什么有的产品价格很低，有的却宁愿少卖也不降价呢？

了解商品的定价机制，就能读懂价格背后隐藏的诸多信息，这样将来在买东西的时候，就知道什么东西多付了溢价，什么东西又是“一分价钱一分货”，甚至是物超所值的。

不是所有产品都能薄利多销

要解释这个问题，我们先来看看价格是怎么来的。按照经济学的解释，价格是由市场供求关系决定的。供不应求，价格就会上涨；供过于求，价格就会下跌。

反过来说，在消费水平一定的情况下，市场上某种商品的价格越高，消费者对这种商品的需求量就越少，消费者也就可能少买或不买这种商品，或者购买其他类似商品替代；商品价格越低，消费者对它的需求量也就越大，越倾向于购买，哪怕是放弃别的商品。

这看起来价格便宜就能多销。但是，多销就一定能多挣钱吗?

别急，因为具体到不同的产品上，还要受到价格弹性的约束。

价格弹性（price elasticity）是指某一种产品销量发生变化的百分比与其价格变化百分比之间的比率，是衡量由价格变动所引起数量变动的敏感度指标。

价格弹性表明供求对价格变动的依存关系，反映价格变动所引起的供求相应的变动率，即供给量和需求量对价格信息的敏感程度，又称供求价格弹性。

当弹性系数为1的时候，销售量的上升和价格的下降幅度是相抵的。

0～1之间的弹性，意味着价格上升带来的需求减少有限，因而将使总收益上升；而价格下降所能带来的需求上涨有限，从而使总收益下降。我们说这类物品的需求是相对缺乏弹性的，或者说对价格不敏感。

超过1的弹性，意味着价格上升，将带来需求的大幅度下跌，导致总收益下降；价格下降，将带来需求的大幅度提高，导致总收益上升。我们说这类产品是富有弹性的，或者说对价格敏感。只有这类产品才符合薄利多销的逻辑。

理论总是用很复杂的字眼，没关系，我们可以转化成生活中可以理解的例子。价格不敏感的产品，大多是生活必需品。就是不管价格高低，都离不开这个需求，比如盐。很多朋友可能不知道，盐和香烟一样，都是国家专营，利润比较高。为什么？因为这是必需品，消费者对这个产品的需求无可替代，价格再涨，也必须得买。

另一个例子，就是非生活必需品，这类产品大多有替代产品，产品的价格弹性就比较大，比如猪肉。猪肉价格涨了，消费者就不买猪肉，改去买牛肉了。猪肉的价格跌了，那些消费鸡肉、牛肉的消费者就又都来买猪肉了。

由此可见，对于价格弹性比较小的商品，商家会倾向于设定比较高的价格，因为消费者无论如何都必须要买，价格越高，利润越高。

对于市场竞争比较激烈、价格弹性比较大的商品，商家往往倾向于薄利多销，以吸引更多消费者。

品质也决定了价格

刚刚我们看的是价格弹性的问题，取决于产品的供求关系，属于商家的价格战略。

还有一些产品，由于商家选择了品质战略，决定了其无法以价格低取胜。

药品，特别是新药、特殊用药就是一个鲜明的例子。

电影《我不是药神》引发了大家对“为什么药品这么贵”的质疑，纷纷指向药企以专利为名行垄断之实。

但是电影里只看到了药品的利润，从头到脚都没有提到过药物最大的成本来源——研发成本。

根据国际顶级制药集团罗氏的统计，每一类新药的研发都存在“1010”现象，即需要耗费（大于）10亿美元的资金和超过10年的时间。从致病因子的发现到最终药物的上市，这中间有几百到几千名科学家的共同努力，而且还有极大的可能研发失败，投资全部打水漂。

剧中的“格列宁”，其实是抗癌药“格列卫”，从分子研究到最后成功研制并上市，经历了大约半个世纪的时间，可见研发一款有效的药物是多么艰难。

为了实现独特的治疗效果，就必须投入昂贵的研发成本，也就决定了这类产品不可能便宜。

新冠疫苗也是如此。美国宣布将支持世界贸易组织（WTO）有关新冠疫苗知识产权豁免协议的谈判，希望以此尽快在全球普及安全有效的疫苗，结束新冠肺炎疫情。

专利豁免意味着其他制药企业都可以生产仿制疫苗，而不必担心专利侵权诉讼。这不仅招致了阿斯利康、强生和辉瑞在内生产疫苗的主要制药公司的强烈反对，连欧盟都表示反对。

为什么呢？因为疫苗研发难度高，且资金投入量大。辉瑞CEO在公开信中表示，他们是从头开始建立的制造基础设施，在疫苗开发结果未知之前，公司已经投入了20亿美元，其2021年的研发总支出将超过100亿美元。

缺乏专利保护会使制药公司的研发动力大幅度降低，更重要的是可能会面临资金支持障碍。在出现变异病毒的情况下，制造商更需要充足的资金保障和专利保护来开展研发活动。在新冠病毒肆虐期间，豁免专利不但不利于疫苗的普及，反而会适得其反。

此外，还有一些产品由于原料和工艺要求高，成本也是居高不下。

原料和工艺单纯从肉眼里很难看出来区别，就如同山寨和正品看起来都差不多。但很多时候，正是那些隐藏在内部、看不到的细微差别，决定了产品的本质区别。

你知道吗，人与猩猩的遗传基因，只有约1.2%的差异。但从每个染色体看，会发现很多不同之处。科学家在对第8号染色体进行详细分析中，发现了该染色体突出的尖端附近部分，有一个领域与猩猩有较大区别。这个领域与猩猩的差别为2.1%，部分位置差别达到3.2%。该染色体的差异部分包含与大脑大小相关的遗传基因和与免疫相关的遗传基因。

科学家们认为，在人类进化的过程中，第8号染色体逐渐与猩猩拉大差异，就是这么一点点的微弱差异，正是人之所以成为人的关键所在。

再比如化妆品，实际上化妆品大部分的原材料本身都不贵，但有一个最大的差别，就是各类专利成分。很多大牌化妆品都有独有的原料，比如说玻色因、麦色滤、4-MSK（4-甲氧基水扬酸钾盐）、Pitera（酵母类成分）等，这些成分你想从别家看到是不可能的事情。

宝洁的烟酰胺、强生的A醇、香缇卡的栀子花，这些成分往往使用了一些专利技术，使得成分能更好地发挥作用，抑或是降低成分的刺激性，这正是区别大牌化妆品和普通化妆品的一个重要特点。

除了这些专利原料，似乎其他配方都差不多。但即使是化妆品里最为普通的原料，在不同产品里的使用方法都未必一致。

拿一个成分来打比方，矿油是大家很熟悉的成分，封闭性很强，具有强大的保湿功能。但无论是在化妆品监管局备案，又或者是在产品标签上写的“矿油”二字，你压根不知道这矿油是哪来的，用的谁家的。

又比如透明质酸钠，因分子大小不同，又可以细分出很多种类，你也没法知道他用的是哪一种。

原料来源不同，品质也就会有差别，价格也会有差异。大品牌并不在乎成本，而小品牌可能会为了降低成本选择档次更低的原料。

生产工艺也是一个主要的区别，从实验室的打样（以克计量），再放大到可以生产（以千克计量），过程并不是简单的线性放大。量越大，这一放大的过程越难。

比如，护肤品从实验室小样到生产，最重要的就是要混合均匀。把一堆原料，包括水和油，变成可用的护肤膏霜，本质就是混合，而要将物料混合均匀，首要的关键操作就是搅拌。

我曾经有个合作伙伴，原来在跨国化妆品OEM（定牌生产合作，即代工）工厂做技术支持，前两年为了追求更高职务，去了西部省份某家小厂做技术总监。为了提升产品品质，他提出了一些原料搅拌的技术需求，但老板直接就怼了回来：“我这不需要那么复杂的操作条件，所有产品都是原料一锅煮的。太复杂的我们做不了，来点简单的就行。什么？培训工人？哎呀，你好搞笑，今天他在这里做事，明天谁知道还来不来上班呀。”

你看，市面上很多化妆品虽然看起来大同小异，单看配方也几乎差不多，实际上由于核心原料的不同，生产工艺的不同，其品质已经千差万别。一次两次的使用看不出来，日久天长就会在自己的脸上留下无法弥补的差异。

资源限制也在调节市场需求

并不是需求高的产品就能多销，还要看这个产品的资源是不是具有稀缺性。有些产品就是由于资源限制，无法多销。

就拿空气来说吧，人人都有需求，谁不呼吸都没法活下去，为什么空气就是免费的呢？因为空气不具有稀缺性，大家平时不需要任何成本就能呼吸得到，所以就算需求再广泛，再是生活必需品，都无法以高价卖出。

但是，有些产品由于受制于资源限制，具有强稀缺性，注定了只能被少数人消费，那么价格自然就会高一些。

比如北上广的房子就比三四线的房价要高得多。具体到上海来看，滨江的江景房就比其他地段的又要高很多。

为什么呢？因为上海临近黄浦江的地段就那么多，能开发的房子是有限的，不能保证所有人都在上海享受到江景待遇。为了这种独特的享受，必然就要付出更多的价格。

如果本身就有稀缺性，再加上技术的限制，就会进一步加剧资源的紧张。比如，从某种海洋鱼类心脏动脉球上提取的原料，不仅每年能够获取的原料是有限的，而且要达到一定功效所必需的提纯技术也只有个别企业才能做到。那么使用这个原料的产品必然只能为少数人所消费，这样的原料能不贵吗？

是的，有些东西就是这样，除了贵，没毛病。

有些东西越贵越有人买

说了那么多，似乎是在为贵的产品背书，鼓励大家多买贵的产品，生怕贵的产品大家都不买，卖不出去。

贵的东西没有便宜的好卖，可能是大家的普遍认知。但是，还真有不少产品价格越高需求越多，说白了就是越涨价买的人越多，这类产品在经济学上还有个专属名词，叫吉芬商品（Giffen goods），是指在其他因素不变的情况下，某种商品的价格如果上升，消费者对其需求量反而增加的商品。

现实生活中，吉芬商品并不少见，房子、艺术品、奢侈品都呈现出这一特点。

这就跟我一开始讲的价格弹性不一致了，为什么会出现“反需求定律”特性的产品呢？我们就拿奢侈品来分析一下吧。

首先，从消费者偏好来看，奢侈品存在的意义就是满足人心理上自我实现的诉求，是高档生活和尊贵身份的象征。正是因为奢侈品满足的是这么一种独特的偏好，如果中低收入消费者能够承担得起奢侈品消费了，奢侈品也就失去了其独特的使用价值或效用。随着奢侈品价格的上升，有购买能力的消费者越来越少，对奢侈品的效用评价或者偏好程度反倒增加了，其购买也就变得更积极了。

其次，从购买属性上看，奢侈品更像是投资而不是消费。奢侈品从来就不是用来满足人的基本生存需求的，并且由于通常易于长期保存（比如宝石、手表、古董、艺术品等），使得奢侈品消费具有了投资的特征。奢侈品越涨价，越说明这个产品具备投资属性，那么投资的价值就越高，也就越容易受到追捧。一线城市的房子越涨越火，也跟这个道理有关。

最后，有些看起来很昂贵的产品，其效益却是成倍增加的，平均下来更加划算。比如，现在高铁票比普通车票贵出那么多，为什么大家都不愿意坐绿皮车了呢？因为昂贵的价格带来了时间的节约，省出来的时间可以做更多的事情。还有些看起来昂贵的花费，能带来更高的生活品质，比如这两年开始大火的抗衰老辅酶I（NAD+），如果真的可以修复DNA，延缓衰老，你愿意为年轻出多少钱呢？你的美丽又值多少钱呢？

04 价格陷阱

买前冲动，买完后悔，怎么走出商家的套路？

识破商家的价格陷阱

Zumbo：

我是一个“购物狂”，总是会为一些自己本来不需要的商品花太多钱。

比如，前几天，我打算去买件裙子，到商场挑来挑去终于选中了一件，却发现商家在做“第二件八折，第三件半价”的促销活动。于是，把刚刚没看中的几件又拿过来试了两次，最终还是下决心带三件裙子回去。

还有就是，前不久我下决心减肥，花高价办了一张健身年卡，去了三四次就束之高阁。两个月后，卡就失踪了。

我该如何改掉乱购物的坏毛病啊？

“购物”是很多女生的爱好，买前欣喜，买后厌弃，花了大钱买的一堆东西最后全堆在家里。

你觉得自己有乱购物的坏毛病，但是否会有那么些瞬间，让你觉得自己是被套路了？

是的，就是这些瞬间，你以为是自己乱花钱，其实只是被商家套路了。

上面说的这些例子，都是我们日常生活中再平常不过的小事。

拯救被浪费的健身卡、识破商家背后的小套路、远离冲动消费，这些让我们没辙或者烦恼的事情，其实都能用经济学思维找到答案。

让我们一起学好经济学，识破那些价格陷阱吧。

浮动定价：榨干你的消费者剩余

春节期间，我到香港探亲。节后临回内地前，到朋友家吃饭。

朋友问我：“现在疫情这么严重，应该没什么人坐飞机了吧？”

我说：“是的，我来香港的飞机上还真没什么人，好像只有二三十个人吧，大家都坐得远远的。”

朋友说：“那起码也有好处，没人坐飞机，票价肯定很便宜。”

我说：“还真不是，票价不仅没打折，还上浮了20%。”

朋友说：“都没人坐了，他们还涨价？那不是更没人坐了吗？要是我，我就不坐了。”

大家都知道，飞机每飞行一个班次，它的成本基本上是固定的，航空公司应该尽量争取更多的乘客来乘坐，才能获得更大的收益。所以说，旅行淡季或者说时段不太好的航班，往往会通过降价等促销方式，来尽可能增加乘客的数量。特别是在临近起飞的时候，更应该降低票价，哪怕票价比成本还低，也要吸引尽可能多的乘客。

为什么这个时候，在明知道乘客数量少，需要想尽办法来招揽乘客的时候，反而价格还上浮了？这样不是更没人愿意坐吗？

首先，我们来看看，为什么降价能够吸引更多乘客？是因为有些人属于价格敏感型人群，也就是我们之前说过的价格弹性比较大。

对于这些人来说，他们会因为价格来决定是不是出行，或者是不是采取飞机这种出行方式。价格高，他们可能就不出行了，或者坐火车出行；价格低，他们可能就临时决定出去旅游了。所以，降价促销能够很明显地改变这些人的消费倾向，增加乘客数量。

但是，在疫情这种特殊时期，这个规律就不适用了。由于跨境出行不仅面临更大的风险，而且还需要隔离14天，非必需的出行已经被完全抑制，没有人会因为机票票价低而计划一次旅行。

这时候，选择出行的人一定是有刚需的人，这些人不会因为票价的降低或者抬高而改变自己的出行计划。那么这个时候，航空公司最优的策略，反而是以提价的方式来获得更大的收益。

商家是根据什么来决定浮动定价的范围和时机呢？这就要引入一个经济学概念：消费者剩余。

消费者剩余（consumer surplus），又称为消费者的净收益，是指消费者在购买一定数量的某种商品时愿意支付的最高总价格和实际支付的总价格之间的差额。消费者剩余衡量了顾客自己感觉到所获得的额外利益。

不同人群在不同时机下，对于同一个产品愿意支付的价格是不一样的，商家为了获得更大收益，必然要尽可能地掌握消费者的心理预期，尽量榨取消费者剩余。

就拿我来说吧，春节期间到香港探亲，春节后回内地工作，这些都是刚需。为此，我愿意付出比正常机票价格高得多的成本，所以哪怕票价上浮了20%，对于我来说也是可以接受的。

但是对商家来说，如果没有把握住疫情下我们这些乘客的支付意愿，还是按照原有的价格来出售机票的话，乘客还是这些乘客，不多不少，但是20%的价格就成了我们的消费者剩余，航空公司也就少了这么多利润。

不同消费者的支付意愿不同，对此商家的定价策略就是设置不同的价格等级。比如，飞机分了头等舱、商务舱和经济舱，同样的时间、同样的距离，但是票价不同，正是考虑到了不同人群的消费意愿。

消费者在不同时机的支付意愿不同，对此商家的定价策略就是设置淡旺季价格。比如，春节时三亚的住宿、餐饮都要比平时高出好几倍，正是因为春节期间，大家都愿意到三亚来避寒，也愿意为此付出更高的价格。

此外，消费者剩余不仅来自不同消费者在不同时机的支付意愿，即使是同一个消费者，在同一个时点，面对同一个产品，也会产生不同的支付意愿。

这是因为同一个产品给消费者带来的边际效用是递减的，所以消费者愿意支付的意愿也在逐步降低，也就意味着商家可以榨取的消费者剩余在逐步降低。那么，是否就只卖给消费者第一件产品，获得最大的消费者剩余呢？

事实并非如此，商家想要获得的是利益最大化，那么就应该根据消费者对每一个产品的支付意愿来收费，只要消费者对这一个产品愿意支付的价格高于成本，就能够为商家增加利益，就是值得尝试的。

回到本文最初的那个案例：你去商场买裙子，本来只想买一条2000元的。精挑细选之后，你发现了符合自己喜好、价格也合适的，你准备去买单了。

这个时候，请问，你还愿意再花2000元多买一条裙子吗？

你肯定说，不需要，我只想要一条裙子就够了。

如果问你，什么情况下，你会愿意多买一条呢？

那肯定是便宜一些了，有便宜我才愿意占。

那好，商家的对策就来了：第二条八折，第三条半价。

现在你是不是就很明白商家这种促销的逻辑了：你的意愿是买一条裙子，第二条、第三条对你来说意义不大，你也没有购买的诉求。但是对于商家来说，他的意愿是尽可能地多卖你几条裙子，而且还要尽可能地根据你对每一条裙子的支付意愿来定价，榨干你在每一条裙子上的消费者剩余。

价格诱饵：有比较才有幸福感

假如，你想要买一套新房子，然后房产中介按照预算帮你遴选了三套合适的，带你去看。

第一套装修稍微好一些，但是价格比预算高了很多；第二套价格合适，但是装修稍微有些陈旧，特别是地板有些破损；第三套的价格和装修跟第二套差不多，但是房主刚刚新换了地板，装修整体也更新一些。你会选择哪一款呢？

我们大概率会先放弃那个装修更好的第一套，因为价格高出太多；第二套和第三套比较下来整体状况比较接近，在这两套之间进行选择，第三套就很容易胜出，因为同样价格下，整体感觉性价比更高，特别是地板是刚刚新换的，可以省去换地板的成本和精力。

这么对比下来，选择显而易见。而且，我们会笃定地认为，自己做出的决策是正确的，主要原因是我们进行了比较。

虽然在买房之前我们对房价水平一无所知，但是通过不同房子之间的比较，我们会逐步在心理上确定一个标准，然后再通过对比，来选择更优的方案。

在这三套中，第三套确实是性价比最高的，起码是我们认为性价比最高的。这个印象是从何而来呢？

首先，第一套的价格，让我们不仅得出来此类房子的总体价位，更通过对比认识到第二套、第三套房子的价格是不高的；第二套房子的破损地板，印证了第三套房子的新铺地板是更划算的，这时候选择就自然而然地出现了。

但是，如果第一套、第二套都是中介精心设计出来的“价格诱饵”呢？

诱饵效应（decoy effect），是指人们对两个不相上下的选项进行选择时，因为第三个新选项（诱饵）的加入，会使某个旧选项显得更有吸引力。被“诱饵”帮助的选项通常称为“目标”，而另一选项则被称为“竞争者”。

我们总是靠观察周围的事物以确定彼此的关系，我们不但喜欢将事物与事物进行比较，而且更倾向于那些容易被比较的。因此，商家将“诱饵”放入选择当中，就可以构建出简单的、直观的对比关系，既可以促使消费者尽快做出决定，更可以把消费者的决定导向事先设定好的方案。

也就是说，几乎没有人会选择“诱饵”，因为商家本来就没打算卖出“诱饵”，但他会使得你更加青睐于可对比的目标方案。

在这三套房子中，第一套是竞争者，是用来确立价格区间的，第二套是诱饵，并非是中介向你推荐的主力，而第三套才是想要卖给你的目标。结果是，你以为是你选择了第三套房子，其实只是中介让你选择了第三套房子。

这类例子比比皆是。比如：

年底了，你最喜欢的一本杂志开始征订了，以前这本杂志只有纸质版，定价是 199 元。但是今年进行了升级，推出了电子版，定价如下：

电子版：199 元；

纸质版：259 元；

电子版 + 纸质版：259 元。

你会作何选择？

我们先来分析一下，如果只有电子版和纸质版两种，你会是什么心态？

之前买到手的纸质版只需要 199 元，现在看不到摸不着的电子版，也要 199 元，太贵了吧，你省了纸，省了运输不是应该更便宜吗？不买！

纸质版呢？纸质版居然涨价了，还贵了那么多，这不是逼着我买电子版吗？骗子，今年不看了！

那么有了电子版 + 纸质版的组合呢？这居然跟纸质版一个价格，不是电子版白送吗？杂志社脑壳坏掉了吧，这谁还单买纸质版啊，必须买电子版 + 纸质版啊。

（旁人：但是涨价了啊！）

什么，你说比去年的纸质版涨价了？人家多了电子版啊，你才多花 60 块钱，就多了电子版，你看电子版都卖 199 呢，多划算啊。

你飞快地选择了电子版+纸质版的组合，其实刚好掉进了杂志社为你预设好的价格陷阱。

为什么呢？因为杂志社今年新推出了电子版，两个版本内容一致，必然会分流一部分订阅纸质版的人。

如果花费了成本开发电子版，结果只是让原有订阅纸质版的人改订了电子版，等于没有增加新的订阅，还多付出了成本，这必然是不可接受的。

那么，如何在利用电子版吸引新顾客的同时，让原有的订阅者不分流，甚至多付钱呢？

你看，就是这么顺利，不仅你很轻易地就接受了纸质版涨价这件事，还感觉自己占到了便宜。

如果你还没理解价格诱饵，那就去网上商城中随便搜个产品试试。大概率每个产品都有好几个套餐的价格组合，仔细分析一下，总有个别单价，或者是价格组合是很不符合逻辑，你也想不到会有人买的。

没错，这个就是价格诱饵，有这个“诱饵”在，你是不是就觉得别的套餐或者价格组合更划算，更值得入手了呢？

夸张贴现：用你未来的期望，赚你现在的钱

现在我们回到你说的办了健身卡却没有去健身的事情上来。

很多人决定去健身，都是直接办年卡，因为年卡算下来，比次卡划算太多。比如，次卡180元，年卡只需要8000元，算下来每天才22元。

然而，最后你发现，办了年卡以后，算一下你去的次数，其实很有可能还不如办张次卡。

美国的两位经济学家调查了三家健身房的7000名会员，发现80%办了年卡或月卡的人去的次数都不足。这些会员平均每年花1400美元办卡，但如果按实际的次数推算的话，他们只用花800美元就可以覆盖他们的健身费用。他们那多出来的600美元乘以这7000人，就是健身房盈利所多赚的钱了。

道理大家都懂，但我们为什么会更倾向于办年卡呢？

因为办年卡的时候，都觉得花钱办这个年卡，我肯定会更多地去健身房，这就跟我们每年跨年的时候都说“我明年一定要好好学习”“明年我一定要赚大钱”之类的话一样。

每个人在许下愿望的时候都会憧憬，憧憬意味着自信，太多憧憬意味着过分自信。而聪明的生意人，就会去利用这种对未来的憧憬和自信，把它折现到现在来收费。

这个就被叫作“夸张贴现”，建立在有关人和金钱的一种反常现象的基础上，由戴维·莱布森（David Laibson）提出，主要用来解释“人们总是花钱过多和攒钱过少”的经济学特征。

主流学派认为，当人们预期金钱收入但尚未收到它的时候，他们是能够相当理性地在花多少和储蓄多少的问题上做出合理规划的。

事实上并非如此。莱布森认为，尽管人们的愿望是好的，符合理性选择。但是人往往会对未来有过高的期望和认知，即使预期的金钱收入尚未真实兑现，人们往往会认为肯定会兑现，并当作已经兑现开始消费，一旦这笔预期收入无法兑现，那么已经消费掉的金钱就被“夸张贴现”了。

图书大促销的时候买了很多书一直都没开封，换季的时候买了很多衣服基本不穿，买了个无人机就再也没拿出去过，这都是“夸张贴现”的表现。

人们往往比较专注于现在的快乐，而对于未来可能的好处，却打上了夸张的折扣。在生活中，我们经常被这种心理控制。

很多人可能会问，既然钱都花了，不是应该有很大的动力让钱花得有价值吗？其实，这和另一种心态有关——决策疲乏，在决策疲乏时，人们往往放弃最佳决定，而是做最简单的决定。

比如，你办了健身年卡之后，本计划每天都去健身，可能前期也确实努力做到了。某一个周末，阴雨连绵，你突然就不想出门了。你决定给自己放个假，今天不去健身了。反正少了一天而已，既不影响健身效果，也不会让年卡变得不划算。

然后呢？阴雨连绵的日子越来越多，还有出去旅游、跟朋友去喝酒、加班、躺着不想动……各种各样的“正当理由”层出不穷，最终一个决定性的理由出现了：年卡找不到了。

这个问题怎么去解决呢？美国的经济学家曾经做过一个实验。他们找了一些在校大学生，鼓励他们去健身房健身，鼓励模式就是他们在健身头4个星期开始，如果大学生能够去8次健身房，他们就可以额外拿到100美元，只给前4个星期。研究发现，前4个星期参与了这个奖励机制并且拿到这个钱的人，在之后没有奖励的情况下，去健身房的概率会提高两倍。

所以说，我们花了一笔钱，如果不去，我们会觉得亏，因为那个是惩罚机制，但惩罚机制其实并没有帮助我们更多地去健身房；反而是奖励机制，可以让我们更好地培养去健身房的习惯。

这样来看，还不如一开始就按照原价买个健身卡，把优惠的部分当作一个奖励基金。每去一次，就奖励回来一部分钱，这样我们是不是积极性就高多了？

但是为什么商家没有这么做呢？原价购卡降低了消费者的付钱冲动，愿意买卡的人会大大降低。

更重要的是，健身房真的愿意你付了钱，还一次不落地去健身吗？

价格转移：你看到的免费，其实并不是免费

有人可能会说，既然价格处处都是坑，那么我不消费好了。只要我足够穷，商家就坑不到我。

呃，还真是这个道理。

不过商家还会推出免费策略，这次你还忍得住吗？

免费，不过是转移成了以另一种方式付费罢了。

你为了在视频APP中看免费电影，就要忍受长时间的广告，以及令人发指的清晰度和音效；

你为了搭乘超市的免费班车上班，就要花更多的时间跟大妈们一起等车、抢

座，甚至被强行拉着去超市里逛一圈。

你付出的时间、精力、关注度，都是你的财富。你本可以用来做更多更有意义的事情，就因为这个看起来免费的便宜，失去了更有价值的生活品质，这点相信学过机会成本（没学过也没关系，后面我们会详细讲一讲）的你很容易理解。

甚至，有时候，你牺牲了品质生活，免费最后还是变成了收费。

各大视频网站刚刚推出的时候，节目前面通常只有一二十秒的广告，看在免费的分上你忍了。随着你习惯了这家网站，广告慢慢就变长了，每一个视频都要先来上几分钟的广告，看到最精彩的部分，插播广告又来了。

更进一步的是，就算看广告现在也不行了，一些热门的综艺节目和电视剧不付费就没得看。就是这样，以免费为名把你吸引来的这个网站，靠压缩体验，把你逼成了付费的VIP。

世界上没有免费的午餐。正如那句名言所说：所有命运的馈赠，早已在暗中标好了价格。

既然我们做不到经济学中的绝对理性，那就相对理性吧。

学会了商家的这些套路，起码不用把所有的自责都留给自己。

05 理性人假设

总是做不到理性消费，我该怎么改？

别被经济学给骗了，人本来就不是理性的

Zumbo：

看了你的生活经济学问答，感觉很有趣。通过这些故事，我也学到了很多经济学小知识，知道了做一个理性的经济人是多么重要。但是跟自己的生活一对比，就发现自己平时过得太冲动，太不理性了。

比如，平时省吃俭用，点外卖都要先找优惠券，但是看到一个包包，一冲动就把两个月工资花出去了；还跟风炒股，看到股市火爆大家都在赚钱，一冲动就把所有钱都投进去了，结果一大把股票被套牢了，明知道自己买在了最高点，就是无法下定决心割肉卖掉。

我该怎样才能改变自己喜欢冲动的不理性消费行为呢？

谢谢你的谬赞。我也很理解你的痛苦，因为我也和你一样，经常承受着冲动带来的懊悔。深刻地感受到：学了那么多知识，依然抑制不住自己的冲动。

就像你所说的，主流经济学假设人们都是理性人——如果你是个消费者，就

不会乱花一分钱，广告、推销员、“双十一”，对你一点儿影响都没有；如果你是个生产者，就不会丢掉赚每一分利润的机会，决策失误、一时冲动、错失良机，对你而言根本不可能发生。

主流经济学假设我们都有爱因斯坦一样的智商，计算机一样的记忆力，甘地一样的意志力。理性人假设并非仅仅是经济学家的一种工作假设，到最后，这种假设发展成了经济学家的信仰。由于每个人都是理性人，他们在市场经济中的决策一定会导致所有的资源都得到最优的配置，因此，市场经济是完美的，所有的政府干预都是错误的。讲到这里，你可能就会明白，为什么主流经济学家要誓死捍卫理性人假设了。

但是有一个非常重要的问题是，这只是一个假设，人毕竟并不是完全绝对理性的，而是有情感、有喜乐痛苦的活生生的人。

人有情感需求，有心理需求，自然也就有冲动，没有办法完全做到理性的经济人。这不是你的错，也不是我的错，而是真真正正存在的客观事实。

经济学对理性人的假设是错的

由于经济人假设太过于完美，以至于在我们的日常生活中几乎都不存在，所以微观经济学能够解释的很多问题都存在瑕疵，经济学界也意识到了这个问题。在近几十年来，逐渐发展出了一个新的学科——行为经济学。

行为经济学作为实用的经济学，用人们生活中比比皆是的决策例子作为实验内容，将行为分析理论与经济运行规律、心理学与经济科学有机结合起来，把心理学和经济分析方法相结合，研究人的心理因素如何影响经济行为，使之系统性偏离理性人假设，从而发现传统经济学模型中的错误或遗漏，进而修正主流经济学关于人的理性、自利、完全信息、效用最大化及偏好一致等基本假设的不足。

行为经济学因为更贴近真实世界，已经成为经济学的大热领域。进入21世纪以来，诺贝尔经济学奖已经三次授予行为经济学家，正是因为行为经济学在研究经济问题的过程中，特别关注人自身的因素，充分考虑了非理性的、有情感的、受喜怒哀乐等各种情绪的影响甚至支配的“有血有肉”的人。

了解行为经济学的一些分析，你就能明白，理性只是传统经济学的偏见，冲动消费不是你一个人的问题，而是作为行为人的必然结果。

既然行为经济学都是依托社会实验，那么我们也从一个小实验来开始吧。

2007年诺贝尔经济学奖获得者、行为经济学理论的开创者之一、美国芝加哥大学的经济学教授理查德·塞勒（Richard Thaler），在他的《“错误”的行为》一书中，讲到一个启发他研究行为经济学的现象。

塞勒还在罗切斯特大学读博士的时候，发现了一个很奇怪的现象。他做了一个问卷调查，其中问了受访者两个问题：

A.如果社会上流行一种致命的疾病，染病的人会在一周之内没有痛苦地死掉。你染上这种病的概率是万分之一。请问，假设你不幸染病，那么你愿意最多花多少钱治疗这种病?

B.同样是这种病，假设你的老板要派你到疫区调查情况。到了疫区之后，你染上这种病的概率是万分之一。请问你的老板要给你多少赔偿，你才愿意到疫区去?

按照主流经济学的理论，这两个问题是等价的，都是在问“万分之一的死亡率值多少钱”。但是，受访者对这两个问题的回答却差异很大。很多人在第一种情况下选择花较少的钱治疗，但在第二种情况下却要求得到巨额的补偿。

怎么解释塞勒发现的反常现象呢？2002年诺贝尔经济学奖获得者、美国普林斯顿大学的心理学与经济学教授丹尼尔·卡尼曼（Daniel Kahneman）和心理学家阿莫斯·特沃斯基（Amos Tversky）提出了“前景理论”。

根据这一理论，决策者会选择一个参照点，其对得失的判断往往根据参照点来决定，而人们对“损失”会比“获得”更加敏感。

也就是说，如果是在赚钱的时候，人们当然赚得越多越快乐。根据卡尼曼和特沃斯基实验计算，收益增量带来的快乐强度是增量的0.5~1倍；但如果是在赔钱的时候，损失增量产生的痛苦大约是同等收益增量的2.5倍。

大多数人对损失和获得的敏感程度不对称，面对损失的痛苦感要大大超过面对获得的快乐感，导致我们更倾向于损失规避。

前景理论是对人性的解读

损失规避是行为经济学的基础理论——前景理论（prospect theory，也作展望理论、视野理论）的四个基本结论之一。

前景理论认为，每个人基于初始状况（参考点位置）的不同，对风险会有不同的态度。人在不确定条件下的决策选择，取决于结果与展望（预期、设想）的差距而非单纯的结果本身。

也就是说，人在决策时会在心里预设一个参考标准，然后衡量每个决定的结果与这个参考标准的差别是多大。

前景理论的四个基本结论是：

确定效应（certainty effect）：处于收益状态时，多数人是风险厌恶者。

反射效应（reflection effect）：处于损失状态时，多数人是风险喜好者。

损失规避（loss aversion）：多数人对损失比对收益敏感。

参照依赖（reference dependence）：多数人对得失的判断往往由参照点决定。

简言之，人在面临获利时不愿冒风险；而在面临损失时，人人都成了冒险家。而损失和获利是相对于参照点而言的，改变评价事物的参照点，就会改变对风险的态度。

我们继续用小实验来解读前景理论的四个基本结论。

一是确定效应。就是在确定的好处（收益）和“赌一把”之间做一个抉择，多数人会选择确定的好处。用一个词形容来说就是“见好就收”，正所谓落袋为安。

让我们来做这样一个实验：

A.你一定能赚30 000元。

B.你有80%可能赚40 000元，20%可能什么也得不到。

你会选择哪一个呢？

实验结果是，大部分人都选择A。

传统经济学中的“理性人”这时会跳出来批判：选择A是错的，因为40 000×80%=32 000元，期望值要大于30 000元。

这个实验结果是对“确定效应”的印证：大多数人处于收益状态时，往往小心翼翼，厌恶风险，喜欢见好就收，害怕失去已有的利润。

“确定效应”即处于收益状态时，大部分人都是风险厌恶者。表现在股票投资上就是投资者有强烈的获利了结倾向，喜欢将正在赚钱的股票卖出。

投资时，多数人的表现是“赔则拖，赢必走”。在股市中，普遍有一种“卖出效应”，也就是投资者卖出获利股票的意向，要远远大于卖出亏损股票的意向。这与“对则持，错即改”的投资核心理念背道而驰。

二是反射效应。面对两种损害，你是选择躲避呢，还是勇往直前？

当一个人在面对两种都损失的抉择时，会激起他的冒险精神。在确定的坏处（损失）和“赌一把”之间做一个抉择，多数人会选择“赌一把”，这叫“反射效应”。用一句话概括就是“两害相权取其轻”。

让我们来做这样一个实验：

A.你一定会赔30 000元。

B.你有80%可能赔40 000元，20%可能不赔钱。

你会选择哪一个呢？投票结果是，只有少数人情愿花钱消灾选择A，大部分人愿意和命运对赌一下，选择B。

传统经济学中的“理性人”又跳出来说，选B是错的，因为（-40 000）×80%=-32 000元，风险要大于-30 000元。

现实是，多数人处于亏损状态时会极不甘心，宁愿承受更大的风险来赌一把。也就是说，处于损失预期时，大多数人变得甘冒风险。

反射效应是非理性的，表现在股市上就是喜欢将赔钱的股票继续持有下去。统计数据证实，投资者持有亏损股票的时间远长于持有获利股票。投资者长期持有的股票多数是不愿意“割肉”而留下的套牢股票。

三是损失规避。白捡的100元所带来的快乐，难以抵消丢失100元所带来的痛苦，这个我们在本章一开始就讲过。

四是参照依赖。假设你面对这样一个选择：在商品和服务价格相同的情况下，你有两种选择：

A.其他同事一年挣6万元的情况下，你的年收入是7万元。

B.其他同事年收入为9万元的情况下，你一年有8万元进账。

卡尼曼的调查结果出人意料：大部分人选择了前者。

事实上，我们拼命赚钱的动力，多数是来自同事间的嫉妒和攀比。

嫉妒总是来自与别人的比较，培根曾言：皇帝通常不会被人嫉妒，除非对方也是皇帝。美国作家门肯也说过：只要比你小姨子的丈夫（连襟）一年多赚1000块，你就算是有钱人了。

传统经济学认为金钱的效用是绝对的，行为经济学则告诉我们金钱的效用是相对的。这就是财富与幸福之间的悖论。

到底什么是“得”，什么是“失”呢？

你收入20万元，该高兴还是失落呢？假如你的奋斗目标是10万元，你也许会感到愉快；假如目标是100万元，你会不会很失落呢？

所谓的损失和获得，一定是相对于参照点而言的，这个就被称为“参照依赖”。

人为什么喜欢赌博？

除了以上这四个结论之外，前景理论还发现了一个非常奇特的非理性行为，那就是迷恋小概率。

买彩票是赌自己会走运，买保险是赌自己会倒霉。这是两种很少发生的事件，人们却十分热衷。

何谓小概率事件？就是几乎不可能发生的事件。

比如天上掉馅饼，这就是个小概率事件。掉的是馅饼固然好，但如果掉下来的不是馅饼而是陷阱呢？当然也属于小概率事件。

在小概率事件面前，人类对风险的态度是矛盾的，一个人既可以是风险喜好者，同时又是风险厌恶者。传统经济学无法解释这个现象。

面对小概率的赢利，多数人是风险喜好者。

面对小概率的损失，多数人是风险厌恶者。

事实上，很多人都买过彩票，虽然赢钱可能微乎其微，你的钱99.99%的可能是支持福利事业和体育事业了，可还是有人心存侥幸搏小概率事件。

同时，很多人都买过保险，虽然倒霉的概率非常小，可还是想规避这个风险。人们的这种倾向，是保险公司经营下去的心理学基础。

我们刚才讲的前景理论指出，在风险和收益面前，人的心是“偏的”。在涉及收益时，我们是风险的喜好者；在涉及损失时，我们又是风险厌恶者。

但涉及小概率事件时，风险偏好又会发生离奇的转变。所以，人们并不是风险厌恶者，他们在自认为合适的情况下非常乐意赌一把。

归根结底，人们真正憎恨的是损失，而不是风险。

这种损失厌恶而不是风险厌恶的情形，在股市中常常见到。比如，我们持有一只股票，在高点没有抛出，然后一路下跌，进入了彻彻底底的下降通道，这时的明智之举应该是抛出该股票，而交易费用与预期的损失相比是微不足道的。

扪心自问，如果持有现金，还会不会买这只股票？你很可能不会再买吧，那为什么不能卖掉它买别的更好的股票呢？也许，是担心或者说无法接受卖了它之后损失就成为事实吧。

敝帚自珍也符合经济学

行为经济学还有一个比较重要的理论，那就是“禀赋效应”。

康奈尔大学做过一个实验，将经济学专业的学生随机分成两个组，其中一个组给他们每人发了一个马克杯，而且杯子上印了校徽作为他们的礼物；而另一组学生却什么礼物都没有。

实验调查的内容是：刚领到马克杯的第一组学生愿意以多高的价格出售这个

杯子，而没有领到杯子的第二组愿意出多少钱买这个杯子。对于经济学专业的学生来说，按理应该有这个经济常识，他们对价格的判断应该比较接近。

然而，调查结果是这样的：对于第一组学生来说，如果平均价格低于5.25美元，他们就不愿意出售；而第二组学生则表示，如果平均价格高于2.75美元，他们就不愿意购买。学生是随机分组的，为什么会有这么大的差距呢？到底是哪里出现了认知问题？

其实，这就是典型的禀赋效应。禀赋效应是在20世纪90年代由三位行为经济学家提出的，其中包含了两位诺贝尔经济学奖得主。

禀赋效应（endowment effect），是指我们一旦拥有某件物品，那么自然而然就会对该物品价值的评价比没有拥有之前大大增加，这实际上可以理解为我们常说的“敝帚自珍”。

会高估多少呢？行为经济学认为，通常这个价格会高估到没有那件物品的人认定价格的两倍。一旦这个东西属于我们之后，我们就会高估它的价值，特别是如果这个东西丢了或者损失了，就会感觉非常难受，这实际上是很多人都存在的心理。

禀赋效应在一些营销策略中也经常被利用，商家正是抓住了用户的这种心理，开展了相应的推广。

一些商品可以提供一段时间的免费试用，客户通过免费试用的方式使用一段时间后，在顾客心理上因为禀赋效应放大了商品的价值，所以舍不得送回去，就会产生购买行为。

在汽车4S店也是如此，很多已经买车打算换车的朋友其实很在意“自己的旧车能值多少钱”，“汽车销售商如果提供旧车置换会折算成多少钱”。他们往往高估自己旧车的价值，所以，4S店也是顺应他们的想法，在旧车置换的问题上，就采取高价收购旧车的幌子，从而让顾客觉得划算，而在真正的新车价格方面反而就没那么关注了，商家在收购旧车上多付出的钱，可以通过销售新车赚回来。这就是禀赋效应的一个应用。实际上，禀赋效应反映的正是由于人们在决策过程中对利害的权衡不均衡，对“避害”的考虑远远大于对“趋利”的考虑。

钱在人心里有不同的归属

禀赋效应其实仍然假设每个决策者都会试图使其偏好最大化，只不过要考虑到一个参照点，也就是禀赋（所有权的最初分配）。

1980年，理查德·塞勒又提出了心理账户（mental accounting）理论。这个理论进一步偏离了主流经济学，却和现实更为接近。

心理账户理论认为，人们不仅有对物品分门别类的习惯，对于钱和资产，人们一样会将它们各自归类，区别对待，在头脑中为它们建立各种各样的账户，从而管理、控制自己的消费行为。这种做法经常是在不知不觉中完成的，因此人们为了实现一定的目标会在心里记账，它是一种普遍存在但并不被自知的心理状态。然而，人们如何将收入和支出归类，却可以直接影响到他们的消费决策。

关于心理账户，心理学有一个经典的实验：

假设一：你花了 50 元买了张电影票，正要入场检票时，那张电影票丢了。现在想看电影必须重新买票，你会买吗?

假设二：你要去电影院看电影，在你正要花 50 元买票时，你丢了这 50 元现金。现在想看电影就必须再拿出 50 元现金来买票，你会买吗?

对于理性经济人来说，丢50块的电影票和丢50块钱是对等的，可是统计结果却出乎意料：

第一种情况下，只有46%的人说会再买一张；而第二种情况下，有88%的人会再买一张。

为什么会有如此大的差距呢？究其原因，是因为我们心中构建了电影票账户和现金账户，这两个账户的钱是不能相互替代的。

在假设一中，电影票丢了，如果再买一张电影票，那电影账户就多花了50元，用100元看一场电影并不划算。

而在假设二中，现金账户的50元和电影票的50元是不相关的，再拿50元买电影票，也只是花了50元看电影。

对于每一个人，生活必要的开支账户、家庭建设和个人发展的开支账户、情感维系的账户、享乐休闲吃喝玩乐的账户等虽然都是你的账户，但每一个子账户都是独立存在的。对于每个账户的余额，每个人都有自己不同的判断。

你也许是个热爱音乐的人，价值数万的昂贵乐器对你有致命的吸引力，并愿意为此一掷千金；但是30元一杯的网红奶茶却让你觉得太贵，宁愿换家店买一杯20元的。

这也解释了文初这位朋友提出的疑问：为什么外卖都要拼优惠券，但是一两个月工资才能买的包包却眼都不眨就下单了。因为这两者不在同一个心理账户里，你对它们有着不同的价值判断。

为什么会有心理账户呢？理查德·塞勒讲道，这和我们的自我控制有关，我们之所以把钱放在不同的心理账户，是为了防止自己乱花钱。

在心理账户理论的基础上，塞勒进一步提出，消费者的效用包括两个部分：一部分是获得效用，即买到商品和服务之后获得的满足感；另一部分是交易效用，是跟交易价格相关的。交易效用又跟消费者心目中期待的“公平价格”和实际交易价格之差有关。如果消费者觉得交易价格比他心目中的“公平价格”更高，即使他买到了自己心仪已久的东西，也会觉得很不爽。

这正是各种营销方式里经常用到的套路，通过对心理账户的应用，让消费者更容易接受原本看起来很贵的价格。

“今年过节不收礼，收礼只收脑白金。”嗯，脑白金卖得确实很贵，但不是用来自己吃的，是用来过年送礼的，所以属于情感维系心理账户，这么一想好像还挺划算。

“爱Ta，就带Ta吃哈根达斯”，哈根达斯卖得贵，不是让你一个人天热当雪糕吃的，是带你爱的人吃的，属于情感维系心理账户，这么一想好像也不贵。

同样是手机，为什么苹果手机比其他手机的售价更高，但还是有很多人追捧呢？巴菲特说：“iPhone和喜诗糖果类似，都能给人带来美好的感觉。设想如果你是一个加州男孩，你带着一盒喜诗糖果去女朋友家，然后她会回赠给你一个吻。所以你对喜诗糖果的价格并没有那么敏感。所以我们真正需要的是，能够给我们带来美好感觉的产品（就像亲吻一样）。而我们确实在以iPhone为首的苹果生态系统上下了重注。我们在这种生态系统上看到了这种不一样的、给人带来美好感觉的特点。”

由此可见，人性比“理性人”所想象的更为复杂。人不是完全理性的，而是有限理性的。人没有坚强的意志力，只有有限的意志力。

你之所以会冲动消费，并非自己还没有修炼到理性人的高度，而是因为你就是人，活生生有感情的人。对于人来说，完美的理性不存在，绝对的正确也不是我们能控制的。

我们所能做的，就是擦亮眼睛，对自己的认知更清晰一点，对世界的看法更准确一点，在或冲动或理性的人生中，活得更洒脱、更自在一些。

06 经济学偏差

我为什么不是理性经济人？

历数人生中的那些经济学偏差

Zumbo：

谢谢你让我为自己的“不理性”解了围，同时还学到了“行为经济学”这个新知识。但是，我觉得虽然行为经济学告诉了我们不是“理性经济人”这个事实，但无可否认的是，如果我们能知道自己到底在哪些方面不理性，从而让自己变得更加理性一些，是不是能让自己的生活变得更好呢？

行为经济学作为主流经济学中的一个分支，自2002年丹尼尔·卡尼曼获得该年诺贝尔经济学奖后开始受到公众的普遍关注。

行为经济学者最初的灵感，来源于在某些特定情况下，经济学核心理论无法解释大多数人的行为结果。这些结果对理想行为模型的偏离大于可被定义的误差，甚至与理论结果完全相反。所以，行为经济学就是对这些“偏差”进行研究。了解这些偏差，有助于我们与自己的不理性做斗争，让生活变得更好。

传统经济学的“理性人”并不存在

举一个例子。比如你预订了一张演唱会的门票，价格2000多元，付完钱收到门票，悉心珍藏。等到演唱会那天，临出发却怎么也找不到票了。你查了一下演唱会的官网，这时候还可以到现场买票。但是，你愿意到现场临时再花2000多元买票观看吗？

类似的案例我们聊过，虽然我们可能已经知道了“损失厌恶”是不对的，但是对于生活中的此类问题，恐怕大多数人还是会沉浸在找不到票的痛苦之中。如果要再花2000多块钱买张票，似乎更是对自己受伤的心灵“雪上加霜”，宁愿留在家里懊悔自己找不到的票，而无法彻底放下“损失厌恶”，赶紧到现场补买新票，看一场开心的演出。

这个心理，多少与传统经济学理论有些违背。因为，按照传统经济学对“理性人”的假设，作为一个“完全理性”的经济人，我们应该忘掉找不到票的痛苦，因为这个已经是沉没成本，不应对当下的决策产生影响。如果这个演出真的是我们期待已久的，而且还可以临时买到票，肯定是要抓紧到现场去买票啊。

但是事实上，我们却无法做到这么理性。传统经济学理论与现实之所以会产生这些偏差，是由于现实生活中的人并不符合理论上对经济人的设定。相比绝对理性的“经济人”来说，我们更符合心理学上“行为人”的定义。我们的行为不仅是理性的，更受到外界环境、经历、个性、情感等非理性因素的影响。

这些因素引发的主观和客观上的认知局限，会导致我们并非严格遵循经济学中最优原则进行决策，从而无法达到理论上的理性预期。

行为经济学作为实用的经济学，将行为分析理论与经济运行规律、心理学与经济科学有机结合起来，以发现现今经济学模型中的错误或遗漏，进而修正主流经济学关于人的理性、自利、完全信息、效用最大化及偏好一致基本假设的不足。

行为经济学衍生出了很多对人性的认知，比如“确定效应”“心理账户”“锚定物”等，我们在之前的篇章中已经有所介绍，此处不再赘述。既然你问起来如何利用行为经济学与自己的非理性行为做斗争，那么我就再给你介绍几个典型的认知偏差。

我们或许无法也不应该把自己训练成一个冷酷的“绝对理性的人”，但是知道“非理性”行为对决策造成的偏差，却可以帮助自己更清晰地认知这个世界，从而让将来的决策比自己、比别人更精准那么一丢丢。

很多时候，这“一丢丢”的优势，就会带来无尽的红利。

归因偏差：强调客观因素还是主观原因？

还是先举个例子吧。

一位女生谈了位男朋友，两人经常约会。没几次，女生就发现自己男朋友人品有问题，于是找到闺密抱怨：“他对我根本不上心，每次约好了晚饭，他总是迟到，哪怕之前都反复确认过时间，他十次有八次还是会迟到。一说起来，他就说是自己工作身不由己，临时有任务没办法脱身，我看他就是心里没有我。”

闺密问：“那他有解释自己为什么迟到吗？”

“解释啊，说了一堆理由，都是说自己工作特殊，忙得脱不开身，老板总是临近下班抓着干活儿。从来都是找客观原因，听得人一肚子火。”

听完这些，闺密也对这个没见过面的男生下了结论：“总迟到还一堆理由，说明没有时间观念，没有契约精神，不懂得尊重人，我看他就是人品有问题。”

确实，约会总迟到，这不是个好的习惯。往小了说是不尊重女朋友，没有把女朋友放在心上；往大了说，是人品有问题，不尊重契约精神。但是，这位男生是不是真的没有把女朋友放在心上呢？也许这位男生真的是很想如期赴约，只是工作中遇到老板的临时安排，大家都遵从命令，让他无法提出逃避的理由呢？

这就是一种典型的基本归因偏差（attribution bias）。归因偏差是指对人的行为进行归因时，高估内在倾向作用而忽视情境因素作用的一般倾向。简言之，是指个人归因多于或强于情境归因的现象，也就是无法将一个人的实际品质与他所处的环境条件使他产生的行为区别开来的情况下，倾向于认为是个人品质造成的结果，而不是环境或者客观因素造成的。

那么，是什么原因使人们产生了基本归因偏差呢？对此一般有两种解释：

一种解释认为，人们之所以会强调行为的个人因素而忽视情境因素，是因为个人的内在因素比情境因素更突出，更显眼，更易引起人们的注意。将活动结果归因于活动者个人的特质反映了人们的一种自然的、习惯性的认识倾向。

另一种解释认为，人们倾向于做出个人归因，是由于社会对该种归因的鼓励和赞许的态度使然。人们成长和生活于其中的社会，是一个鼓励个人奋斗和成功的社会，它在给予个人充分自由或机会的同时，也要求个人对自己的行为负责。正是这种强调个人权利和义务，鼓励个人奋斗的社会标准或规范，使得人们倾向于做出个人归因而不是环境归因。

这种偏差，也来源于行为实施者与观察者之间的一种认知偏差，即对于同一行为，实施行为的人与旁观者所作的归因是不同的、有偏差的。研究表明，实施行为的人往往强调情境的作用，对自己的行为多强调外部原因，作外归因；而旁观者常常强调并高估实施行为的人自身的、内在的因素。

形成这种偏差主要是双方所站的角度和出发点不同。旁观者往往站在一个理想的角度，从常规的逻辑出发。如认为人就要说到做到，约定时间就要准时到达，借东西就应该如期归还，朋友就应该互相帮助等，一旦发现不合常规，就归因于行为实施者的个人因素。而实施行为的人则更多的是从具体情况出发，强调实际行为的特殊情境。如借东西未还是因为太忙没时间，迟到是因为有急事走不开等。可见，归因偏差是造成人与人之间矛盾的一个因素。

但观察者却往往从行为者自身去寻找行为的原因，进行内归因。比如，造成医患纠纷的一个重要原因就是，患者认为自己病得很厉害，可是却发现给他看病的医生非常冷漠，甚至没有按照自己想要的方式给予“认真”的治疗。实际上，这恰恰忽略了医生的职业特点，每天他都在接触大量病人，对各种各样的痛苦已经习以为常，而且他的责任在于准确地做出诊断，并不是对患者的病情表示同情。

由于人们在归因的时候，往往站在自己的角度，或者说对自己有利的角度去认知，所以经济学家也提出了一个概念，叫利己主义归因偏差。

所谓利己主义归因偏差是指人们一般对良好的行为或成功归因于自身，而将不良的行为或失败归因于外部情境或他人。比如，优秀的学生往往把自己的考试成绩归因于自己的努力，而差生则把自己没考好归因于老师不会教或题目超纲等。

其实，小时候我们经常有时考试成绩不错，有时却很差，到底什么因素会影响成绩呢？原因可能有很多，比如考试的难度、自己努力的程度、运气等。如果我们进行分类归因，有些因素是稳定的，比如考试难度和智商；有些则是不稳定的，比如努力程度、考试运气等。有些因素是自己可控的，比如努力程度；有些是不可控的，比如考试难度和智商。

所以对于我们来说，在对一件事进行归因的时候，理解什么是稳定、内部可控，有助于增强自身的主动性，持续提高自身优势。同时，理解什么是不可控因素，可以更好地接受自己无法改变的状况，维持自信，不被无法抵抗的挫折所打败。

就像我们前面举的例子，感情中的归因偏差是双方很多情感矛盾的起点。

一段恋情结束后，人们在事后描述时总会找出这样那样的原因。但是，很多时候，人们在进行归因时，却并不总是合乎逻辑的，这是因为出现了归因偏差。

首先是行为者与观察者的归因偏差，形成这种偏差主要是双方所站的角度和出发点不同。恋爱的人更多的是从具体情况出发，强调实际行为的特殊情境，如出现了第三者或者一方发现了另外一方的秘密等，因此往往会将原因归结于某个情境。比如某次吵架、某次失约、发生了什么变故等。但是，旁观者则往往站在另一个角度，从恋爱的本身出发，假设恋爱本人在恋爱中的行为表现和生活中的表现一致，一旦出现问题，就归因于恋爱本人的个人因素，比如本身的性格、能力、处世态度，如性格太倔强、有大男子主义、容易发脾气、经常无理取闹等。

其次是利己主义的归因偏差。有时候，恋爱者为了避免人们因为恋爱的失败而对自己产生偏见，往往会将错误归因于对方。

产生这种归因偏差，一是情感上的需要。因为成功和良好的行为总是与愉快、自豪的情绪相联系的，而失败和不良行为总是与痛苦、悲哀相联系的。恋爱失败者处于情感的低落期，需要进行心理和情感上的调整。将错误归因于对方，可以帮助自己从低谷中走出来。二是为了维护自尊心和良好形象。因为这样就能体现并维护自身的价值，也可以给别人留下良好的印象。

与利己主义的归因偏差相反，还有一类人会把感情失败归于自身不够优秀。这类人往往是在感情中处于劣势的一方，比如深爱伴侣的那一方，面对婚姻与伴侣时常常会存有依赖感、敬畏心及崇拜心理。遭遇感情失败以后，首先感知的就是痛彻心扉的痛苦，其次是对自身的能力产生怀疑，认为是自己不够优秀才会导致伴侣的抛弃，通常选择的是卑微地祈求对方回归，甚至做出种种让步，唯一的条件是对方不要离开自己。

可见，这两种都不是正确的归因方式。很多时候，站在感性的角度，归因偏差也许是无法避免的，但是正确认知到自己可能会出现归因偏差，也许能够让自己从行为者的角度跳脱出来，站在旁观者的角度去看待自己的行为，发现自己无意之中的利己主义偏差，能更有助于自己正确认知自己，正确认知感情，正确认知一些事件发生的原因，从而加以改进，做更好的自己。

可得性偏差：你记住的未必是全部

大家觉得坐飞机、火车和汽车，哪个更危险?

想必很多人都认为坐飞机最危险。

事实上呢?国际航空运输协会（IATA）发布了2020年航空安全报告和商用航空业安全绩效数据。事故总数从2019年的52起减少到2020年的38起，致命事故的总数从2019年的8起减少到2020年的5起。

事故率是每百万次航班1.71起，高于过去5年的平均发生率（每百万次航班

1.38起）。与5年平均水平相比，死亡风险保持不变，航空旅行的平均死亡风险为0.13，这意味着一个人即使每天乘坐飞机，需要461年才有可能经历一场飞行事故。若是致命事故，则需20 932年。航空飞行的安全性不言而喻。

道路交通呢？世界卫生组织提供的数据显示：全世界每年因道路交通事故死亡人数约有125万，相当于全球每天有3500人因交通事故死亡——足够装满10架波音747飞机。数据显示，每年还有几千万人因此而受伤或致残。

一个对比的数据显示，每10亿公里死亡人数为：飞机0.05人，公共汽车0.4人，火车0.6人，小货车1.2人，水路2.6人，小汽车3.1人，走路54.2人。

所以，如果以发生的概率来衡量交通工具的安全性，搭飞机应该比乘车安全许多。那为什么我们会有飞机更危险的印象呢？

试想一下，你本来预定了今天的飞机前往另一个城市出差，但是一早起床，正准备收拾行李前往机场，结果看到昨天某个国家发生了空难，一架飞机从空中坠入大海，机上280人无一生还。电视里反复播放的坠机镜头会给你留下什么印象？

你可能会想，天哪，太可怕了，怎么会这样？乘飞机太危险了！这时候，你会不会退掉机票改乘其他交通工具？

原因正在于此。因为媒体追求的是新闻的爆点，如果是经常发生的事也就没必要报道了。空难发生少，反而每次发生空难，媒体都会铺天盖地地大肆报道，搭配大量触目惊心的照片，媒体报道的照片、视频、声音、个人见证等具备生动和鲜活性，对每个人的右脑产生冲击，导致在观众心中留下不可磨灭的印象，进而影响人们的情绪反应，使大家高估空难发生的概率。

人会根据信息容易想起来的程度来评估其发生的可能性。所以那些很生动、特别容易回忆起来的事情，会被人认为比那些没有什么印象或不太容易回忆起来的事发生的频率更高——这种心理上的认知偏差被称为可得性偏差（availability bias）。

试想，如果你开车20公里送你的朋友去机场，你的朋友将乘飞机到750公里外的地方，分别时你可能对你朋友说一路平安。但是这句话是很有讽刺意味的，因为你开车回家20公里的路程发生交通事故的概率比你朋友乘飞机750公里发生坠机事故的概率高出两倍。虽然你回家更危险，但是受生动鲜活效应影响，你觉得对他祝福更为合理。

保险公司也发现，在大型天灾发生后，人们投保相关保险的数量会显著增加。我记得曾看过一个美国加州的案例：某个区域从以往的历史来看发生地震的可能性很低，所以这个区域的人们通常没有为不动产加买地震险；但自从这个区域发生一次罕见的地震后，一年内这个区域加买地震险的人数较过去有显著增加。但因为该地震的灾情影响并不严重，待一年后记忆淡化，买地震险的人数又回归正常。

我们每年面临的业绩考核也会受此影响。比如，部门主管在进行员工年度考绩时，很容易以员工最近两三个月的表现来回顾该员工一整年的表现。因为最近两三个月的印象很鲜明，之前的印象离得愈久就愈模糊。最近在项目上取得卓越表现的员工，在年度考核时会较其他员工有不公平的优势。

生动鲜活的个案在检验理论的时候是无用的，但在人们的生活中，这类证据经常被人们过分重视，大部分人还是会被鲜活性效应所欺骗，这样在决策中特别容易犯可得性偏差的错误。这也就可以解释：为什么表彰晚会都是讲故事、播视频？为什么演讲比赛的时候，讲生动鲜活的故事会更加感动观众？为什么会讲故事的创业者更容易得到投资人的青睐？

作为理性的思考者，我们更应该相信严谨的科学验证和科学统计的结果，将相关的客观数字、数据调出来，不要用自己的印象来评估，这样我们才不会被生动鲜活效应所影响。

选择性偏差：以自己喜好推断行为

选择性偏差（selection bias）用在人的认知上，更多地体现为一种偏好性的认知倾向：人们喜欢把事物分为典型的几个类别，然后在对事件进行概率估计时，过分强调这种典型类别的重要性，而不顾有关其他潜在可能性的证据。选择性偏差的后果势必使人们倾向于在实际上是随机的数据序列中“洞察”到某种模式，从而造成系统性的预测偏差。

在投资时，选择性偏差往往来源于人们的认知局限性。1974年，以阿莫斯·特沃斯基和丹尼尔·卡尼曼为代表的经济学家提出：投资者由于认知容量的局限性，在某一时点上不能处理所有信息，总是选择少数事物作为认知的对象，使被认知的对象好似从环境中凸显出来。

比如，大多数投资者坚信好公司就是好股票，这就是一种选择性偏差。这种认知偏差的产生是由于投资者误把好公司的股票混同于好股票。其实，当好公司的股票价格过高时就成了坏股票，坏公司的股票价格过低也就成了好股票。

当然，在资本市场上，这些现象很少单独出现，而是紧密地联系交织在一起。认知偏差出现的原因，在于人脑的本质功能是处理人与人之间的关系，而不是进行统计计算，大脑处理视觉形象远胜于处理数字逻辑。在许多情况下，认知偏差是我们用以简化日常生活的必要方法，因此可以说，认知偏差是我们日常生活中认识过程的一部分，也是证券投资中决策过程的一部分。

证实性偏差：从结果中找原因

不知道你有没有过这样的经历。当你刚刚大学毕业，经过几轮的面试，击败了几十位强有力的竞争对手，正是意气风发，准备大展身手的时候，你发现你的上司和同事们都欺负你是新来的，事事针对你。

一开始只是一种感觉，模模糊糊没有那么多的证据。但是当你注意起这件事，证据就一一浮出水面，一件一桩都在证实着你的判断：上司早上到公司跟大家打招呼独独对你冷淡，没有像对待其他员工那么和蔼亲切；上司给了你太多无法完成的任务，而其他同事似乎都没有你那么忙；你感觉同事们之间亲密无间，下班约着去吃晚饭，却没有人来邀你，他们结伴离去，独独对你冷漠以对；你觉得连保洁员打扫卫生时，对待你的办公桌区域都比别人的要敷衍一些。

你觉得你已经掌握了足够的证据让你得出这个结论。事实上，你可能只是陷入了一种证实性偏差（confirmatory bias）。

证实性偏差是指当人确立了某一个信念或观念时，在收集信息和分析信息的过程中，会产生一种寻找支持这个信念的证据的倾向。也就是说他们会很容易接受“支持这个信念”的信息，而忽略“否定这个信念”的信息，甚至还会花费更多的时间和认知资源贬低与他们看法相左的观点。

证实性偏差导致个体过分相信自己判断的准确性，评价一旦形成便不会轻易改变。这种偏差在错觉相关效应中最明显。如果两种因素相互联系，人们就更容易注意并记住它们相互联系的信息，这种期望歪曲了人的知觉和记忆，使人认为两种因素之间的联系更紧密。

例如，当我们认为某个人是外向型人格的时候，就会更多地注意其所表现出的与外向有关的品质，并容易回忆起来。而对其所表现的与外向无关的品质则不怎么注意。同样，人们根据社会刻板印象去评价个体，也是要证实个体与其头脑中既存的图式是相吻合的。

证实性偏差主要来源于预设立场。人们常常根据自己对特定事件的代表性观点，选择性地回忆、搜集有利细节，忽略不利或矛盾的资讯，来支持自己已有的想法的片面诠释。

这种偏差尤其显见于感情问题和传统观念。人们常偏好支持自己原立场的观点，也倾向将模棱两可的事实做有利于自己的解释。

有心理学家做过一个有趣的实验。研究者让一些男士在电话中与他们不相识的女士交谈。事先告知A组的参与者，与他们谈话的女士相貌很漂亮；告诉B组的参与者，与他们谈话的女士相貌不佳。结果发现，A组的谈话比B组的谈话热烈得多。原因在于，男士与“漂亮”女士谈话时更热情也更可爱，对方便做出了相应的回应——其实，与他们谈话的女性未必真的很漂亮。

在投资领域，这种问题也非常严重。当你一旦买入了某公司，特别是在投入大量心血研究、分析后进行的决策，对该公司就容易产生证实性偏差。后期在关注、收集信息时，可能更倾向于选择和相信“利好的信息”，拒绝或反感“利空的信息”。更有甚者，在语言上可能会忍不住对持有与自己不一致观点的人进行人身攻击。

正确的态度应该是理性地看待正反两种不同的观点和信息，对反面的观点应更加警惕，分析其产生的可能性及有多大的危害。保持警惕和开放的态度，才能避免选择性偏差。

说了这么多，是不是感觉生活中的太多误解，都来自认知上的偏差？

也许你会问，我怎样才能改变自己的认知，避免出现认知偏差呢？

可惜的是，认知偏差基本上无法彻底全面地消除，因为无论是经验的有限性，还是无法摆脱的主观因素，都导致了人的认知必然是局限的。或者说人只能拥有有限理性，认知的误差无法被完全消除——尽管在一些特定的领域，一些人经过长期的磨炼，有可能尽量消除它的影响。由于它总是在不知不觉中发挥作用（常常通过潜意识发挥作用），所以一不小心就会被它所左右。

有认知偏差并不可怕。最可怕的是偏差盲点（bias blind spot），即看不到自己的认知偏差存在。正如俗语所说，“你不知道并不可怕，可怕的是你不知道你不知道”。

偏差盲点体现为：不知道自己有认知偏差；认为自己的认知偏差导致错误的程度低于他人；认为自己已经彻底克服了认知偏差。

虽然我们无法避免认知偏差，但是我们可以通过避免偏差盲点，让自己时刻警惕认知的偏差，以多元、客观的方式去认识自己、认识周边的事物。那么，认知偏差也就没有那么可怕了。

07 信息不对称

为什么掌握的资讯越多，这个世界的信息鸿沟就越深?

掌握认知差，才能站到制高点

Zumbo：

最近有很多广告，主打的都是“不让中间商赚差价”，不禁让我注意到，我们生活中有很多交易是必须通过中间商来实现的。

互联网真的是这个时代最伟大的发明，不仅让我们每个人都拥有了无穷无尽的知识和信息，而且一切都变得轻而易举。当我们能够随时随地获取各种信息的时候，中间商就没法再赚差价了吧？

希望这种去掉中间商的平台越来越多，让我们老百姓更省钱。

你觉得呢？

买房子为什么必须要找中介？

公司做完年报为什么必须找会计师事务所审计？

正如你所说，生活中总是充满了各种不经济的现象，所有中介机构的出现似乎都凭空增加了成本，但是我们为什么不抛开中介服务呢？

中间商是信息的搬运工

还是先来讲个故事吧，很多人应该都知道，中国有一个叫《邻居献玉》的寓言故事。

魏国有一个农夫，一次在犁田时突然听到脚下传来一声异响。他刨开土层一看，原来是撞上了一块光泽碧透的异石。

农夫不知是何物，于是请邻居来看。邻居一看，知道这是块罕见的玉石，有心据为己有。于是对农夫说：“这是个不祥之物，留着它迟早会生祸患。你不如把它扔掉。”

农夫犹豫了一会儿，还是决定把它拿回家去，先摆在屋内观察一下，看看到底是怎么回事。

夜里，宝玉光芒四射，把整个屋子照得像白昼一样。农夫被这种神奇的景象惊呆了，又跑去找邻居。

邻居趁机吓唬他说：“这就是石头里的妖魔在作怪，只有马上扔掉才能消灾避祸。”

农夫急忙把玉石扔到野外，尾随的邻居随后把玉石搬了回家。

第二天，邻居把玉石献给了魏王。

第三天，魏王召集工匠评估，玉工一见玉石，大吃一惊，对魏王说：“恭喜我王，这是一块稀世珍宝，难以用金钱计算它的价值。世上各种各样的玉石，没有一块能与它媲美。”

魏王听后大喜，当即赏给邻居一千斤黄金，还赐他终生享用大夫俸禄的待遇。

故事到此结束。狡诈的邻居因骗取的玉石而受赏食禄，而善良的穷苦人却还被蒙在鼓里一点也不知道。

这不就是中间商赚差价吗?

但是大家想想，邻居为什么且能够将玉石骗到手? 那是因为邻居有专业知识，而农民没有。用经济学术语来说，这就是信息不对称（information asymmetry），邻居拥有玉石的鉴别能力，农民没有。

信息不对称理论是指在市场经济活动中，各类人员对有关信息的了解是有差异的。掌握信息比较充分的人员，往往处于比较有利的地位；而信息贫乏的人员，则处于比较不利的地位。

该理论认为，市场中卖方比买方更了解有关商品的各种信息；掌握更多信息的一方可以通过向信息贫乏的一方传递可靠信息而在市场中获益；买卖双方中拥有信息较少的一方会努力从另一方获取信息；市场信号显示在一定程度上可以弥补信息不对称的问题。

在一个交易市场上，如果信息不够透明，就会出现信息不对称。而信息不对称，就带来了交易成本和交易机会，需要通过代理机制来解决信任问题。

信息不对称无法消除

古典经济学的两大前提条件就是理性人和完美信息（perfect information），而且这两者是相关联的，正是因为信息是完美的，理性人假设才合理。

所谓的完美信息，就是指信息是对称的（symmetric），说得更明白一点，就是你知道的我也知道，我知道的你也知道，所有的信息都是共同知识（common knowledge）。

而且，所有人获取信息的时间也是一样的。正是在这个完美的理性人的世界里，市场这只“无形之手”才那么有效。

但在现实世界里，并不是所有的选择都是在完美信息的条件下做出的。在这个看似完美的市场里，到处存在着不完美的信息。

来自芝加哥大学的经济学家们最先注意到这个问题。起初他们研究的重点只是生产者和消费者如何搜寻、获取那些使交易顺利完成的信息，随着研究的深人，他们发现了许多惊人的结论。

乔治·约瑟夫·施蒂格勒（George Joseph Stigle），这位信息经济学的开创者，在大学的时候由于缺乏信息经常选错课，于是选了一堆“实用”的商业课程和许多政治学科目。

施蒂格勒从价格歧视中受到启发，发现人们在交易中，“知识”的昂贵导致了价格的差异。比如，为了买一辆称心如意的汽车，人们可能要花一整天时间走访8~10家汽车经销商进行对比选择，因此信息不仅不是免费的，甚至要付出高昂的代价。1961年，施蒂格勒发表了著名论文《信息经济学》，第一次提出了信息经济学的概念，由此开创了信息经济学。

不对称信息在经济学中占据了重要地位。2001年诺贝尔经济学奖授予了三位美国经济学家：斯坦福大学迈克尔·斯彭斯（Michael Spence）、加利福尼亚大学乔治·阿克尔洛夫（George Akerlof）和美国哥伦比亚大学约瑟夫·尤金·斯蒂格利茨（Joseph Eugene Stiglitz），以表彰他们在“使用不对称信息进行市场分析”领域所做出的重要贡献。

所谓的信息不对称，通俗来讲其实就是“你知道的跟别人不一样”，或多或少、或真或假。这里的“知道”并不是指你的学识和阅历，而是指你所能获取的信息。

如果你占据了信息不对称的优势，成为那个比别人“知道”的多的人，就可以成为信息不对称的受益者。

然而现实是，大部分人站在了信息不对称的弱势面，成为那个不会获取信息、不会甄别情报、永远慢一步的受害者。

资讯丰富不等于信息对称

大家可能会很疑惑，互联网发展了这么多年，不是什么信息都可以在网上搜索到吗，为什么还会出现信息不对称呢？

没错，互联网的出现让信息的获取变得越来越容易，我们在生活中，也确实时时刻刻都在接收各种新的信息，可以说我们处在信息大爆炸的时代。

但是，网络上的信息多，并不意味着我们每个人作为个体能够接收到的信息也跟着变多，更何况，并不是所有的信息都是正确的，并不是所有的信息都会被所有的人拿到。甚至随着信息的多元化，我们还更容易陷入“信息茧房”（information cocoons）和“回声室效应”（echo chamber effect）。

“信息茧房”的概念出现于2006年。

芝加哥大学教授、曾任美国白宫信息管制办公室主任的凯斯·桑斯坦（Cass R. Sunstein）提出：公众的信息需求并非全方位的，公众只注意使自己愉悦的领域，久而久之，会将自身桎梏于像蚕茧一般的茧房中。

他在自己的著作《网络共和国》中，还描述了个人日报（dailyme）现象。

伴随网络技术的发达和网络信息的剧增，人们能够在海量的信息中随意选择自己关注的话题，完全可以根据自己的喜好定制报纸和杂志，每个人都拥有为自己量身定制一份个人日报的可能。当个人长期禁锢在自己所建构的个人日报中，久而久之，个人生活呈现出一种定式化、程序化，失去了解不同事物的能力和接触机会，不知不觉间为自己制造了一个“信息茧房”。

作为一种商业信息服务，这种个人定制的需求，被算法型资讯服务平台所瞄准，现实生活中的“算法推荐”新闻就是很明显的例子。

很多人都在惊叹某某APP很懂自己，明白用户的需求，看起来会上瘾，停不下来。其实这个算法推荐就是凭借强大的算法和爬虫抓取技术，根据用户行为习惯精准分析并推荐感兴趣的内容，满足个性化的需求，做到千人千面。

然而，你喜欢的就是最适合自己的吗？

在海量的信息中，用户通常会选择自己喜欢的，在算法主导的信息分发模式下，很容易过滤掉不感兴趣、不认同的信息，实现“看我想看，听我想听”，如同吸食精神鸦片后所获得的心理上的舒适感。久而久之，一直深处于自己乐意看到的内容池当中，所见所闻被APP所控制，信息接受维度变窄，知识获取单一，对其他领域越来越陌生，便会很难接受不同的观点，行为习惯被自己的兴趣引导，在单调的信息中形成了特定思维习惯。这种特定的思维，被叫作“回声室效应”。

所谓回声室效应，是指在一个网络空间里，如果你听到的都是和你意见相似的回响，你会认为自己的看法代表主流，从而扭曲你对一般共识的认识。

由于回声室效应，人们趋于与自己意见相同的人交流，同时结为群体。法国社会心理学家古斯塔夫·勒庞（Gustave Le Bon）所著的《乌合之众》中有对群体“无理性”的描述：人们沉浸在顺应自己内心的意见的回声里，往往会对其他声音选择视而不见，甚至认为与自己意见相左的声音都是无稽之谈。这样的群体有紧密的联系，不能轻易地被打散。因此，一旦进入自己的“回声室”，意见和信息就会越发倾向于一个极端。

在新媒体的传播语境下，回声室效应与意见传染存在密不可分的关系。有关社交媒体的研究表明，在用户优先连接到与他们共享观点的其他用户时，会发生意见和情绪传染。例如，在Facebook（脸书）上，总体比较正面的动态消息导致生成更加正面的内容，同样，负面的动态消息导致生成更加负面的内容。

看到这里，相信大家对特朗普及其追随者为什么会一直不承认败选，是不是也能够有所理解了？

由此可见，随着网络社会的来临，信息不对称不是在缩小，甚至是在加大。这世上有一半的人永远也不知道另一半人是如何生活的，真理似乎已在千百年前被说尽了，而试图打破次元壁、试图充当桥梁的人，却一直被嘲笑。

信息不对称可以创造价值

信息不对称的终极来源是人们的知识所构成的差异，这里的知识并不仅仅指的是学校里教授的课本知识，而包括一切认知对象的集合。好比说你的工作经验，还有你的社会关系，你对某个产品或是某个领域里独占性的专利技术，都是广义上的知识。

既然信息不对称是普遍存在且无法消弭的，我们就应该正视并理性认识信息不对称给我们带来的价值。

从更广泛的意义来看，一切贩卖知识优势的行为，都是利用信息的不对称来获利的。比如大家所熟知的中介，就是利用自己掌握的信息优势来撮合买卖双方达成交易，从中抽取佣金。

其实细想，利用信息不对称获利的事情比比皆是。关于信息差的良性生意大有可为，比如中介服务商、信息集成商、投资行业等。如果说房地产中介是最为普通的信息贩卖者，那么投资银行则是精英而小范围的信息掮客，他们的本质都是利用自身掌握的信息优势来赚钱。

一是依靠传递信息获利——在弥合信息鸿沟的过程中获利。比如一些美妆公众号，在海量的护肤化妆品中筛选出最有效、最好用的，抨击无良商家，部分地弥合了信息鸿沟，获得了消费者信任，从此开始接广告。

二是依靠截断信息获利——设置门槛，截断消息，永远不给你真相。比如网络不发达时代的葡萄酒行业，人们很难知道一款酒在国外的价格，也很难知道别的酒商的价格（天然门槛），同时在中国又是新鲜玩意儿，于是酒商漫天要价。现在网络发达了，酒价自然会降下来。

提高信息甄别和信息处理能力

我们如何消除信息不对称，提高自己的信息处理能力呢？

从信息输入的角度，要能找到好的信息输入节点，为自己打造一个优质信息渠道，实现动态信息输入。比如你想要了解财经知识，就不能去看那些有趣但是夸张的个人公众号。一些权威渠道的杂志、报纸，甚至基金从业资格考试的教材，都能让你避免片面甚至错误的信息输入。

同时，要能够识别和避免垃圾信息。想要提升信息获取和甄别能力，必须大量地学习和实践，付出代价来获取。

最基础的代价，就是时间。想要获取知识，就需要时间去找书、看书、上网搜寻、找人问、自己实践……付出很多很多的时间成本。

最普遍的代价，就是金钱。所谓知识付费，即出钱买高密度的信息。想要节省时间，最直接的就是付出金钱。

终极代价，就是投身其中。从一个行业最小的“虾米”，一路摸索成为行业大佬，付出时间，付出金钱，付出精力，付出情感，付出脑力和创造力……投身于一个行业，成为业内人士，拿最顶尖的信息，获最大的利。

不断弥合信息之间的鸿沟，才能一点点达到更高的层级——这就是学习的意义。

那么，是不是说只要我努力学习和实践，就一定能解决信息不对称的问题呢？依然可以很肯定地告诉你：不能。

因为信息不对称对于每个人都是公平的，你手上也许掌握了许多人不了解的信息，但是为什么你没有成功？除了信息质量外，问题的关键是解决认知差。也就是说，你对这个世界的理解力，最终决定了你能跑多远、飞多高。

个人受教育的程度，看世界的广度，经历人生的厚度，都能够决定这个人的高度，站在不同高度的人看到的世界就是不一样的。层次越高的人，越能看到别人看不到的东西；而层次越低的人，因为眼界受限，所看到的事物也比较表面和浅显，处理事情的方式也比较单一和固执。

具有信息甄别和处理能力的人跟普通人相比，有什么明显的区别吗？有一个概念，叫作“向下兼容”。也就是说，一个认知和思维水平比你高的人，在发现你们并不在同一高度时，也会主动向下兼容你，你和这样的人相处会非常愉快，你抛出的梗对方都能接，交流没有任何不适，你会感觉到他是和你在同一个高度和频率的人。

能够向下兼容的人是能包容不同阶层的人，即便别人的认知水平有限，他们也能理解，即便别人的思维逻辑有错，也能够包容。

如果你发现身边哪个朋友特别能理解你，特别能够准确接收到你的想法，那么请明白这个道理：不是你和这个人同频，也不是你表达能力强，而是这个人的认知和思维能力在你之上。

承认我们都很无知，承认我们存在认知偏误，是我们扩大认知半径，提高思维高度的必备前提。永远活在自己的世界里，你永远无法体会到别样的乐趣。

我很喜欢徒步，这种经历对我理解认知差有比较大的影响。因为，徒步的大部分时间都是在半山腰，这是一个漫长而艰辛的过程。往下看，层峦叠嶂，所有的汗水都点滴闪现。那些后来者的行踪清晰可见，仿佛可以一一指点他们未知的旅程。

往上看，树影斑驳间，顶峰仿佛就在眼前，那些忽隐忽现的前者，似乎也没走出多远。紧步赶路，却又似乎永远到不了顶峰，追不上前者的脚步。

看起来唾手可得的月亮，大部分人却永远无法企及。

我们以为的一臂之距，事实上却遥不可及。

只有那些一路奔波而去的人，才知道未知的路途有多么遥远。

只有一步步踏踏实实地走到了顶峰，才能看到来路经过了多少曲折，历经了多少泥泞。

敬畏未知，才会努力。

第二章

用经济学解答人生困惑

为什么别人家的孩子都那么优秀？

是在小城市岁月静好，还是到大城市策马奔腾？

为什么男朋友会在虚拟游戏中花费巨资买道具？

08 机会成本

是在小城市岁月静好，还是到大城市策马奔腾？

算清楚机会成本，就知道该怎么办了

姑娘A：我大学刚毕业两年，毕业后遵照父母的意愿回到三线小城，做了个事业单位的小职员，收入稳定，岁月静好。但是，我内心还是向往大城市，看到自己的同学都在大城市打拼得风生水起，特别是看到电视剧里那些职场戏，都会充满冲动。

我也跟父母提过，但是他们强烈反对，认为还是在体制内更安稳，人生会更幸福。现在，长辈们也开始给我介绍男朋友，我一直在犹豫，担心一旦恋爱了，就真的走不出这个小城市了。

你说，我该怎么办啊？

姑娘B：今年是我和男友在一起的第十年，我毕业后一直在北京。前两年男友逃离北京回了家乡，异地两年后，我来到了他的城市，一个我完全陌生、没有朋友的四线城市。

在一起时间太久了，久到多巴胺的分泌已经没有了，完全是亲情的感觉。我跟他一起回到家乡，是因为他真的对我很好，算是当老公的合适人选。

因为我本身是一个喜欢热闹，对外界充满好奇的人，所以回到小城的两个月，我一直不开心。小城市的生活方式我不喜欢，回来后的生活太安逸了，工资太低，和周围的人共同话题太少。

而且感觉小城市没有太大的发展机会，我能想象如果在这里待下去，我20年后的生活也会和现在差不多，生活失去了好多乐趣。

目前，我一直尝试说服他跟我回北京，但希望太渺茫。他有稳定的工作，有房子，有家人和朋友。所以，未来我们两个会怎样，真的说不好。

我该何去何从呢?

（连续收到好几个类似的私信提问。这两个姑娘的问题比较一致，A是在纠结要不要离开父母去大城市闯荡；B是在纠结离开首都跟着男友回故乡后不习惯。算是一类问题，一并来聊聊吧。）

人生充满了选择，不同的选择会造就不同的人生。甚至有些时候，不经意的一个选择，往往会永远地改变我们接下来的人生轨迹。

A和B两位姑娘都走在了人生的岔道口上，慎重地选择自己接下来要走的道路，是对自己的负责，也是对家庭的负责。

人生没有两全其美

《艺文类聚》里有这么一个小故事：

齐国有个人家养了个女儿即将成年，有两家男子同时来求婚。东家的男子长得丑但是很有钱，西家的男子长得俊美但是很穷。

父母犹豫不决，便征询女儿的意见，要她自己决定愿意嫁给谁："要是难以启齿，不便明说，就袒露一只胳膊，让我们知道你的意思。"

于是，女儿便袒露出两只胳膊。

父母感到奇怪，就问其原因。女儿说："想在东家吃饭，在西家住宿。"

这个故事是个笑话。但它告诉我们，虽然我们对生活有美好的期望，但没有任何一种选择是两全其美的。

有人说，大城市机会多，发展空间大，能提升思维开阔眼界；但也有人说，大城市996加班多，压力大，竞争激烈。

有人说，小城市稳定，离家近，安逸又舒适；但也有人说，小城市太拼圈子和关系，没发展前途。

A和B之所以会纠结，是因为害怕选错了再无回头路，害怕后悔和遗憾。但看起来无论怎么选，都会有遗憾。而这份遗憾会在无数个日日夜夜，让她们备受煎熬。选了大城市的话，会羡慕小城镇的同学娶妻生子，早早过上舒适安逸的生活；选了小城市的话，又会羡慕大都市的繁华盛景，月入过万，出入高大写字楼的白领生活。

既然鱼和熊掌不能兼得，那我们就从经济学的角度，做出一个相对更好的选择。这就涉及一个经济学概念——机会成本。

机会成本（opportunity cost），是指为从事某项经营活动而放弃另一项经营活动的机会，或利用一定资源获得某种收入时所放弃的另一种收入。另一项经营活动应取得的收益或另一种收入即为正在从事的经营活动的机会成本。

通过对机会成本的分析，可以帮助我们在面对两个或者更多的选择时，做出更好的抉择。其依据是实际收益必须大于机会成本，从而使有限的资源得到最佳配置。

鱼和熊掌不能兼得时，选择吃鱼，你所要考虑的成本就不是鱼的价钱，而是熊掌能带给你的愉悦，这就是选择吃鱼的机会成本；选择吃熊掌，你所要考虑的成本就不是熊掌的价钱，而是鱼能带给你的愉悦，这就是选择吃熊掌的机会成本。

当吃鱼给你带来的愉悦超过熊掌给你带来的愉悦时，那你的选择就应该是吃鱼，反之亦然。

要理解机会成本，就要明白三个概念。

只要有选择，就一定会有机会成本

机会成本本质上是对不能利用的机会所付出的成本，因为一般选择了这种用途，就必然丧失其他用途所能带来的收益。

如果资源的使用方式是单一的，那就谈不上各个机会的利益比较。只有当资源具有多用性的时候，才要考虑机会成本，这是考虑机会成本的一个前提条件。

这就意味着，只要是在有选择的情况下，就一定会存在机会成本。比如：

一个农民，如果在老家种地，每个月可以挣到2000元，进城打工每个月可以挣到10 000元。

今年年初，他突然做出决定，回老家种地。请问他这个选择的机会成本是多少？

这位农民为了回家种地，放弃了每个月10 000元的打工收入，这就是他回家种地所付出的机会成本。

但是，如果他回家种地，是因为随着他年龄渐长，城市里再也没有岗位能够适合他，连续一年多都没找到工作呢？

每月10 000元的打工收入已经不是他的选择之一，回家种地是他唯一的机会。失去了选择，也就不存在机会成本。

同时，我们还应该明白，只有必须要做出选择时，才有机会成本。

网上有个段子，说“小孩子才做选择，成年人全部都要”。

当资源可以覆盖所有机会，不需要做出选择的时候，机会成本也就不复存在。

如果这位农民其实是位“码农”，年龄和地域都不影响他每个月10 000元的打工收入，他自然可以选择回到家乡一边种地一边打工。

但是，现实情况是，资源总是有限的，我们总是需要在有限的能力范围内选择最好的机会。那么为了这份机会，我们就必须放弃其他的选择，这就是选择的机会成本。

很多时候，哪怕是我们认为没有任何代价的收获，其实都隐藏着机会成本。经济学大师弗里德曼就说过“天下没有免费的午餐”。

哪怕有一家餐厅新近开张，免费大酬宾，你决定去吃一顿免费的大餐，以为不需要付出代价。其实，你为了专门去这家餐厅所浪费的时间也带来了成本。你可以用这个时间多完成一项工作，或是去图书馆获得新知，甚至偶遇未来的女朋友，这些可能性都是你吃这顿免费大餐的机会成本。

机会成本不是你选择的东西，而是你放弃的东西

看到刚刚那些，大家是不是觉得机会成本听上去非常简单？

机会成本看起来确实很简单，但是生活中总是会有很多复杂的场景，让我们无法痛下决心。

不信的话，我们来算算看吧。我们先来说一个简单点的。

大学毕业时，你有三个选择：回家乡当公务员、和同学一起创业、应聘进入大公司做白领。这三个选择的机会成本是什么？

如果你最终选择了应聘进入大公司做白领，那么从经济学角度来看，这个选择的成本，并不是你为了这个工作机会付出的努力（这是会计成本），而是你放弃的东西——“如果当初选择公务员，我应该混上科级了”和“如果当初选择创业，我应该身家上亿了”这两者之中收益更高的那一个。

对的，简单来说，如果一件事有两个选项：M和N，那么，选项M的机会成本

就是N的收益，选项N的机会成本就是M的收益，一个好的选择就是要让它的机会成本尽可能低。

很多人可能会说：说了半天，到最后不还是要比较M和N哪个收益更高吗？根本不需要知道什么机会成本啊。

没错，如果两个选项都处于“待选择状态”，比如两份录取通知、两个相亲对象、两只自选股、两件衣服……直接比较就行了。

但如果是你已拥有选项M，这时候你又有面对选项N的机会呢？

比如要不要跳槽换工作、要不要分手、要不要换股票……很多人都会忘记已有东西的机会成本。

比如，你现在在一家公司上班，年薪20万元。这些年攒了100万元，每年理财的收益是10万元。

今年，你朋友拿出一个项目计划书，邀你一起去创业，开一家餐馆，你们每人出100万元，每年能够分红30万元，年回报率30%。

你的机会成本是多少，收益又是多少呢？

从这个项目本身来看，年回报率达到30%算是非常诱人了。可以自己做老板，分红又比自己打工高，是不是跃跃欲试？

但是在决定要不要开餐馆时，请不要忽略自己打工时的工资成本和开餐馆需要占用资金的成本。

你辞职创业，失去的是工作带来的20万元收入；投入100万元本金，损失的是每年10万元的理财收益，加起来你的机会成本是30万元。

这么看来，这个选择的收益为零。

由此可见，选择的意义不仅仅在于你选择的东西，更在于你放弃的东西。你放弃的每一个机会都没有真正地放弃，而是变成了机会成本，作为日后衡量利益得失的基石。

需要放弃的已有收益就是机会成本的第二个特点。记住这一点，我们才不会像《权力的游戏》里珊莎·史塔克那样悔恨：“那时我只会想自己想要什么，从不想自己拥有什么。”

同一个选择，每个人的机会成本都不一样

电视剧《我的前半生》有一个情节：罗子君离婚后带着孩子吃外卖，贺涵知道后来给罗子君送餐，并表示以后每周送三次，这样就可以减少吃外卖的频率。

罗子君表示这样会太麻烦贺涵，有点不好意思。

而贺涵对罗子君说的是：送个餐不麻烦，相反，如果你们娘俩因为叫外卖吃坏肚子进医院，那才叫麻烦。

当然，这句话可能是一种隐含的情感表达。但是抛开剧情，就直白地分析这句话，则蕴含着不同的机会成本。

在剧中，作为罗子君朋友的贺涵属于社会精英，时间对他来说要远胜于几顿餐费。如果罗子君母子病了，他要来照顾，损失的是宝贵的时间成本。所以，对精明的贺总而言，送餐损失的是最小的机会成本。

而彼时的罗子君是一个刚刚被赶出家门的阔太，尚不能自食其力，时间成本远比贺涵要低得多，对她来说，能节约一点小钱，会比生病耽误时间有更大的价值。

所以，对于不同的人来说，即使是同一个选择，机会成本都会截然不同。

看完这个故事，相信大家都很想成为贺涵那样机会成本高的人。但是机会成本高也会对选择产生影响，而且这一影响未必都是正面的。

因为，机会成本越高，越难以找到有正面收益的选项。据说，名校毕业进名企的人，再跳槽的可能性反而少于普通学校毕业进入普通公司的人，因为要想找到一个比现有公司更好的机会太难了。

但反过来说，正是因为机会成本高，才迫使你去做那些价值更高的事。

这也是我们成长的必经过程吧。

刚刚讲到的是，相同的选择，对不同人来说机会成本不一样，不过这种不一样是显而易见的。

还有一类选择，其机会成本是难以进行衡量的，而这类抉择才是最难的。

就让我们回到一开始的问题上来：

放弃亲情、放弃爱情的机会成本是多少？

自由稳定的工作的机会成本是多少？

良好的发展环境的机会成本是多少？

这些选择不仅无法量化，而且因人而异。

扪心自问，选择闯荡江湖时的你会后悔错过了现世安稳吗？岁月静好时的你会后悔没有策马奔腾吗？

爱情和梦想孰轻孰重？

你愿意为了梦想，承受大城市艰辛的生活吗？

你又会为了安稳，接受一成不变的枯燥生活吗？

每个人的背景、心态及世界观不同，认知和感受也难免会有所不同。小城市的人活的是现在和安逸，大城市打拼的人活的是明天和希望。那些有追求的人会来到大城市，并留在大城市发展；而那些享受生活的人会跑到小城市甚至回到乡下，过着“老婆孩子热炕头”的小日子。

我想对A和B说，无论你去大城市发展，还是待在小城市，其实都没有对错，只要是你权衡利弊、考虑了各种机会成本之后自主选择的结果就行。

没有谁可以帮你做决定，答案早已在你心里。

正如东野圭吾的《解忧杂货店》一书里写道：“其实所有纠结做选择的人，心里早就有了答案，咨询只是想得到内心所倾向的选择。最终的所谓命运，还是自己一步步走出来的。”

我自己也曾经在一个二线城市的体制内打拼，在十来年的仕途生涯之后决定辞职下海，拿到了那个单位历史上发出的第一份“辞职批准书”。

如果你问我后悔吗？我会说，也许之后的路有过苦，有过汗，但这是我自己的决定，一开始我就知道自己内心的选择，所以，我愿意为它负责到底。

佛家有一句话：众生畏果，菩萨畏因。理解了机会成本，你就能理解人生选择的真正意义。

09 幸存者偏差

为什么别人家的孩子都那么优秀？

这就是幸存者偏差，眼见未必为实

Zumbo：

你好！

我来自上海，今年刚刚从一所211大学毕业，脱离了父母的管教，但我并没有因此而感到快乐。

之所以说“脱离了父母的管教”，是因为我父母从小就对我特别严格，经常用“别人家的孩子”来教育我。

“你看看隔壁家的某某某，学习多自觉啊！”

“我同事的女儿考上了清华，你怎么就没人家这么争气呢！”

从小到大，“别人家的孩子”就是我的宿敌，虽然我从来不认识任何一个他们口中的“别人家的孩子”，但自己一路就是被父母“比”着长大的。

好不容易毕业脱离父母管教了，但是发现素昧平生的“别人家的孩子”，已经给我的人生造成了阴影。不管是跟人相处，还是工作中，我都感觉自己事事不如别人，就算是别人给予了一些肯定，我也不敢相信。

直到我毕业后交了一些朋友，才明白自己并没有想象中的那么“弱鸡”，但是长期的管教和压制，我已经无法回头，自卑已经成了我的性格缺陷。

虽然我已经明白了，但是父母的管教还没结束，“别人家的孩子”已经在工作中拿到高薪，马上晋升，而且还找到一个优秀的男朋友。

而我，该怎么跟父母解释我跟“别人家孩子”的差距呢？

很多父母爱拿“别人家的孩子”来比较，目的是为了给自己家的孩子一个奋斗和努力的目标。但是，哪怕这个“别人家的孩子”是真实存在的，这种教育方式都是不可取的。

我们先讲几个段子吧。

旅游团的大巴上，导游正在点人数：“没来的团友请举个手。”没人举手。“好，人齐了，我们出发吧！”

春运期间，某电视台记者在一辆高铁上采访乘客：“您买到票了吗？”“买到了！”“您呢，您也买到了！太好了，看来今年春运买票难的问题已经彻底解决了！”

妈妈为什么不挑食？因为她买菜的时候已经挑过了！

降落伞的店铺为什么都是好评？失事的人想给差评也给不了啊！

相信大家看完这些段子都会哈哈大笑，因为很容易就能看出来，这些事情不太合逻辑。至于哪里不合逻辑，估计不少人就不太说得出来了。

就如同听到父母在耳边碎碎念“隔壁王阿姨的女儿斯坦福留学归来，年薪百万；刘叔叔的儿子大学毕业就考上了公务员，娶了个老婆是银行的，如今生了龙凤胎。怎么就你……”，你明知道“别人家孩子都优秀”这事也不太合逻辑，但就是无法反驳。

让我告诉你，这个就叫作幸存者偏差。

幸存者偏差（survivorship bias），又称为生存者偏差或存活者偏差，意思是只能看到经过某种筛选而产生的结果，而没有意识到筛选的过程，因此忽略了被筛选掉的关键信息。这个概念的别名还有很多，比如“沉默的数据”“死人不会说话”等。

信息隐蔽在暗处

“幸存者偏差”来源于一个著名的故事。

第二次世界大战中，空军是最重要的兵种之一。由于盟军的战机在空战中损失严重，无数次被法西斯炮火击落。为此，盟军总部秘密邀请了一些物理学家、数学家及统计学家组成了一个小组，专门研究“如何减少空军被击落概率”的问题。

当时军方统计了所有返回飞机的中弹情况，发现飞机的机翼部分中弹较为密集，而机身和机尾部分则中弹较为稀疏，于是当时盟军高层的建议是加强机翼部分的防护。

但这一建议被小组中的一位来自哥伦比亚大学的统计学教授亚伯拉罕·瓦尔德（Abraham Wald）驳回了，瓦尔德教授提出了完全相反的观点：加强机身和机尾部分的防护。

那么这位统计学家是如何得出这一看似不够符合常识的结论的呢？瓦尔德教授的基本出发点是基于三个事实：

1. 统计的样本只是平安返回的战机。

2. 被多次击中机翼的飞机，似乎还是能够安全返航。

3. 在机身和机尾的位置，很少发现弹孔的原因并非真的不会中弹，而是一旦中弹，其安全返航的概率极小，即返回的飞机是幸存者，仅仅依靠幸存者做出判断是不科学的，那些被忽视了的非幸存者才是关键，他们根本没有回来！

瓦尔德教授认为“哪个地方被击中得最多，就对哪个地方进行保护”是一种有严重偏差的观点。虽然返回的轰炸机机翼受损很严重，说明它被多次击中，但还是能够安全返航。而机身和机尾的部分很少发现弹孔，说明一旦被击中，安全返航的概率就非常低，那些看不见的地方才是最致命的。

军方采用了瓦尔德教授的建议，加强了机身和机尾的防护，后来证实该决策是无比正确的，盟军战机被击落的概率大大降低。

这个案例后来被引入经济学，叫作幸存者偏差，即分析问题时所依赖的信息全部或者大部分来自显著信息，较少利用不显著的信息或者彻底忽略“沉默的信息”，因此得出的结论与事实情况就可能存在巨大偏差。

结合飞机中弹这个幸存者偏差的案例就会明白，我们分析问题时，不能只看到那些“明处”的信息，而忽略那些隐蔽在“暗处”甚至看不到的信息，否则，得出的结论往往会与真实情况差别很大。

这个理论可以运用到我们生活的方方面面。

很多著名企业家都曾经辍学创业，比如比尔·盖茨辍学创办微软，史蒂夫·乔布斯辍学创办苹果公司，马克·扎克伯格辍学创办Facebook，等等。

因此各种各样的鸡汤鼓吹学历不重要，读书无用论，导致一些年轻人桀骜不驯，以为自己也能像他们一样，未来很美好，随随便便登上福布斯，不用学历也能笑傲江湖。

了解了幸存者偏差，就会知道，企业家辍学创业成功的只有这么几位，更多的企业家都有着扎实的学识和教育背景。即使是这几位，也都是从哈佛等著名高校辍学，能进入这些名校的人已经是“幸存者偏差”了。

真相需要更多信息

幸存者偏差，总结成一句话，就是越认真观察眼前的真相，你离真相往往越远。

为什么会出现这样的问题呢？如果我们用统计学的概念来理解，就会容易很多。广义的幸存者偏差用统计学的专业术语来解释是“选择性偏见”，即我们在进行统计的时候忽略了样本的随机性和全面性，用局部样本代替了总体随机样本，从而对总体的描述出现了偏差。

用上述记者调查买火车票的案例来代入：A为全体想买火车票的人，A包含了两类人，A1为买到票的人，A2为想买但没买到的人。火车上的人，具备的特征是A1，即已经买到票。记者在调查时，所取样的样本，全部都是A1中的一小部分显性样本，而不是随机样本，从而导致了统计的偏差。

有了这个框架，我们就能从实践的角度理解这些幸存者偏差的具体案例了。

还记得2010年世界杯的“章鱼哥”吗？那届世界杯最大的明星不是某个球员，而是来自德国奥博豪森海洋馆的章鱼保罗，它神奇地连续7次百发百中地预测了世界杯德国队的比赛结果，章鱼保罗成为那个夏天世界媒体热情追逐的对象。然而事实上，它就是一次典型的“幸存者偏差”。那年夏天其实有很多动物都参与了世界杯的预测：菲律宾的猴子、墨西哥的羊驼、非洲的大象、保加利亚的奶牛，甚至还有中国的熊猫，只是因为这些动物预测失败了，于是并没有媒体报道，而章鱼保罗成了那个幸运儿。

成功的经验值得借鉴吗？

在商业社会中，幸存者偏差体现在人们因为对成功经验的痴迷而忽略失败可能带来的教训。

斯坦福商学院有个重量级的系列讲座“View From The Top（巅峰观点）”，定期邀请全球政商界的成功企业家或投资人来分享经商的经验，史蒂夫·乔布斯和比尔·盖茨都曾参加过。但是几年讲座做下来，主办方发现好像这些成功人士的分享对创业者并没有太大帮助。原因在于：

一、上台分享的成功者比较出名，失败者则默默无闻，那些专家的传经布道可能会让听者高估了通过投资获得成功的概率；

二、由于条件限制或者心理因素的影响，那些成功者难以保证理性和客观，容易夸大自己的能力，忽略运气因素，弱化当时所承担的风险。

所以说，成功不可借鉴，因为所有的成功经验都不具有普遍性。

幸存者偏差又叫作“死人不说话”。为啥叫“死人不说话”呢？这个比喻来自医疗领域，只有活下来的人才有机会出来鼓吹治疗是多么有效，死去的人没有机会出来争辩。

在日常生活中，最明显的例子就是“我亲戚吃这个药好了”或者“我一个朋友去找了这个老中医”等。

不管你的亲朋好友和你关系如何好，如何值得信任和尊重，在客观规律面前他们都是等同的，疾病和医药不会因为你的喜好而照顾或者偏袒你的亲朋好友。

人们给成功者戴上光环，以为他们的行为导致了他们的成功，其实也有可能他们的做法是错的，只是幸存下来了而已。没有幸存下来的人可能做法是一样的，只是没有机会讲出来，哪怕讲了也不会有人听。

真实的数据不代表全部真相

在金融投资领域，幸存者偏差也是一个非常普遍的问题。作为投资者，我们可能经常看到一些关于基金回报的统计数据。而这些数据如果不经过仔细筛选，就很可能深受幸存者偏差的影响。

总体上来说，基金行业竞争激烈，优胜劣汰是行业的基本规则。假以时日，那些业绩不佳或者募集资金量不够的基金，难免会面临被清盘关闭的命运。而在基金被关闭或者合并之后，该基金很可能就会被一些基金数据库剔除。这样的过程不断重复，就会导致最后基金数据库只统计那些活下来的“幸存者基金”，人为夸大了整个基金行业的平均回报。

根据美国先锋集团的统计显示，基于美国5000多家公募基金的样本数量，在1997—2011年这15年间，大约有46%的基金被关闭或者合并。也就是说，15年后，大约有一半的公募基金都已经不再存在了。

再以基金咨询机构Lipper's的数据库为例。在1986—1996年这10年间，其收集的基金样本中，大约有1/4的基金被关闭或者合并，剩下的“幸存者”为3/4左右。

如何处理这1/4被关闭的基金，对于最后基金的回报统计将产生本质影响。如果我们将这所有的基金样本都计算在内，那么在1986年，这些基金的平均回报为13.4%。但是如果将这1/4的“失败者”剔除，那么在事后计算的1986年基金回报就上升到14.7%。

由于幸存者偏差，这些基金的回报仅在1986年一年就被人为夸大了1.3%，给投资者造成了“基金回报好”的错误印象。

在私募股权（VC/PE）领域，如果投资者不小心，也很容易堕入幸存者偏差的陷阱。比如，那些经常在台上“布道”的人，鼓吹自己投资眼光如何如何精准，在极早的时候就看中了京东、滴滴、头条之类的，赚取了百倍、千倍甚至万倍的回报。

聪明的读者很容易就能看出，这种宣传方式是典型的“幸存者”推销法。对于风投行业的投资者来说，难的不是事后诸葛亮，而是在事前从千千万万个项目中沙里淘金，找到下一个万倍项目。

为了投到一个这样的项目，这位风投界的“大佬”可能投了上百个项目而一无所获。只是“大佬”不说，我们也无从知道。因为私募基金，政府监管部门对其信息披露的要求不是很严格，因此除了他自己知道，很少有其他人可以获得这方面的准确信息。

像幸存者偏差这样的统计问题，在我们的日常生活和投资活动中非常普遍。聪明的投资者应该明白幸存者偏差产生的原因，以及对统计结果可能造成的扭曲。我们应该以科学严谨的态度看待幸存者偏差这个问题，尽量不让这样的统计花招迷惑了自己的双眼，不让自己成为这些销售技巧忽悠的对象。

预测术的骗局

有些人则把幸存者偏差理论应用到了实践中。明朝著作《古今骗术大全》写过这么一个骗术。有一个道士自称能通过作法让妇女“生男孩”，生的不是男孩子就退钱，一开始人们将信将疑。但是随着时间的推移，他的“生意”越来越大。

他的骗局为什么能够持续那么久，而且让越来越多的人相信呢？实际上，他利用的就是幸存者偏差。我们知道，生男生女在概率上相近。当生女孩时，他就将钱退给人家，人家也就不怎么折腾，而那些生男孩的人家则会不断吹捧这个道士。这就造成了人们听到的信息大多是被认可的人筛选过的，所以产生了“这个道士的法术很灵”的错觉。

现实中有不少类似的翻版。比如，我们经常会收到短信，某某大师能够精准预测股市的涨跌，甚至是某个个股的涨跌。

据说，所谓的大师往往会把当天的两种预测结果（涨、跌），分别通过短信发送给100个人。股市结束后，会有50人收到的预测是对的。第二天，再把两种结果发给这50人，结果又会有25人预测对。三四轮下来，最后的人会觉得骗子简直“神准”，于是心甘情愿地交钱来跟着炒股了，结果大家也能想到，最终往往赔得稀里哗啦。

现在还有很多类似的情况，比如考研包过班、公务员面试保过班，不过就退款；拍车牌，拍不中赔钱。这种机构往往通过退和赔这种保证服务，收取高于其他类似机构数十倍的费用。他们不怕赔钱吗？其中的内涵我就不多解释了。

对幸存者偏差的利用

讲到这里，大家发现似乎只要提到偏差效应，通常的反应都是不好的或负面的。但是，在商业上，只要运用得当，也可以成为正面的典范。

比如，从幸存者偏差中脱胎出一类投资工具，可谓反其道而行之，不仅弱化了负面效应，还带来了正向收益，那便是指数ETF基金。

世界上历史最为悠久的股票指数，是诞生于1896年的道琼斯指数，由道琼斯公司的创始人查尔斯·亨利·道（Charles Henry Dow）开始编制，全称为股票价格平均指数。

道琼斯股票价格平均指数发展到今天，已经成为世界上最有影响、使用最广的股价指数，目前由《华尔街日报》编辑部维护，其成分股的选择标准包括成分股公司持续发展，规模较大，声誉卓著，具有行业代表性，并且为大多数投资者所追捧。

为了保持这一特点，道琼斯公司对其编制的股票价格平均指数所选用的股票经常予以调整，用具有活力的更有代表性的公司股票替代那些失去代表性的公司股票。自1928年以来，仅用于计算道琼斯工业股票价格平均指数的30种工商业公司股票，已有30次更换，几乎每两年就要有一个新公司的股票代替老公司的股票。

该指数的价格加权算法使得其幸存者偏差更为明显。因为每次调整都是补充更为优秀的公司到指数里来，所以指数可以不断向上增长。

举一个例子，如果100年前作为个人投资人，仅仅只是复制道琼斯最早的成分股组合，并持有到现在，其中一半以上的公司不复存在，还有一部分公司的业绩早落后于时代，苟延残喘，结局非常惨淡，投资回报更加残酷。

但是，如果我们买入的是追踪道琼斯指数的ETF基金，不仅不用担心历次调仓换股票，而且能够享受到指数上涨带来的收益。比如，以追踪SP500（标准普尔500）指数为锚的SPY指数ETF基金，在过往10年里的年化复合回报率为9.9%，这个业绩足以跑赢同期90%以上的公募基金。

警惕对幸存者偏差的误读

很多人对“幸存者偏差”这个名词一知半解的时候，往往会造成它的滥用，警惕幸存者偏差和警惕幸存者偏差的滥用同样重要。

比如，很多人看到一些媒体报道的创业成功故事，立马嗤之以鼻：“这是幸存者偏差，不知道有多少个失败的案例呢！”然后对成功者的方法和经验一概摒弃。

幸存者偏差这个概念是如何被滥用的呢？还是举记者在高铁调查买票的例子，幸存者偏差理论只能让我们明白“记者在高铁上进行调查来判断所有人都买到票”这种方法是不科学的，但是它并不能直接推断出“所有人都买到票”这个结论一定是错的，因为剩下的人有没有买到票这一信息我们不知道。春运的时候我们能根据常识判断他们可能买不到票，但平时的高铁基本上是想买到票的人都能买到票，因此，不能因为记者调研方法是错的，就得出结论一定是错的。

错误的反面不一定就是正确，因此而直接判断“肯定有人没买到票”就属于幸存者偏差的滥用。

警惕幸存者偏差滥用非常重要。事实上，前面提到的第二次世界大战统计学教授瓦尔德的故事也只是后人简化之后的版本，稍微思考一下就会知道，一个受过科学训练的统计学教授是不可能只凭直观判断就给出结论的。

事实上，关于飞机击落问题，瓦尔德教授先后提交了八份不同方面的报告，其中主论文*A Method of Estimating Plane Vulnerability Based on Damage of Survivors*（《一种根据幸存飞机损伤情况推测飞机要害部位的方法》），就有 80多页、上百个公式，这位写过巨著《序列分析》的权威教授显然是做过详细而严谨的分析才得出结论的。

如果拍拍脑袋就能成为统计学家，那大家都是统计学家了。

让人遗憾的是，年仅48岁的瓦尔德教授，虽然善用幸存者偏差的思维找到了战机隐藏的危险，但自己还是在空难中与妻子双双遇难，最终没有成为残酷命运中的幸存者。

在命运的枪林弹雨中，真的是常见偏差，罕有幸存。

正如那句流行的话：爱笑的女孩，运气都不会太差——没错，因为运气差的女孩，根本笑不出来。

10 价值判断

为什么男朋友会在虚拟游戏中花费巨资买道具？

你要明白，价值是主观的

Zumbo：

我跟我男朋友恋爱3年了。一开始他对我特别温柔体贴，有空就陪我逛街、看电影、看剧，还主动做家务、做饭。但是从去年开始，他痴迷上了玩游戏，每天工作回来，既不收拾屋子也不做饭，就开始抱着电脑打游戏，一玩就玩到半夜。

这还算了，更忍不了的是，我后来才发现，他还花了很多钱去买道具。算算这3个月就花了1万多，我真想不通，花这么多钱有什么用？！

为此我跟他吵了一架，最后，他同意说每天只玩两个小时，而且也不再花钱在游戏上。

可是，好景不长，最近我又发现他趁我睡着之后偷偷玩，虽然我几次突击检查都没发现他花钱买道具，但是我的第六感告诉我，他肯定买了，而且花的钱肯定不少。

请问，男生到底怎么想的，游戏有那么好玩吗？明明知道都是虚拟的东西，为什么还要花那么多钱呢？

你们在感情中出现的问题，看起来是一个玩不玩游戏、该不该为虚拟世界花钱的问题，实际上是一个“汝之蜜糖，我之砒霜”的问题。你无法理解虚拟游戏，跟男生无法理解你买包一样，都是基于不同的价值判断。

用经济学来解释的话，那就是：价值是主观的。

首先，我想问你一个问题：

女生们都爱买包，据说“包能治百病”。我最近去查了一下，发现爱马仕铂金包（Birkin）是很多女孩的梦想，被誉为世界上最贵的包包。有多贵呢？最高价格达到50万美元。

你觉得，这样一个包，如果卖给你的话，不考虑将来出售，只是作为使用品的话，你愿意出多少钱？

你男朋友玩网络游戏，免不了要买点道具、皮肤啥的。但是虚拟游戏里的道具，最贵多少钱你能想象吗？

有个叫《安特罗匹亚世界》（*Entropia Universe*）的虚拟社区网游，出现了游戏史上最贵的游戏道具，一个被称为卡罗普索星球（Planet Calypso）的虚拟行星，售价600万美元。这个价格完全可以在上海购买一套滨江顶级豪宅了，不得不说土豪的世界我们真的不懂。

一个虚拟出来的星球，为什么值那么多钱？

因为价值认定是主观的。

不同的人有不同的价值判断

这句话来自奥地利学派创始人卡尔·门格尔，他被认为是主观价值理论的奠基人，是第一个建立完整一致合乎逻辑的主观经济理论的人，与威廉·斯坦利·杰文斯和莱昂·瓦尔拉斯在边际革命中为古典经济学画上了圆满一笔，著有《国民经济学原理》（*The Principles of Economics*）。

奥地利学派的“价值是主观的”，到底在说什么？

我们都学过剩余价值，理解中的价值都是客观的。也就是说，世上所有的物品，都有客观的、内在的、本质的，不以人的意志为转移的价值，而价格围绕价值上下波动。

那么这些东西的价值是哪里来的呢？

人们以什么样的价格接受一件物品，并不是基于这个物品的客观价值，而是基于自己对这个物品的主观价值判断。

不同的人有不同的价值判断。有的人喜欢吃海鲜，有的人不喜欢。有的人喜欢看球，有的人喜欢看老电影。大家的音乐品味也大不相同。而且同一个人在不同的时间和状态下，对同一事物的价值判断也是不同的。

就像钻石，本来只是一颗闪闪发光的石头而已，如果不是被一些人赋予了“恒久远”的爱情象征，谁会拿成千上万的金钱去交换呢？

可以这么说，价值不在被估价的客体身上，而在做出价值判断的主体身上，在做出价值判断的人的眼里。

自愿交易创造财富

主观价值的奇妙结果就是：大家仅仅通过交换和贸易，就能使彼此获利。

比如，你和朋友一起出行，如果你更喜欢朋友的背包而不是自己的，而朋友恰好更喜欢你的背包，你们就可以交换背包。这种交换使你们两个人的满足感都得到了提升，也就是都因为交换获益，这个正是因为价值的主观性。

市场经济的起源正是来自于此。小麦种植区的农民，用小麦跟大米种植区的农民交换大米，他们都获得了新口味的食物。因为新口味能给他们带来更大的满足感，所以双方都获利了，都更富有了——每一方都是用对自己价值低的东西换取了对自己价值高的东西。

注意，这种认为“自愿交换是双赢”的见解，正是对“交换是零和”观念的反驳。

零和观念认为，在市场经济中，大家是靠牺牲他人利益来使自己获利的。一个人的所得就是另一个人的所失，如果一个人变得更富，其他人一定变得更穷。在很多对富人的敌意背后，都是这样一种观念：富人的财富源自牺牲穷人利益。

但事实并非如此。想想苹果公司创始人史蒂夫·乔布斯、篮球巨星勒布朗·詹姆斯和著名歌手碧昂丝·诺尔斯，他们都是富人，但他们是以牺牲我们的利益为代价而致富的吗？完全不是。他们是通过他们的电子设备、运动天赋和动听歌曲来取悦我们而致富的。

“看不见的手”在引导交换

“自愿交换的参与者会相互受益”，这个见解是如此重要，怎么强调都不过分。它的重要推论就是：在自由竞争的经济中，那些想为自己谋取更多利益的人，仿佛被一只“看不见的手”引导着去造福他人。

为什么会这样？因为在自由社会，别人并不是必须和你互动。如果你想从别人那里得到什么，必须用对他们价值更高的东西作为回报来说服他们把东西给你。用美国著名经济学家、乔治梅森大学教授沃尔特·威廉姆斯（Walter Williams）的话来说：“在自由市场，你通过服务他人来为自己谋取更多利益。你不必关心他，你只需为他服务。”

经济学把这叫作“看不见的手”原理。1776年，亚当·斯密在其著名的《国富论》中这样阐述：虽然从事商业活动的人可能盘算的只是他自己的利益，但在这个场合，像在其他许多场合一样，他受一只看不见的手的指导，去尽力达到一个并非他本意想要达到的目的，即促进公共利益。

奥地利学派要告诉我们的，与我们曾经学过的“客观价值论”相反，是主观价值论：这些物品没有什么内在的本质的价值，只有人对它的主观判断。你觉得它有价值，它就有价值；你觉得它没有价值，它就没有价值。

那么，这两种不同的价值观，到底哪一种对我们理解这个世界更有帮助、更好使呢?

我们需要先引入一个概念，叫作个人估值（personal worth）。

个人估值决定价格

现代产权经济学创始人阿曼·艾伯特·阿尔钦（Armen Albert Alchian）给个人估值下的定义是：一个人对一件商品的个人估值，是他为了得到这件商品所愿意支付的其他商品的最高数量。

什么意思呢？就是你愿意为一件商品付多少钱。

这么简单?

是的。但千万不要小瞧它，它非常微妙，包含三层含义。

一、只有个人才有行动能力。集体是不会评估，不会思考，不会感受，也不会做任何事情的。我们平常习惯说，某家公司、某个机构、某个单位做了某某事情，其实最后都是个人做的。

公司、组织、机构、机关、学校等形式的集体，是靠我们的头脑想象出来的抽象概念。但是个人估值完全由个人决定，集体不能决定。这是第一层含义。

二、所有价值和估值都起源于个人。对一件商品的估值是绝对主观的，根本不存在什么客观的估值。也就是说，如果没有人，世上所有的财富就不成为财富，没有丝毫价值。价值都是人赋予的，比如本就是一块石头的钻石。

持这种观点的经济学家，把它看成经济学里很重要的一个方法论，他们因此称自己为“个人主义的主观价值论者”。这是第二层含义。

三、个人行动都是可观察可记录的。个人估值基于行动而非愿望。它以个人的主观判断开始，以具体的行动完成，旁边的人能够观察得到，也能够衡量、刻画、计算和记录，还可以从中找到它的规律。

比如，商家花大钱请女明星拍广告，一定会选一位大家公认的美女，而不是它自己眼里的西施。如果它打算花500万元请一位明星代言，却没有拿出真金白银付诸行动，那么，它对这位明星的个人估值就没有实现。相反，它拿出500万元请明星拍出了广告，我们就能够看到这个结果，就可以衡量它的钱花得是否值得，女明星的形象是否能够促进商品的销售，类似的广告投入大概该如何预算，等等。这是第三层含义。

以上三层含义，就是个人估值的概念。

这有什么特别的意思吗？

经济学家薛兆丰教授说过，许多重要的经济学原理，重要的经济政策，都是从这个坚实的概念出发的。比如消费者剩余、卖家进行价格歧视对不对、能不能用社会总体函数来支持政府对房地产限购等，这些关于政策的辩论，都源于我们对个人估值的理解。

个人估值并非是以人的愿望为基础，很大一部分是由“其愿意放弃的钱财（看过《资本论》的同学也可以将之视为“其他商品”，即可放弃的商品）决定，以此来计量”。也就是说，这是在实际上可以看到的，不是虚妄的。

主观价值论可以解释客观价值论能够解释的问题，还能够解释客观价值论无法解释的问题。

比如，同样是拍广告，一个明星吃巧克力和一个普通人吃巧克力，拍出来的效果是不同的。在客观价值论看来，此二者付出的纯粹劳动是差不多的，难道能说明星吃的更有技术含量吗？他们应该差不到哪里去吧？但是他们的费用和广告效果天差地别。主观价值论就简单了：因为喜欢这个明星的人更多，所以他拍的广告值钱。

价值与效用和稀缺性相关

但是，并不是每一种主观感受都会产生价值心理，主观感受只有具体到对物品产生估价心理，才开始决定物品的价值。

比方说，我们享受阳光，主观感受很舒服，但并不会想到要花钱买阳光。价值是一种心理预期，没有作价购买阳光的心理，也就不会令阳光产生价值。

从这个意义上看，主观感受并不一定带来购买的需求，也就无法产生价值。那么，什么属性导致人们产生价值心理呢？ 流行的理论是说物品的效用和稀缺性共同构成价值之源，缺一不可，并列出了公式：

价值 = 效用 × 稀缺性

效用是一种心理现象，稀缺性也取决于主观感受，由于主观意识的不可捉摸性，导致这个等式适用范围极窄，很容易失灵，所以有必要在效用或稀缺性之间确定一个客观因素。把效用和稀缺性都区分为主观性和客观性两种。

客观稀缺性是不以个人主观感受为转移的真实稀缺，如钻石的稀缺性是因为它在自然界确实稀少。

主观稀缺性则是主体感受能力作用于客观稀缺性的结果。客观稀缺的物品，我的主观可能也认为它稀缺，比如钻石，大家在主观上也都认为它稀缺。但是客观并不稀缺的东西，由于我的主观认知，也可能会认为它很稀缺的，我感觉这个东西很罕有它就罕有，我所爱的就是天下独一无二的它就是天下独一无二的。这就是主观稀缺性对客观稀缺性的扭曲和变异。

什么是客观效用？其实就是我们传统所说的价值，也就是它能给我们生活带来的实际作用。客观效用由物品本身的属性决定，与主体对它的感受能力无关。比如，空气对人是有客观效用的，无论你是否感觉到它存在，它都现实地存在着。

而主观效用，是人对效用的主观感受。这件东西是不是有用，取决于我对“有用”的判断。比如，我去山里徒步，在小溪边休息，在溪水中无数的石头里看上了其中一个。我觉得它造型奇异，圆润舒适，非常喜欢，如果把它摆在我的书桌上，会极大地增进我读书时的舒适度，会提升书房的品位。那么我就会认为这块随手捡到的石头具有非常大的效用，这个就叫作主观效用。

“价值=效用×稀缺性”这一公式由于内涵太大，导致其外延不足，在解释很多价格或价值现象时会失灵。因此，有位经济学者延伸出来新的公式：

价值 = 客观效用 × 主观稀缺性

这一公式就产生了强大的经济解释能力，意味着在我们心里，这个东西是不是价值很高，既取决于它本身能有什么用，也取决于我对它的喜好和占有欲。

如果一个东西用处很大，但是于我而言，没什么稀缺性，价值也不会很高。比如，氧气人人都离不开，但是因为氧气普遍存在于我们日常生活中的空气里，不需要付出代价就可以呼吸到，没有稀缺性，那么也就没有太大的价值，我们谁都不需要再为氧气付费。但是，如果我是个严重的鼻炎患者，到青藏高原旅游，氧气还是那个氧气，客观效用没有变化，大家对这个东西的需求也没有变，但是因为身处高原，对于患有鼻炎的我来说，氧气的主观稀缺性就提高了。这时候，对于我这个个体来说，氧气的价值就提高了，甚至愿意花几百块钱买一个氧气罐背着。但是，跟我同去的朋友没有鼻炎，呼吸顺畅，同样是在青藏高原，氧气对他来说就没有主观稀缺性，他就不愿意花一分钱去买氧气罐。

再比如，2021年小米换了新Logo（标志），看起来只是磨了个边，却花掉了200万元的设计费。值或者不值？引发了很多人对小米的群嘲热讽。

但是，我们如果用主观价值来看，似乎就更容易理解。不管改动大小，小米新Logo的价值还是体现在“客观效用×主观稀缺性”上。

一方面，新Logo的发布，引起了社会各界的热议，不管你喜不喜欢小米，你都从各种渠道看到了小米的新Logo，知道了Logo变成了圆润版的，甚至各种公众号的嘲讽文章，也是在不自觉地帮助小米扩大了宣传，在客观效用上体现了极大的传播性，这正是一个品牌Logo要花很多钱想要实现的。

另一方面，这个Logo是由全球公认的设计大师原研哉历时3年设计出来的。不管大师后面解释的各种含义我们听不听得懂，起码在我们心里认同这个Logo不是“地摊货”，是有稀缺性的。那么这两点都具备了，这个新Logo的价值也就体现了。

主观稀缺性决定了价值是个性化的

回到文初的这个问题上来。

游戏只是虚拟世界，对现实生活没有直接改观，甚至还要从现实世界中花费金钱，那么游戏的价值是什么呢？

对于爱好游戏的人来说，游戏的客观效用可以体现为放松身心，解压减乏。繁忙的工作结束，投入到游戏中玩几局，体会一下畅快淋漓的搏杀，可以忘却工作中的烦恼，让身心得到洗礼。

从主观稀缺性上来说，很多男生之所以会为游戏投入巨资，是因为游戏的设置中，有很多稀缺性的道具、技能，或者需要通过不断升级来实现，或者需要通过购买来实现。在游戏中拥有一件极其稀有的道具，或者说具备一种极其厉害的技能，是满足游戏者内心需求的重要支撑。因为它的稀有带来了极大的心理满足感。如果你还理解不了，那么就试着把“游戏”替换成“买包”来理解。在很多女生的主观价值判断中，“包治百病”，买一个新的名牌包包，可以支撑自己两个月连续加班的苦难生活。那么对于爱游戏的男生来说，游戏就是他们的“包”。

看，这样是不是就能理解你男朋友为什么花费巨资打游戏了？如果还是理解不了，请打开衣橱对着自己一柜子的包包和衣服接着想。

投资中的价值判断

现在，我们理解了价值是主观的，而且是与每个人个体的主观稀缺性相关的，那么在我们投资和生活的很多时候，就有了一些别样的作用。

首先，我们在投资时，必须以大众的价值判断为基准，避免因为个人的价值判断影响了投资的回报。

为什么我又说要遵循大众的价值判断呢？

既然是交易，就必须有对手方。要想加价卖出去，就必须有人认同它的更高价值。越多人认同，也就越容易卖出去。如果只有自己认同这个价值，就比如我在小溪里捡到的那块石头，虽然我认为是无价之宝，但是估计卖10块钱也没人肯买，也就失去了投资的意义，只能用于个人收藏了。

比如，某位直男听说现在品牌包包不仅可以自用，还具有保值增值效用，用了几年甚至可以加价卖掉。于是他心生一计，决定给女朋友买个包包，选来选去，看中了一个H&M的限量款背包，兴冲冲地拿回去送给女朋友。

结果可想而知。

为什么有的包包可以增值，有的只能是消费品呢？

爱马仕铂金包是无数女生的梦想，在她们眼中，共同赋予了铂金包以极高的价值，那么也就能够轻易以高价售出。而对于一些没有在众多女生心中树立起共同价值认知的包包，自然也就只能成为消费品。

投资中也是如此。你买进一只股票，必须考虑这只股票流通性好不好，市场上其他人对这只股票的认可价值是多少？如果你认为某只股票价值20元，现在市价是10元，于是买进来。结果才发现市价10元都少有流通量，因为大家的共同认知只有8元，你的认知找不到可以接纳的对手方，那么你以自己个人价值判断做出的投资决策也就是完全失败的。

其次，我们在销售的时候，必须以消费者的个人价值判断为基准，才能打动消费者，实现销售最大化。

这个恰恰跟我们做投资是相反的逻辑。投资面对的是市场，没有具体的个人；但销售面对的是消费者，是一个个独立而鲜活的个人。个人主观的喜好、价值判断，决定了他们对这个产品是不是有高的价值认定，是不是有购买欲望，也就决定了能不能达成交易。

我们明白了价值来源于客观效用×主观稀缺性，客观效用是一个产品在一开始就已经确定且不可更改的，那么就应该在主观稀缺性上充分展示。主观稀缺性来源于个人的喜好，如果一个销售能一开始就把握住这位消费者的喜好，特别是他对这类产品的关注重点，有针对性地进行产品展示，是不是就能提升消费者心里的价值感了？

比如，一款高档的美容养颜产品，各种品质都是顶级的，唯一的缺点就是贵（但也没办法，好的品质就意味着高昂的成本），你该如何卖？

对于一个注重健康的消费者，你应该重点突出产品原料的纯天然和养颜功效的由内而外；对于一个注重美丽的消费者，你应该突出产品超出其他同类产品的焕颜功效；对于一个注重尊贵品质的消费者，你应该突出产品来源的稀缺和工艺的品质保证；对于一个不注重品质只想省钱的消费者，你应该劝她“女人要对自己好一点”。

感情也有价值判断

虽然文初这个问题是“能不能理解男朋友打游戏”的问题，但是，解决你们的感情问题，绝不是理解了男朋友打游戏的主观价值、允许对方打游戏，就可以天长地久的。

从你的描述可以看出，你们曾经如胶似漆，现在却少有交流。实际上，男女感情问题，本质上也是一个主观价值的判断问题。

大家都知道爱情的本质是吸引，但吸引的本质是什么呢？

其实是价值。

金钱、工作、学历这些外部价值是价值，个人魅力、情商、自信心这些内部价值也是价值。

但这些价值的评判却是主观的。比如，有些人就喜欢有钱人，你长得再好看，和对方心里重视的价值不匹配，那么主观价值就低。

而两个人是否能够继续，主观价值的判断标准影响是最大的。

就如同网上流行的那句：真爱就是两个长得奇丑的人，还生怕对方被别人抢走了。这就是客观价值不高但在双方心里主观价值很高的情况。

《庄子·盗跖》有云：“尾生与女子期于桥下，女子不来，水至不去，抱梁柱而死。”在生存和爱情不可兼得的两难中，尾生毅然选择了后者。

那么，在尾生的主观价值中，爱情＞生命。

匈牙利诗人裴多菲则写道："生命诚可贵，爱情价更高。若为自由故，两者皆可抛。"诗人在生命、爱情、自由这三个价值中做了一个属于自己的序列安排：自由＞爱情＞生命。

你们刚开始恋爱时，大部分精力都放在了对方身上，这是因为对方在你们心里的主观价值非常高。为什么主观价值那么高呢？因为从客观效用上来看，恋爱关系比单身能带来更多的效用，这是毋庸置疑的。从主观稀缺性上来看呢？你们初见乍欢，情投意合，眼里只有对方，稀缺性自然爆棚。

但是随着生活的推进，恋爱关系的客观效用开始边际递减，洗衣、做饭等世俗需求开始磨灭双方对美好生活的向往。主观稀缺性上呢？明显游戏已经开始入侵男生的生活，他的眼里不再只有你。

那么，如何改变这种状况呢？

如果你有心提高自己在对方心目中的价值，根据"价值=客观效用性×主观稀缺性"的公式，客观效用无法改变，那么就应该努力改变自己在对方心中的主观稀缺性。

有了这个公式，爱情或婚姻经营的基本原则也呼之欲出了。

爱的双方都应该致力于提高自身的客观效用——如自我素质、爱的能力，同时努力在彼此心目中让主观稀缺性为正值并不断增加。

有的爱情，即使始于颜值，也会终于三观。但最美的爱情就是你很好，我也不差，两个人势均力敌，相扶相依。

11 概率与风险

为什么别人的人生开了挂，我却处处碰壁?

人生赢家都是概率赢家

Zumbo：

好久不见。

你知道，我一直是个乖巧可爱的孩子，从小到大，不调皮不捣蛋，没让父母操过心，没让老师生过气。大学是父母选的“211高校”，专业是当下最流行的金融管理，读完本科读硕士，读完硕士进投资机构，薪水不错，除了加班比较辛苦外没什么烦心事。一步一步看起来都很顺利，我也一直感觉自己人生比较走运。

但是直到最近我才发现，自己所谓的顺遂只发生在过去，好运气似乎被我用完了。兢兢业业、加班加点工作了几年，结果晋升的是身边那个看起来没做多少事、只是去考了个CFA（特许金融分析师）回来的同事。我在加班他在看书备考，我还在想不努力工作只想着去考个没用的证，这样怎么可能得到公司的认可？结果公司偏偏就看中了他，我辛辛苦苦完成那么多的业绩，公司居然就因为他有CFA证书就选中了他，真是欲哭无泪啊。悄悄告诉你，我都开始在联系猎头，准备换家公司了。

屋漏偏遇连夜雨，一直以来身体特别好的爸妈最近都开始各种毛病缠身。特别是爸爸体检查出了癌症晚期，虽然基本医保、大病医保啥的报销了七七八八，但是各种无法报销的费用林林总总也用了近20万，还不知道什么时候是个头，父母为了培养我没攒下多少钱，我这刚开始工作几年有了点积蓄也都砸了进去。

这倒还好，主要是父母啰啰唆唆地开始抱怨之前没有买好一点的医疗保险。虽然父母没直接说我，但是我也明白，这话是对着我来的。因为之前爸妈有朋友来给他们推荐一种香港的高端医疗保险，说生了大病可以直接赔付。我那时候刚刚读完金融管理硕士，明明白白知道保险从概率上来说是不划算的，是保险公司利用人们对风险的无知来"割韭菜"，所以坚决阻止了父母买保险的计划，结果这个概率就砸在了我的头上，搞得我现在连道理都没办法跟父母说，你说这是不是倒霉透顶？！

毕业几年，以前在学校里看起来普普通通的同学，纷纷走上了人生快车道，有的被公司选送去哈佛继续深造，有的一下子就晋升两级，薪酬翻了好几倍。跟他们相比，我好像是被命运女神遗忘在了角落里，灰尘积成了阴霾，工作上枯燥无味晋升无望，生活上一直单身无所依靠，家庭上父母抱恙疲于照顾。为什么别人人生都开挂了，我却处处碰壁，我该怎么办才能改变命运的不公平呢？

是的，命运确实不公平。历史的曲折不会均匀地分布在每一个参与者的身上，在跌宕起伏的过程中，很多人的人生都被随机裹挟着前行。对个人而言，时代的一粒尘埃，砸在自己身上都是一座山。我们无法改变历史的进程，但是也无法改变自己身上的这座山吗？

未必。

你从“211高校”中的金融管理专业硕士毕业，进入顶级的投资机构，拿的是金领的薪酬水平，在我们普通人中间，已经算是令人艳羡的生活了。你所谓的生活中的那些不公，本来就是生活的全貌，只是你之前活在父母的荫护之下，没有经历过罢了。

至于说运气，面上来看，确实有些人某一段过得比较顺畅，某一段却困境重重。很多人会把成功的那一段归结为自己的努力，失败的时候则归结为运气差。其实，我们都是学经济学的，应该很明白这就是概率罢了。

你也提到用概率的观点去解释保险，但是你却没有用概率来解释你的困境，反而归结为运气，看来你学过很多知识，却没有用这些知识来过好这一生。

我们就用概率来分析一下你遇到的这些问题吧。

虽然都是你学过的知识，重温一下也希望你能获得不一样的体会。

你以为你掌握了概率，实际上你没有

先从咱们都知道的“赌徒谬误”开始吧。

在一个抛硬币猜正反面的游戏中，上一次是正，这一次你会猜正还是反？我想你和我一样，可能会猜正。因为正和反的概率一样，上一次是正，不代表这一次一定是反，不如随着自己的心意随便猜一个。如果我们有一百个人一起来回答这个问题，我估计正和反的选择一半一半。

那么，如果连续10次的结果都是正，下一次你会猜正还是反呢？

前提是，我们都确信这个游戏里没有作弊，没有玄机，正和反的概率都确实是一半一半，“连续10次都是正”这种情况的出现是非常罕见的，概率极低。

这个时候，100个人里，估计有80个都会选择反了吧？因为大家都知道，连续11次都是正的概率，将极大降低，大家从朴素的逻辑出发，应该更相信，出现反的概率已经急剧上升，这时候赌反面赢的机会应该更大。

而我们都知道，下一次是正是反，概率仍然一半一半。这时候赌反，并未有更大的赢面。

为什么呢？

大家所熟知的概率，是统计学中著名的大数定律，意思是大样本均值向总体均值趋近。

但不幸的是，当人们在判断不确定事件发生的概率时，往往会将大数定律移植到小样本中，误认为小样本均值也趋于总体均值，从而给出“11次的抛硬币游戏里，正反也应该一半一半”这样的错误回答。这一行为偏差被卡尼曼和特沃斯基称为小数定律，已成为行为经济学的一大洞见。

抛硬币猜正反面，正是小数定律的经典例子——赌徒谬误。

重复抛一个硬币，当连续抛出几次正（反）面朝上后，赌徒往往会认为下一次抛出反（正）面的机会更大，进而他可能加大赌注。

是的，根据大数定律，如果抛出次数足够多，那么正反面出现的次数应该趋于相等。但在有限的抛出次数下，这一统计规律并不成立。

例如，连续抛10次硬币都抛出正面，并不意味着后10次都会抛出反面，除非硬币具有记忆。其实，第11次到底会出现什么情况，与前10次已经出现的情况毫无关系，因为每次抛硬币都是一次独立事件。

你看，这个例子说明什么呢？说明概率并不是我们想象的那样。“连续11次抛出硬币的正面”与“第11次抛出硬币的正面”是完全不同的两件事，而我们总是会把它们混为一谈。

正如同，你把“未能晋升”与“父亲重病”这两件独立而不相关的事，关联在一起作为自己运气不佳的证明，也说明你根本没有掌握好“概率”这个知识点。

事实上，人们在遇到挫折时，往往既难以接受自身的错误，也难以接受只是概率使然，为了让自己释怀而给出一个“运气不佳”的结论。为了让这个结论更能说服自己和他人，还会将更多其实完全无关的独立事件全部归拢在一起，以此来说明自己所遇到的只是“运气”问题。

大家对概率的误解远不止于此。比如，很多人常常把概率与确定性关联起来。如同我们经常抱怨天气预报不准，明明说下雨，结果太阳当头照；明明说多云转晴，结果多云转成了雨雪交加。

天气预报真的是“天气乱报”吗？

其实，目前的天气预报技术，对于48小时之内的预测，已经能做到非常准确了。但预报毕竟是预报，只是对未来天气变化的分析预测，而不是已发生事件的准确描述。

当天气预报做出“多云转雨”的预测，往往意味着有70%的概率会发生“多云转雨”的现象。事实上，在所有预报“多云转雨”的日子里，可能确实有70%的日子里都“多云转雨”了，但是并不代表每一个预报“多云转雨”的日子都会如此。

我们为什么会感觉天气预报总是预报不准呢？这就是我们讲过的“选择性偏差”。我们会记着那些印象深刻的事而不是平淡无奇的事，所以天气预报准的那些日子都淡淡而过，一旦预报不准我们就暗暗“记恨于心”，长此以往我们就留下了天气预报就是“天气乱报”的印象了。

现在很多天气预报都改成了说：有60%的概率下雨。虽然这样，我们还是会觉得，既然你说了会下雨那就是应该要下雨。如果没有下雨，那就是你预测失误。

所以，我们一定要分清楚，预测一个确定的结果，和预测一个结果发生的概率，本质上是完全不同的两件事。

我们在进行决策或预测一个事情的时候，很少会去计算事件发生的概率，因为我们内心真正想要的是一个确定性的结果，而不是模棱两可的可能性。比如，我们想知道：今天股市会不会下跌，我买的股票最高涨到什么价位可以抛，明天上司要宣布的晋升决定是不是我，这次考试是不是能够通过，这班飞机会不会误点，王子和公主是不是过上了幸福的生活……

然而，事情的发展过程是一个个事件组成的链条，每一个事件的发生都是随机的，都有着各自不同的发生概率，单看每一个事件都是独立的，但是组成的链条却又错综复杂互相关联。只有随着事件发展过程中一些真实情况的发生，未来的可能性才会逐渐向一些事件链条归拢，你需要不断关注还剩下哪些事件链条，发生的概率又产生了什么变化。最终，所有的可能性会聚集到一个事件链条上，那就是这件事情真正产生结果的时刻。只有到这个时候，才最终会看到：所有的可能性都消失了，一个不可逆的结果产生了。

在事情走向最终确定点的过程中，一切可能性都有机会发生，我们应该关心的是：每一个事件发生的概率有多大，事件之间会互相产生什么影响。

就如同你这次的晋升，你可能内心认为非你莫属，但是晋升在宣布之前都只是一个概率而不是确定性事件。也许你真的各方面都比同事优秀，不过这只是增加了你的晋升概率，在上司考虑晋升人员的过程中，任何一件事都可能让这个概率发生浮浮沉沉的变化。如果你在一开始就把晋升的概率当作了必然，还忽视了考核过程中一系列的变化，从而失去了应对和表现的机会，这么来看，是不是可以说你又一次误解了“概率”呢？

你应该关心的是不同的事件链条的概率。也就是说，你没办法预测结果，结果只能自己产生。如果你想让成功稍微偏向你一些，你不能依靠对结果的完美预测，你必须去努力改变链条上每个事件发生的概率，使最终的结果一步步向你的预想靠近。

你以为你有选择，实际上你没有

由于概率的存在，我们的人生看起来会有很多选择，只是有些概率只有0.0001%的选择，这也能叫选择吗？

我们在学概率论的时候，另外一个误区就是把可能发生的事情都当作会发生。这种时候，我们会看起来手握一把好牌。比如，你已经在联系猎头准备换工作了，那么做这件事之前，你想过吗：

你现在公司提供的发展机会，行业内还有多少家能够提供给你？

到一个新的公司，你需要多久才能适应新的环境？在这期间，你在现在公司又能做出多少展示自己能力的业绩？

如果说你还可以去深造的话，你想好新的方向了吗？找好学校了吗？多大机会能找到自己满意的？

深造需要几年，回来能有更好的机会吗？

我想你可能都没来得及想这些问题吧？这次没有如你预期般的晋升让你非常愤怒，你第一时间想到了你还有跳槽、深造等不同的人生选择，完全不用受制于此。

但是，你这些选择有多大概率是更好的选择，新的选择经过一系列的随机事件，最终的结果又会走向何方？

我相信，你所在的行业有很多很多公司，但是与你现在这家公司能够势均力敌的却没几家。你也许能在这几家里迅速选定一家，但是你资历尚浅，对方能够给你的，也未必比现在这家公司给你的多。

你离开行业深造几年，是不是就能获得更好的岗位？再次以社会新鲜人的身份从学校归来，你是不是又要重新开始？

这种现象称之为“选择的假象”。你看起来拥有无数的机会和选择权，实际上，你并不了解每个机会的可能性，以及这些机会的价值。

有些机会看起来很好，可惜可能性不大；有些机会可能性很大，却无太大价值，甚至会带来伤害。

如果你压根没有搞清楚某项选择的机会成本和价值，相信我，这根本就不是一个选项。

事实上，搞清楚每项选择的机会成本与价值并不容易。因为，我们大多数的决策，都是不完全信息决策。

如果确定选A就能赚五块钱，选B就赚不到钱，我们肯定会选A。这种掌握了全部信息的决策，是完全信息决策。

而现实是选A选B具体赚多少钱并没有准确的数据；A和B之外，还有没有别的选项也不清楚。

在不完全信息决策的情况下，不是靠你的聪明才智或者努力，就一定能有正确决策的。你再聪明再努力，都有可能是错的，这个“可能性”，这个失败的概率来自信息的不完全性。

有时候，我们以为自己掌握了全部信息，实际上我们没有；我们以为已经穷尽了所有选择，实际上我们没有。

比如，你这次错失晋升机会，你知道真实的原因了吗？对方是因为仅仅考取了CFA，还是在别的方面有不可替代的作用？你看到对方工作很轻松，是不是因为对方工作效率高、完成得更好，而不是像你一样在穷于应付？对方是不是在你看不到的方面有着更优质高效的管理才能？

看起来你并没有掌握太多信息，你对对方的了解仅限于比你多考取了一个CFA，所以你把他晋升的原因归结为CFA。也许你也会去考一个CFA来等待下一次晋升，但是下一次晋升的人如果没有考过CFA，你又会怎么评判和总结？

信息掌握不全就算了，你穷尽了所有选项吗？

你给自己的选择是跳槽和深造，那么继续留在现在的公司就不是选项吗？找上司聊一下晋升另一位同事的决策理由不是选项吗？表达一下自己想要晋升的愿望不是选项吗？跟上司和同事聊一下自己的不足加以改进不是选项吗？

也许上司会告诉你，这次没有晋升你，是因为你工作业绩比较突出，所以下个月会选派你到总部锻炼，所以这次就没办法在本地晋升你了呢？

你看，你既高估了你的选择权，你也低估了你的选择权。

因为，你对信息掌握得不够全面。在信息不全面的时候，你只能依赖于自己的直觉做出判断。

而直觉是不靠谱的。虽然我们见到过有些领域的天才，在瞬间凭直觉做出决定而获得完美结局，其实，我们没有看到他们在这决策背后的长期训练。运动员长期的训练所产生的肌肉记忆直觉，商业人员在长期的实践操作和数据分析中形成的商业直觉，本质上都是有信息支持的，都是由信息驱动的无意识决定。这种直觉不是“独立于任何推理过程的”对于真相和事实的直接感知，没有一个成功者是在不进行任何信息收集、分析和推理的情况下制定决策的。如果你观察某些成功人士，不管是运动员还是商业人士，都会发现，信息在他的决策中起着重要的作用。

此外，非此即彼的线性思维，也阻碍了你的思路。晋升或者离开，只能选择其一吗？

人生没有绝对的对与错，概率的价值就在这里。所有的事情，都有无数种结果，每种结果都隐藏在不同的概率之中，没有任何一种结果是绝对的好或绝对的坏，你只能在尽可能搜索信息的同时，找出各种选择，从中选出相对更符合你心意的方案。

甚至，那都未必是概率最高的那个。

你以为你学会了规避，实际上你没有

继续讲一个故事，其实是经济学里一个非常知名的案例。

你面前有两个按钮，一个红按钮，一个绿按钮。

按下红按钮，你会有 100% 的概率获得 2000 万美元；按下绿按钮，你有 50% 的可能性获得 1 亿美元。

你的选择是什么？

很多人愿意选择确定的2000万美元。他们选择了红色按钮，就意味着心甘情愿地放弃了更高期望值的选择机会，同时也避免了一无所得的风险，这是最稳定但收益最小的选择。

少数人愿意冒险选择50%的1亿美金。他们敢于忍受什么也拿不到的50%的概率，或者说他们更能理性地认识到按下绿按钮的期望值是1亿元×50%=5000万美金，远高于红按钮的2000万元确定值。但是，对于个体而言，他们仍有50%的概率什么也没有，这就是一场“富翁”或“穷光蛋”的冒险。

虽然人生中“白给现金”的概率确实不高，但是这类型的选择却随处可见。

从选择的倾向来看，选择红按钮的人都在打工，选择绿按钮的人都在创业。

这是很多人注定与财富无缘的根源。很多打工族都在抱怨自己的工资少，认为自己为公司创造了巨额财富，自己才分到了微薄的薪水。没错，企业价值确实是由员工共同创造的，但为何老板的收入远远高于员工呢？

那是因为，高收益是对承担高风险的补偿。

企业的定义中明确写道："企业一般是指以盈利为目的，运用各种生产要素（土地、劳动力、资本、技术和企业家才能等），向市场提供商品或服务，实行自主经营、自负盈亏、独立核算的法人或其他社会经济组织。"

"自主经营、自负盈亏"，正是区别老板与员工的本质。

赚钱的老板身价千万甚至上亿，这只是很多人看见的光鲜。人们看不见的是，也有无数的老板不赚钱，甚至以个人身家在亏损运营。即使是那些在挣钱的老板，一旦遭遇业务下滑、行业衰退，甚至是类似于疫情这样的非个人因素，也很有可能倾家荡产，颗粒无存。

但员工呢？哪怕公司破产清算，第一位也是先清偿员工工资，可谓是"任尔东西南北风，都得工资不放松"。

最近这些年，创业越来越成为一个热门的话题。随着中国网络经济和共享经济的快速发展，很多创业者迅速崛起，甚至三五年就站上行业顶端，市值百亿，造就了一批亿万富翁。

创业似乎变得越来越容易，创业成功也成了理所当然的结果。一波波刚出大学校门就直奔创业之路的新鲜青年，前赴后继地加入创业者的行列。

而事实上，创业成功率真的那么高吗？

据中小企业工商登记的数据显示，中国中小企业的平均寿命只有2.5年。赛富亚洲投资基金首席合伙人阎焱在"亚布力中国企业家论坛"演讲谈到创业投资时表示，中国的创业成功率不高于1%。

人们为什么会高估创业成功的概率？因为人们总是高估自己的水平。比如90%的司机觉得自己驾驶技术比其他人高。所以推演下来，每一个人对于自己创业成功这件事是有乐观估计的。另外，人们还总是低估事情的难度，比如看到海底捞成功了，就认为做火锅行业肯定是风口，只要开个火锅店就能赚钱，一窝蜂地拥了进去。

事实上，虽然每个行业都有成功的机会，但是机会都只留给了个别的人。高估自己的水平，低估事情的难度，都是没有精准把握概率，而这只会让创业失败的概率更大。

既然创业失败是一个大概率事件，为啥那么多投资机构还在投资创业公司呢？每个单独的创业项目，都是一个成功率极低的高风险投资，但是VC（风险投资）为了规避单个投资项目的失败概率，可以通过集成大样本来规避风险。

那些成功的风投机构，你只看到他们投资某个项目获得了巨额回报，你没看到的是，为了不错过任何一个可能成功的创业项目，他们会投成千上百个各个领域的创业项目，哪怕只有1%的成功率。因为这一个项目所带来的回报，足以覆盖其余99%创业失败的损失，甚至还有盈利。

通过大样本的概率来寻找回报机会，是面临高风险项目时的一种主要选择。

推荐你看一本书《大概率思维：人生赢家都是概率赢家》。这本书的作者马恺文被称为“华裔赌圣”，是美国麻省理工学院的高才生，计量分析的奇才，目前是微软Starups副总裁。

20世纪90年代中期，他加入了“麻省理工21点小组”。每逢周末，这个小组便携带10万美元本金辗转于拉斯维加斯和大西洋赌城，大玩“21点”游戏，凭借精准的数牌体系，竟然在赌桌上赢取了超过600万美元的巨款，以至于被全美各大赌场拉入黑名单。这段经历被改编为好莱坞大片《决胜21点》，风靡全球的吃鸡游戏中“大吉大利，今晚吃鸡”（Winner winner，chicken dinner!），即来自《决胜21点》中的台词，是马恺文经常念的一句话，据说与赌场的鸡肉饭有关。

马恺文虽然在赌场上赚取了数百万美元，却从来不愿意承认“21点”是赌博。在他看来，这只是投资的另一种方式，并称之为策略投资（strategic investments），即一套集合概率论、博弈论、脑力开发、心理调节等多门学科之大成的投资方式。具体来说，他把“21点”游戏视作纯粹的数学问题，并通过自创的数牌系统分析获胜的概率，通过计算，和队友配合能够带来的相对庄家优势也只不过是2%~3%，这种概率的优势并不意味着你能连续获胜，而意味着你投资100美元，大概率只能获取2%~3%的利润，有时甚至是亏损。但是这种优势运用到大样本之中，通过长期的坚持，将时间、次数拉长后，却能消除、平衡概率的波动性，获得确定性的收益。

由此可见，概率的波动性，也可以简单理解为你说的“运气”，是可以通过大样本的运用来规避的。如果只是短期内的输赢和波动，你就产生了放弃的想法，那么你就永远只能被运气所困。只有长期而坚持的努力，才能平衡运气带来的波动性，让成果变得确定而积极。

所以你看，你只是工作以来第一次面临晋升不顺利，就决定通过跳槽来规避这个公司在晋升上的“不公”和“厄运”，事实上完全走了南辕北辙的道路。这样一来职业生涯的挫折不仅无法逃避，甚至可能在不停地逃避中被命运“扼住喉咙”。

你以为你应对了风险，实际上你没有

概率与风险相关联。所以，我们都希望能降低概率带来的风险，甚至避免因为概率而背负更高的风险和代价。

比如，你清醒地认识到了保险公司实际上是利用了人们对于风险的恐惧，而从大样本的疾病发生概率和人们缴纳的保费之间挣取了巨额利润。

为此，你克服了对风险的恐惧，深度认知了风险与保费的不匹配，拒绝了投保。但是，你却受到了概率的惨痛还击。

首先，我对你父亲承受的病痛感同身受，希望他能早日康复。同时，也为你过于精明的风险应对感到不安。

诚然，病症发生的概率与你所承担的保险之间有着天然的鸿沟，这是保险公司的利润来源。但是，是不是认清了这个事实，避免了“被骗”，你就算是应对了风险呢?

如你所知，风险不仅来源于发生的概率，更来源于所能造成的影响。如果一件事发生的概率不大，但是一旦发生，所能造成的影响或损失非常严重，那么仍然属于高风险项目。

也就是说，我们衡量风险时考量的因素，不仅仅只是概率，更应该包括风险发生所造成的损失。

比如疾病。对于富裕家庭而言，即使是最严重的疾病，所发生的医疗费用也可以轻松应对。“赌王”何鸿燊2009年7月摔跤导致中风，此后常年在香港养和医院治疗，至去世共计十余年，花费15亿港币天价医疗费用。这笔资金对何家来说只是九牛一毛，算不上什么损失。但是对于我们普通家庭来说呢？你爸爸患病哪怕已经报销了一部分，剩下20来万就已经对家庭造成了巨大影响，持续下去又会有多大影响呢?

是啊，你只计算到了概率，而没有计算事件发生所能导致的影响，所以你对风险的评估失去了意义。

保险的价值正在于此。如果我们有何家的身家，购买保险自然只是为保险公司“慷慨解囊”。但是由于这件事情一旦发生会让我们无力承受，哪怕需要付出一些代价，正如你所谓被保险公司“割韭菜”，我们也应该坦然接受。

事实上，每次接到保险公司的通知需要缴纳下年的重疾险，我都在心疼过去一年的钱又白交了。但是，白交不也正是好事吗？证明厄运没有降临。同时，每次续交完保险，我也就对将来一直保持心安，因为哪怕厄运降临，我也做好了充分准备，不会因此而带来无法挽回、无力承担的影响。

再者，保险公司收取的利润是“割韭菜”吗？正如我们所说，高收益来自承担的高风险，保险公司替我们承担了厄运发生的影响，等于是我们将厄运发生的风险转移给了保险公司，保险公司因为替我们承担风险而收取一定的利润，不也是应该的吗?

更何况，保险公司的利润来自大样本集合下对风险波动性的熨平，我们既然无法用大样本来抵消自身的风险，又为什么不能让保险公司通过熨平风险来获益呢？

所以，对于我们无法承担的风险，通过保险的形式进行转移，即使付出一定的代价，也是值得的。

甚至不仅仅是父母，对于你自己都更有必要。虽然你觉得自己还年轻，生病的概率远低于父母。但是随着父母年迈，而你现在已经成为家里的顶梁柱，万一你生病或者发生意外，是不是不管治疗费用，还是无法继续工作赚取生活所需，所造成的影响都比父母生病还要严重呢？

最后，作为朋友，还是想关心一下你的个人生活，尽管你挺逃避这个事情。不过，你不是也跟我抱怨了一下“生活上一直单身无所依靠”吗？

你看，大学时你闷在图书馆学习读书，工作后你躲在办公室加班加点，平时除了工作还是工作，连本来的朋友都很少有机会见面聊天。不经常走出来参加各种活动，不丰富自己的业余生活，你怎么有概率认识更多的异性，又怎么有机会脱离单身生活呢？

是的，人生充满了概率，也充满了无数的选择。

不管是工作还是生活，正确看待概率，努力去争取美好事情发生的机会，精心化解不美好的可能性；看淡短期内概率波动这个被叫作“运气”的东西，坚持积极而长期的决策思维，时间最终会送上鲜花和掌声。

12 博弈论

作为一个“弱鸡”，我如何在这个弱肉强食的世界活下去？

学好博弈论，你就可以成为强者

公司最近招了一个刚毕业的大学生，面试的时候，他意气风发雄心壮志。但是工作了没多久，就感觉他精神有点萎靡不振，积极性差了很多。

我找他聊了一下，问起为什么，他给我发来这样一段话：

> 我感觉自己遭受到了生活的“吊打”，工作后的人生跟自己想象的完全不同。读书的时候觉得自己还挺聪明的，各种竞赛、活动成绩还都不错，工作了才发现一起入职的同学很多都是名校毕业的，阅历和见识明显比自己高出一大截。身边的同事也很优秀，处理事情总是井井有条，自己想贡献点 idea（点子），但是一说出来就被否决，我废寝忘食想出来的创意跟他们一比就立见高下。
>
> 才工作了两个月，我就深深感受到自己的欠缺。周边所有人都这么厉害，只有自己是个“弱鸡”，随时会被吃掉。

我天天都在想，在这个弱肉强食的世界，自己没什么特长，该怎么活下去？

其实，这种想法并不罕见。世界上并没有那么多强者，所有的芸芸众生都是跟我们一样，在努力活着。

但是，我也能理解，也曾经体会过，刚进入一个新的社会圈子，总会遇到新鲜而陌生的事物和环境，遇到新的逻辑和思维，一下子适应不过来就会受到打击，产生弱者思维，觉得自己的能力不足、资源匮乏，跟周边那些“老炮”相比什么都没有，以至于自己即使想要努力成长进步，却常常感到很无力。

但这只是“优胜劣汰”的禁锢思维导致的。一方面，你刚开始进入一个新的环境，虽然看起来什么都不会，但其实具有什么都可能学得会、做得好的无限潜力；另一方面，即使你未必如周边人一样优秀，是否就真的没有出路了呢？

只要你愿意换个角度去看待这个世界，就会发现赢者并非通吃，弱者并非一无所得。

田忌赛马的故事大家都知道，田忌的三匹马整体上处于劣势，但经过重新组合，不就战胜了齐王的三匹处于优势的马了吗？这就是利用博弈论以弱胜强的典型例子，为什么博弈论能有这么神奇的作用呢？

博弈论研究的就是以弱胜强

博弈论（game theory），又称为对策论、赛局理论，最初主要研究象棋、桥牌等胜负问题，人们对博弈局势的把握只停留在经验上，没有向理论化发展。

1928年，约翰·冯·诺依曼（John von Neumann）——就是研制了原子弹的那位科学家，他同时还被称为“计算机之父”和“博弈论之父”——证明了博弈论的基本原理，从而宣告了博弈论的正式诞生。

1944年，冯·诺依曼和奥斯卡·摩根斯坦（Oskar Morgenstern）共著的划时代巨著《博弈论与经济行为》（*Theory of Game and Economic Behavior*）将“二人

博弈”推广到“*N*人博弈”结构，并将博弈论系统地应用于经济领域，从而奠定了这一学科的基础和理论体系。

从1994年诺贝尔经济学奖授予三位博弈论专家开始，截至2020年共有7届的诺贝尔经济学奖与博弈论的研究有关，博弈论已经成为经济学最重要的研究领域。

田忌赛马虽然是个以弱胜强的典型案例，但是田忌取胜的关键却是需要在知道对方的出牌策略之后才能做出相应决定。一旦无法事先掌握对方的策略，就无法取胜。可谓是在占据信息优势之下的成功，有些胜之不武。

但是，在完全没有优势，而且还要先出牌的情况下，是不是就没有以弱胜强的可能性了呢？

还是用个博弈论里很经典的小故事来说吧。

在美国一个西部小镇上，三个之前情同兄弟的快枪手突然反目成仇，而且到了不可调和的地步。这一天，他们三个人在街上不期而遇，每个人的手里都握住了枪把，气氛紧张到了极点。因为每个人都知道，一场生死决斗马上就要发生。

三个枪手对于彼此之间的实力都了如指掌：老大枪法精准，十发八中；老二枪法不错，十发六中；老三枪法最差，十发四中。

按照牛仔的决斗规则，三人将轮流开枪，由于老三的枪法最弱，老大和老二同意由老三先开枪。

那么，作为最弱的老三，他该瞄准谁开枪呢？

很显然，不管老三选择瞄准谁开枪，如果他侥幸把对方杀死了，第二轮剩下一方必然瞄准他来射击。

如果没有把对方杀死，老大和老二不管谁第二轮来开枪，最理性的选择都是瞄准对方，因为一旦他们瞄准老三，第三轮对方该出枪了，必然是先把自己给杀了。

那么，这种情况下，老三的各种选择，会发生什么结果呢？

不管射击谁，我们先来看，如果老三第一轮射击，万一射击成功杀死了对方，会怎么样？

如果他选择瞄准老大，而且成功射中老大把他杀死了，那么下一轮老二必然瞄准老三射击，而且有60%的概率把他杀了。也就是说，第二轮他的存活概率40%。

如果他选择瞄准老二，而且真的把老二给杀死了，那么老大第二轮来瞄准他，有80%的概率把他杀了，那么他的存活概率是20%。

看来，如果老三首杀成功，那么先杀老大是比较好的选择。

那么如果第一轮老三射击失败了呢？

老三是有60%的可能性失败的。但是在这种情况下，第二轮，老二和老大为了降低自己被杀的风险，必然是互相残杀，那么也就意味着第二轮，老三被杀的风险是零。

也就是意味着，如果老三第一轮成功，那么第二轮存活的概率分别是40%、20%；如果第一轮失败，那么第二轮老三存活的概率却达到100%。

那么老三怎么样才能保证自己第一轮射杀失败呢？

相信不用我说你也应该知道了，那就是对着天空射击。

结果就是这么奇妙，老三是最弱的，即使获得了优先权，但最优的选择却是放弃机会，让老大老二自相残杀。

你看，枪法最差的弱者，反而成了最有可能活下来的人。

你可能会说，这是因为老三有优先选择权吧，如果他没有呢？

那么我们也来分析一下，如果三人决定同时开枪，老三有多大概率活下来呢？

我们来看下各自的最佳策略：

对老大来说，老二的威胁比老三大，那么他应该首先干掉老二；

对老二来说，老大的威胁比老三大，一旦他将老大干掉了，和老三对决胜算会大很多；

对老三来说，也是老大的威胁更大些，先努力干掉老大再想如何面对老二。

那我们来看下他们各自存活的概率。

老大的存活概率：那就是老二和老三都射偏。两人都射偏的概率就是40%×60%=24%，这就是老大存活的概率。

老二的存活概率：那就是老大射偏。老大射偏概率是20%，这就是老二存活的概率。

老三的存活概率：由于第一轮里没有人将枪口指向老三，所以他存活的概率是100%。

可以看到，第一轮枪战，竟然是枪法最差的老三拥有绝对的存活可能性。

第一轮枪战过后，会迎来第二轮。对于老三来说，他有可能面对老大，也有可能面对老二，甚至同时面对老大和老二，或者老大、老二都死了。

老大、老二都活着，概率是24%×20%=4.8%，那又回到了第一轮枪战的情况；

老大、老二都死了，概率是（1−24%）×（1−20%）=60.8%，那枪战结束，老三直接存活；

老大和老二只有一个死了，这种情况下，老二死的概率是24%×（1−20%）=19.2%；老大死的概率是20%×（1−24%）=15.2%，那老三的日子就不好过了，他存活的概率很小。

那么，第二轮枪战，究竟谁存活的概率最大呢？

老大存活的概率=（19.2%×60%）+（4.8%×24%）=12.7%

老二存活的概率=（15.2%×60%）+（4.8%×20%）=10.1%

老三存活的概率=（19.2%×20%）+（15.2%×40%）+（4.8%×100%）+（60.8%×100%）=75.5%

通过计算，我们发现老三存活的概率达到75.5%，老大和老二存活的概率分别只有12.7%和10.1%。老三不仅存活的概率最大，而且概率远远超过老大和老二。看到这，你是不是也有了“英雄创造历史，庸人繁衍子孙”的感叹呢！

这个故事告诉我们，在强者林立的世界里，弱者并不是无法存活，只要用对策略，反而是最有可能活下来的那个。比如这个例子，把自己置身事外，也是一种比较智慧的博弈手段。

弱者如何战胜强者？

弱者如果不是只满足于活下去呢？博弈论能够让弱者过上更好的生活吗？

美国加州大学洛杉矶分校政治学系崔时英副教授在其著作《简·奥斯汀，博弈论者》（*Jane Austen，Game Theorist*）中说道，博弈论既可以用以解释冷战战略，同时也是社会中弱者最原始不过的武器。既然说博弈论是弱者的武器，我们究竟该如何利用好这个武器，实现逆袭呢？

我们再来看另一个著名的博弈论故事——智猪博弈。

猪圈里有两头猪，一头大猪，一头小猪。

猪圈的一边有个踏板，每踩一下踏板，在远离踏板的猪圈另一边的投食口就会落下少量的食物。如果有一头猪去踩踏板，另一头猪就有机会抢先吃到另一边落下的食物。当小猪踩动踏板时，大猪会在小猪跑到食槽之前吃光所有的食物；若是大猪踩动了踏板，则还有机会在小猪吃完落下的食物之前跑到食槽，争吃一点残羹。

现在问：两头猪各会采取什么策略？

答案是：小猪将舒舒服服地等在食槽边，而大猪则为一点残羹不知疲倦地奔忙于踏板和食槽之间。

为什么会出现这种情况呢？

因为对小猪来说，它去踩什么也得不到，不踩则会出现两个可能：如果大猪踩了，它可以坐享其成；如果大猪也不踩，两只猪最终都得饿死，跟它去踩的结果一样，但起码可以保存体力多活几天。因此，不去踩踏板相对于踩踏板，对于小猪来说是更优策略，因此它肯定是不会去踩踏板的。

对大猪来说，自己不踩而等着小猪来踩踏板，肯定是上等策略。但我们通过前面的分析已经知道，由于小猪去与不去的利弊如此鲜明，等小猪去踩踏板的可能性完全是零。

那么，大猪的两个选择后果也就很清楚了：不去踩，自己要饿死；去踩，虽然被小猪占了便宜，但起码还能有些残羹冷炙，聊胜于无，但也不至于饿死。

因此，对于大猪来说，最优策略就是自己去踩踏板，让小猪占便宜，自己得小利。

这在经济学上就是典型的“搭便车”现象。

所谓搭便车现象，基本含义是不付成本而坐享他人之利。

之所以会出现搭便车现象，是因为某种事情产生了外部性效应。所谓外部性，是指经济主体（包括厂商或个人）的经济活动对他人和社会造成的非市场化的影响，分为正外部性和负外部性。

正外部性是某个个体的经济行为使他人或社会受益，而受益者无须花费代价，比如一个人在院子里点烟花给自己欣赏，但放烟花的同时不但给他带来了快乐，也给他周围“蹭”看烟花的人带来了快乐，而周围的这些人却不需要为此付出成本，这就产生了正外部性，又叫搭便车，即周围的人搭了这个人放烟花的“便车”。

负外部性是某个经济行为个体的活动使他人或社会受损，而造成负外部性的人却没有为此承担成本。比如说某工厂为生产产品而排放了污水，污染了河流从而影响到周围人的身体健康，而周围人与这个工厂没有经济上的来往，同时这个工厂又不给周围人经济赔偿，这种情况就叫作负外部性。

对于竞争中的弱者（即小猪）来说，与强者直接竞争是无法获胜的，因此绝对不能硬碰硬，而是要找准自己的最佳定位，耐心等待，以跟随策略，顺应时势，善于搭便车，找到属于自己的发展空间。

在市场经济情况下，搭便车的例子比比皆是。比如，前些年比较流行的一种商业地产开发策略是：选择一个偏僻的区域，以低价拿地，先开设大的旅游文化城和综合性的商场，耗费巨资通过各种促销活动吸引人气，形成热闹的商圈，然后再开发地产，推高地价。

然而，本来无人问询的偏僻地区，热闹的商圈刚形成，各类商家就纷纷跟进，各种小餐馆、小店铺开起来了，附近的各种地块房子也建起来了，地产商耗费巨资好不容易吸引来的人气，最后让跟随者无偿得到了共享。

以跟随策略搭便车，还需要注意形成与强者的差异化，一旦完全一致，就变成了硬碰硬。比如，阿里巴巴培养了中国消费者的网络购物习惯，并借此成为网购巨头的时候，京东才刚刚起步。它没有选择与淘宝类似的发展路径，而是借着电商的兴起，做了差异化服务。

淘宝作为平台主要吸引卖家入驻，京东则从自营起步，主打品质。因此，早期消费者在网络上购买品质要求比较高的大家电等产品时都选择了京东。后来，京东又率先搞起了自建物流，提高消费者的购物体验。所以现在虽然京东整体上比不上淘宝天猫，但也已成为电商巨头之一。

人生的强弱不是一成不变的

商业如是，个人亦如是。在强者林立的丛林社会，弱者并非“待宰的羔羊”，只要别灰心丧气，自怨自艾，找准自己的定位并努力付出的人，不仅有可能占据一席之地，更有可能实现以弱胜强的大逆袭。

其实，如你一般大学刚毕业的同学，即使都只是刚刚站在职业起跑线上的同龄人，随着时间变迁，也都会逐步走出不同的人生轨迹。

一开始的变化是不显眼甚至静默无息的。那些努力、执着、坚持的人，并没有比别人获得更多回报。反而是那些浅尝辄止、善于变化的人更快地适应了残酷的职业环境，他们似乎很快就熟悉了人生的规则，找到了人生的捷径，也就更早地享受到了人生的回报。

但是，残酷的是，短暂而提前收获的果实会给人带来误解，以为人生就是这么简单，以为自己已经掌握了神奇的密码，以为自己足够强大，可以掌控人生轨迹。这种误解，会让人更坚信自己已足够强大，更坚信自己的判断和路径。

然而，这些轻易登顶的山峰，大概率只是浮在水面上的冰山一角。

真实的人生，如同水下的部分，冷酷、庞大而不可捉摸。需要人常年坚持，即使遇到困难与失败也不放弃探索，才有可能摸到一点点门道。

时间是公平的。30~40岁之间，开始成为同龄人的第一道分水岭，区别开始显现。

那些一开始就如鱼得水的人，还能依然如鱼得水，但是对人生的认知，对知识的储备，对能力的磨炼，却永远停留在过去最辉煌的那一刻。年岁的增长没有带来更多的回报，但荣耀和成就正逐步被后浪所攻占、吞噬，那种上不去也下不来、耐不住却不敢逃的“卡脖子”感觉慢慢滋生，并成为他们隐秘的痛点。

这个时点也许已经是他们改变的最后窗口期了，而且他们也已经意识到了，但是几个人能有豁得出去、重新开始的勇气呢？

更可怕的是，那些一开始不声不响、坚持努力到有些不谙世事的同龄人，已经完成了厚积薄发的过程，开始悄无声息地崛起和反超。

面对同龄人的超越和后辈的紧逼，很多人会埋怨命运不开眼，也许还有人会更加急迫地寻找成功的捷径。

但是人生这条路，一旦迈步就难再回头。捷径只是求之不得的人对别人暗自努力的误解，以及为自己的不努力画的一个大饼。

于是，人生之路，在漫长的起步之后，开始变得不同。

有人开始光彩焕发，成为中流砥柱；有些人已经停滞不前，甘于平庸；还有些人不甘寂寞，跌宕起伏。

这一切，从哪里开始的呢？

从走出校门面对社会的那一刻开始。

你怎么对待人生，人生就怎么对待你。

只是人生的反馈，缓慢而执着。

因此，我想对那些刚刚走进或者走出大学校门的孩子们说，人生也许不是你们预期的那样，但请不要放弃努力和坚持。

你们身边肯定会有同龄人，他们投机取巧、阿谀奉承、夸夸其谈，他们收获满满，领导更重视，收入更丰厚。但是，请一定相信，人生绝不是这样轻薄。

在别人游戏人间、春风得意的时候，我希望你能坚持，不要轻易退缩，遇到挫折也不要轻易放弃，要不停地汲取知识和能量。要知道，只有你长久地积累，才能走得长久。

如果你认为18岁考上大学就是努力学习的结束，那么让我告诉你，在已经度过两个18岁的年纪，我依然在学习，读完一个硕士又读一个硕士，而且在12门课中以11个A拿到“优秀毕业生”的称号。

知识的积累未必能立即得到应用，但是知识会给你应对一切变化的底气，你不会再怕被淘汰，因为你有让自己变强的能力；不会怕所处的行业被颠覆，因为你有学习新知的能力；不用忍受不喜欢的老板的压榨，因为你有随时再就业的能力；不用依附于任何体系和个人，因为你有独立而自由的灵魂。

请相信，人生会偏爱那些努力的孩子，但是所有的偏爱，都来源于自己的努力。

第三章

当情感碰上经济学

我这么优秀，为什么还是剩下了？

为什么总是找不到比初恋更好的男朋友呢？

有了美满的婚姻，却一直放不下前任，怎么办？

13 锚定效应

为什么总是找不到比初恋更好的男朋友呢？

在经济学上，这叫锚定效应

Zumbo：

想请教你一个爱情的问题，虽然我知道这个本不是你的专业。

我对自己的评价算是比较温柔可爱，家庭环境也比较优渥，所以从小到大都没受过什么苦。

家里对我的教育非常上心，爸妈给予了我所有能想象到的生活所需。但是唯有一点，就是比较限制我的交友，总是说女孩子一定要慎重，不能随便交男朋友。

所以我第一个男朋友，是大学毕业之后才谈的。对方是我在工作中遇到的，他出身名校，知书达理，对人温柔。而且他之前在海外读书，游历过很多地方，对于我这种一直不曾走出家门、没有太多生活主见的女生来说，具有非常大的吸引力。

他经常给我介绍各地风土人情，畅谈自己对各种事情的态度观点。他对所有的事情都能游刃有余地处理，对各种现象都有独到的理解角度，很快，我就坠入了爱河，为他沉迷倾倒。他也说从来没有遇到过像我这么单纯的女孩子，愿意用一生来守护我的单纯和可爱。

谈了半年之后，我带他见了我父母。我父母对他本人也很认可，但是希望我们两个人结婚后能够留在他们身边，并愿意用自己的资源支持他发展。但是他特别不情愿，希望能够到更大的城市，用自己的能力闯出一片天。

那段时间我特别为难，一方面不能忤逆父母，另一方面也没办法说服他留下来。争吵了几次之后，我们分手了。之后我们就再也没有联系过。

后来，我也经历过几次相亲，认识了几个新的男生，但是感觉都不如他带给我那么大的感情吸引力，所以也就不了了之。

我知道我没办法跟他再续前缘，也不可能找到一个一模一样的他，但就是放不下，每次要恋爱时总是不自觉地跟他比较，比来比去总找不到更好的。

请问，我该怎么办呢？

你说得对，我确实对感情没有太多的研究，也许没办法从情感的角度给你一些建议。

但是，人生总是相通的，而经济学正是研究人生的学识。你的这些想法，其实在经济学中都有类似的解释。你就当学点经济学知识吧，没准也能解开你的心结呢？

别轻易被“锚定”

我们在前面讲过一个词，叫作财富的锚定物。就是说，我们在通货膨胀的过程中，为了避免资产缩水，一定要找到波动市场上的资产锚定物，将自己的财富与此关联，实现波动市场上的资产锚定。

不仅仅是在投资上，锚定也是一个经济学里经常用到的概念，特别是有个词叫锚定效应，是指当人们需要对某个事件做定量估测时，会将某些特定数值作为起始值，起始值像锚一样制约着估测值。在做决策的时候，会不自觉地给予最初获得的信息过多的重视。例如：

你去餐厅吃饭，翻开菜单第一页，如果前几道菜都特别贵，均价都1000多元，你就会锚定这家餐厅是个高档餐厅。如果往下翻几页，发现这家的鱼子酱才300块，不贵啊，那赶紧点。

你去商场逛电视专柜，门口摆了一台最先进并且配置最豪华的液晶电视，上面标价2万元，没折扣。是不是就觉得现在电视都2万多元的行情了？往里走两步，看到一台原价1.8万元，折扣后1.5万元的电视，是不是马上就有冲动想“买买买”了？

实际上，电视机均价真的有那么高吗？你在进门之前真的是打算买一台1.5万元的电视吗？

之所以会产生便宜的错觉，是因为你的心理价位都被门口的那台2万元的“神机”锚定了！

这便是营销中特别典型的锚定销售，在20世纪90年代，商家们早已玩得炉火纯青——门口故意放点价格昂贵并且是最先进的产品，并不是用来卖的，而是用来给顾客下锚的。

人的认知需要参照物

为什么会出现锚定效应呢？

因为人们在认识一个新的事物，或者做决策时，需要依据已有的信息进行辅助，所以我们很容易受到已有相关信息的影响，并以它们作为参考。这个影响是在人无意识中完成的，甚至在事后将影响的实际结果和科学依据告知当事人，当事人也不肯承认受到无关信息的影响，宁愿相信是自己的独立判断。

锚定物在人的认知中起到什么作用呢？

一是启发作用。我们在接受一个陌生事物的时候，需要通过熟悉的事物进行启发，以快速认知新的事物。也就是说，我们的新认知，需要一个参考标准来衡量，即使参考物是完全不相关的，也聊胜于无。也许在有了新的更合理的参考标准后会进行更换，也就是建立新的锚定。整个过程是不需要进入思维层面进行思考的，而是在潜意识中已经本能完成了。

比如，你如果之前没有见过一种水果叫海棠果，别人给你介绍的时候，只是机械地按照百科来读："海棠果，海棠树的果实，原名红厚壳，又名胡桐、呀拉菩等，拉丁文名是*Calophyllum inophyllum* L.，侧膜胎座目，蔷薇科乔木，树皮厚，灰褐色或暗褐色，有纵裂缝，创伤处常渗出透明树脂；果皮色泽鲜红夺目，果肉黄白色，果香馥郁，鲜食酸甜香脆。"

你是不是很蒙？

如果是这样介绍呢？海棠果也就是海棠树的果实。这种果子表皮颜色呈鲜艳的红色，就像红富士苹果一样，里面的果肉是黄白色，外表的形状呈扁圆形，和苹果形状类似，但是它的直径大小要比苹果小很多。另外，它吃起来的味道也是酸甜香脆，这点和苹果也十分相似。

这样你是不是很快就建立起一个"海棠果就是缩小版的苹果"的认知了呢？

二是调整区隔作用。它是指使用一个锚定值作为起点，通过各种例证来说明两者之间的区别，以此将两者进行显著的区分，从而让我们对该事物的认知远离锚定值，建立新的标准或结果。

比如，我们都知道香烟有害健康，而且香烟的有害成分主要是焦油、尼古丁等。如果我们想要说明某款电子烟不像香烟那样对人体有害，那么就必须用各种事例来证明电子烟与香烟的区别，特别是电子烟是否含有尼古丁、焦油等有害物质，或者通过事例来证明即使电子烟含有这些有害物质，也与香烟的含量相比差距很大。

如果我们无法在这些锚定值上给出非常明显的区分，就无法对电子烟建立区别于传统香烟的标准，那么我们对这款电子烟的认知就无法与香烟进行区隔。

感情中也存在“锚定效应”

锚定效应在情感上也同样适用，当一个女生的初恋男友非常优秀的时候，她大概率会晚婚。因为她对男性的判断往往来自初恋男友，初恋男友变成了她找男朋友的锚定效应。

很多姑娘通常会把二号、三号男友跟一号对比，然后陷入纠结当中，只要没有出现比一号更优秀的，都会处于后悔轮回：既然90分的一号之前都那么追我，凭什么要跟85分的二号和80分的三号相处呢?

不断的思虑和挑选，最终结局可能要取决于她什么时候能走出最初的锚定效应，换一个新的锚定。

以上属于启发式锚定，区隔式锚定同样也存在。

如果一个女生在某次感情中受了伤，就很可能会把同类型的男生全部拉入“黑名单”，不管她受伤的原因是不是因为对方的这个特征，但是因为她的受伤，她就会把对方的相关特征全部列入会让你受伤的锚定效应之中，只有与此特征有明显区隔，甚至与之相反的男生才能进入她的“法眼”。

由此可见，锚定效应是人在情感历练过程中必不可少的过程，每个人都需要通过锚定效应来认知感情，认知自己想要找寻的对象，也认知自我。

另外，锚定效应也会给我们带来困扰。正如你所说的这样，对初恋男友的“锚定效应”让你对下一个男友有了更高的期待，或者说你通过锚定前男友，对自己的认知也提高到了与前男友一致的层面，从而认为自己应该找到一个与前男友类似的人。

事实上呢？恕我直言，你可能与你的初恋男友完全不是一类人。他有着你不曾有过的眼界和经历，也有你不曾有的追求和事业心。

你沉迷于他的高度，正说明了你没有这个高度，你和他的关系，更多的是“他说你听”的层次，你可能无法与他进行心灵上的沟通，也无法理解他想要逃离家庭、独自挑战世界的意图。所以，你才会在他决心逃离的时候选择分手。

他想要挑战世界，而你只想在家庭的荫护下舒适生活。这种不同的结果是，你想要他陪你居家，他却想要你陪他闯荡天涯。你们分手看起来只是因为家庭的压力，但实际上这是你们本质的区别导致的。

半年的初恋时间可能还无法反映出你们之间的矛盾和落差，所以你对这段感情的认知是非常高的。但是，如果真的再恋爱两年，你们之间的落差就会变得更加明显，说到底，能让两个人走到底的，不是容颜，而是心灵的契合。

所以，你初恋男友这个“锚定物”，本来应该是区隔式锚定物，却被你当作了启发式锚定物。

你若想要找到一段长久的爱情，就需要破除这个锚定物带给你的误解，回到自己的内心，找寻自己真正想要的生活方式，然后去寻找那个真正愿意陪你过这种生活的人。

锚定效应遍布人生

人性所触及的其他各个层面，也同样适用于锚定效应，只要认定自己是最高值的时候，其他低数值的东西全部不放在眼里。

锚定效应在投资上更是成败的关键。你用500元一股买进的股票，就会自然而然地认为这个股票价值就是500元。一旦涨到550元，你可能就有落袋为安的冲动。为啥？因为你觉得已经超过它本身的价值了。而事实上，你有可能只是在低谷时候买进的这只股票，本可以持股到1000元以上。

这还不可怕。更可怕的是，万一你在高峰时段2000元买进这只股票，哪怕你买完之后就知道这个股票本来价值只有1000元，而这时候已经跌到1800元了，你会马上卖出及时止损吗？

大部分人是不会的，因为心里所锚定的价格，已经战胜了理性的价值。你会希望等到它涨到2000元以上再卖。

反弹会发生吗？也许会，也许不会。

但在股市中，一旦价格锚定被确定了，就很容易陷入困境，大概率无法认清或者接受其真实价格，早晚要清仓才能了结。

这也就是为什么大家总是说投资是反人性的过程吧。

希望大家都能在投资中战胜人性，不要被开始的价格给锚定从而步入陷阱。投资没有所谓的价格锚定，只有通过企业的财务报表、经营项目数据、企业历程等信息去判断。

但是，我们也要认识到，每个人都有各自不同的思维方式和投资理念，一旦形成某种思维定式，就很难去接受其他的范式，这样思维也就或多或少地被锚定住了。正如巴菲特的黄金搭档查理·芒格（Charlie Thomas Munger）非常喜欢引用的一句古谚语所说："对于只有锤子的人而言，每个问题都像是一个钉子。"

除了投资，生活中处处可见锚定效应的影响。

很多人应该都听过这个经典的故事：

有一家卖煎饼果子的小店，店里有两名售货员，其中一名每个月的销售业绩都要比另外一名高，老板就觉得非常纳闷。

有一天，他躲在门后观察两位销售员的区别，才发现，每当顾客点餐时，一名销售员说：先生（小姐），您需要加一个鸡蛋还是两个？顾客经常在一和二中选择，只有不到30%的消费者选择不加。

而另一名销售员则是询问顾客：先生（小姐），您需要加鸡蛋吗？顾客的思考范围被锚定在"需要还是不需要加鸡蛋"上面，只有少数人想到要加两个鸡蛋。

再比如，为什么我们总是要靠跳槽来涨工资呢？因为在现有岗位上，你的工资是跟你之前的收入锚定的，老板没有看到你比之前有更明显的变化，所以很难接受大幅度的涨工资，一般来讲每年能涨个5%都还是看在资历的分上。

但是跳槽呢，新老板对你的工资认定，是通过市场上其他人的工资来锚定的，带有随机性，总有老板会给予你更高标准的，这时候你就会选择跳槽来涨工资。

还有，为什么有的人越能干，越容易被老板骂呢？同样一件事，干出同样的业绩，为什么有人得到老板夸奖，反而是那些平时干得很好的人却被老板骂呢？

老板眼里每个人的能力值是不一样的，越能干的人在老板那里的能力值越高，对他的期望值也就越高。

期望是对自己或他人的一种判断，希望自己或他人达到某种目标或满足某种行为预期。由期望而产生的行为结果就是期望效应，又称“皮格马利翁效应”。一定程度上，人的预期就相当于锚沉没的深度，预期越高，锚沉得越深，锚定效应也会越明显。

对于期望值锚定在比较高标准的员工来说，一旦没有达到老板锚定的那个期望值，老板就认为没有做好。对于那些能力差一些的员工，老板本来就没有给予太高期望值，只要不是搞砸了，估计老板都已经要夸奖一番了。

聊到这里，我们都知道锚定虽然是我们认知世界的一种手段，但也是制约我们更正确认知世界的“障碍”。那么，我们怎样才能打破思维定式呢？

法国社会心理学家托利得说过：测验一个人的智力是否属于上乘，只要看他脑子里能否同时容纳两种相反的思想，而无碍于其处世行事。即“思可相反，得须相成”。

可见，不管是感情、购物、找工作等各个方面，都要树立开放式思维，获取多维度信息，避免单一信息源对自己的“锚定”。

只有努力避免锚定效应对自己的误导，才能看清这个世界各个方面的真实价值，特别是看清自己的真实价值。

14 损失厌恶

有了美满的婚姻，却一直放不下前任，怎么办？

别自我欺骗了，你这不叫爱情，叫损失厌恶

Zumbo：

你好：

我是大学毕业才开始第一次恋爱，一直谈了5年多，把自己最美好的人生都给了对方。当时也是全力投入，希望能够结婚的。但是谈了快5年的时候，感觉他越来越冷淡，终于有一次被我发现他出轨了。

当时，他百般恳求原谅，我看在那么多年感情的份上，也决定原谅他一次。然后我们就开始筹划结婚。一起买房，一起买车，也见了他的家长，他家长对我也挺好。

就在订婚后不久，我发现他又一次出轨了。虽然我仍然爱他，但实在接受不了出轨这个事实，下狠心离开了他。

又经过两年的疗伤，我遇到了现任，他对我非常好，现在我们已经开始准备结婚了。

但是有一件事我一直放不下，就是我仍然对前任有感情，感觉自己最美好的人生都是跟前任一起过的，而这些快乐最终以痛苦结束让我始终无法接受。那些回忆每次想起来都令我心痛万分，经常半夜流泪，睡不着觉。

我知道现任对我非常好，我不应该去留恋前任，但就是心里过不去这个坎儿，觉得自己还爱着对方。

请问我该怎么才能忘记过去，重新开始一段新的美好生活呢？

从感情上来说，每个人都有过各种或美好或痛苦的回忆，这些回忆在人的生活当中，或不可磨灭，或逐渐淡去。很显然，初恋对你来说是痛苦和快乐参半，而且难以忘怀。

你想要完全忘记过去，我没有办法帮你做到。但是我可以用经济学上的一些知识，帮助你接受历史，接受自己的得失、痛苦或快乐，从而与自己的过去和平相处，不要把自己过去的羁绊带到现实的生活中来。

人人都有“损失厌恶”

过去的痛苦为什么会无法消失一直伴随着自己呢？为什么现在的生活这么幸福，都无法令人忘记过去的痛苦呢？

从经济学上看，这是因为人都有损失厌恶的倾向。

根据我们前面讲过的行为经济学的“前景理论”，人们在内心感受上，对损失和获得的敏感程度是不同的，损失带来的痛苦要大于等量获得所带来的快乐。同样一件东西，你得到它产生的愉悦，跟失去它产生的痛苦相比较，后者更强烈。

这就叫损失厌恶（loss aversion），是指人们面对同样数量的收益和损失时，认为损失更加令他们难以忍受。同量的损失带来的负效用为同量收益的正效用的2.5倍。

损失厌恶反映了人们的风险偏好并不是一致的。当涉及的是收益时，人们表现为风险厌恶；当涉及的是损失时，人们则表现为风险寻求。

我们再来做个实验，以便于我们更好地理解它：

第一个场景：给你一个苹果。

第二个场景：给你两个苹果，当你吃完一个，准备吃第二个的时候，突然被告知多给了一个苹果，正准备吃的那个需要退回来。

请问，你更喜欢哪一个场景？

我想多数人的答案是第一个，而非常不喜欢第二个场景。

这个实验，两个场景的结果都是一样的，你只得到了一个苹果。但是在第二个场景中，因为得而复失，损失了一个苹果，这严重影响并拉低了你获得一个苹果的幸福感。

没错，损失厌恶，简单来说就是失去比得到更痛苦。再想象一下，你通过努力做成了一笔生意，赚了10万元现金，把它装在包里拿去银行存款。在存的时候，发现对方少给了你100元，而你在当场核对的时候根本没注意到。

你是什么样的心情？

我想，很多人都会一直记得损失这100元带给自己的极端不快乐，甚至记恨对方的不诚实，不管对方是有心还是无意；却忘记了通过与对方的交易，自己赚到了10万元的现金。

损失厌恶会让损失越来越大

为什么会产生这种损失厌恶的倾向呢？

进化心理学家认为，损失厌恶的倾向跟人类的进化过程有关。

很多人害怕蛇或有广场恐惧症，这些都是人类常见的惧怕和情绪，它们其实都是“进化的记忆”，就好像一个适应器一样，通过记忆这种适应器，我们人类在进化的过程中，能够更好地提高生存和繁殖的成功率。

损失厌恶类似于这种适应器。我们人类在长期进化的过程中，要面临恶劣的自然条件，还有非常残酷的生存斗争。损失厌恶型的主体，比非损失厌恶型的主体，能表现出更好的适应性。

看，损失厌恶其实就是深植于我们内心深处的人性。我们为了避免100元的损失，投入的努力要比获得100元所付出的努力更多。这也意味着，相比于收益，我们更倾向于去规避失去的风险。

损失厌恶投射到感情上，当恋爱走到尽头的时候，大家都会过分计较自己的损失——在另一方身上耗费的时间、精力、金钱等，不愿意接受自己在另一半身上的“投入”变成了“损失”，因此不愿意放手。为了说服自己，我们内心往往会认为自己还爱着对方，和对方还有感情，还能够挽回，从而选择苦苦维持这段感情。

这种“不敢轻易放弃”的损失厌恶心理并不会使自己的“损失”不是“损失”，而且“损失”一直在继续。

其实你应该庆幸，你已经算是很早就做出了果断而理智选择的人，让自己剩下的时间、精力和金钱及时转移到别的地方去。

只是你的决策虽然非常果断而理智，但还是逃不开损失厌恶的人性。一个更优秀的男友，也无法弥补你失去初恋的痛苦。哪怕你是真的已经不爱了，但失去了一个本来爱的人和一段本来美好的感情，也会让你沮丧和痛苦。

要敢于放弃沉没成本

那么，怎么让自己从损失厌恶中走出来呢？

之所以会有损失厌恶，是因为你把前一段感情当作了一种“损失”。你认为自己投入了感情，投入了精力，这些是你付出的成本，你的付出本有希望得到回报，却没有得到，还变成了损失。

但是如果这个成本，本来就与收益无关，是不是你就不会再有损失的感觉了呢？

在经济学的概念里，做决策需要有经济性，需要把收入减去成本，剩余有正向收益才算是好的决策。

但是，经济学在计算收益时并不会把所有成本都计算进去。有一类成本叫作沉没成本，就不会被当作成本，在计算收益时也不会考虑进来。

什么叫沉没成本呢?

沉没成本（sunk cost）是经济学中的一个概念，是指那些已经付出，不可收回，且与当前决策无关的成本。

人们在决定是否去做一件事的时候，不仅是看这件事对自己有没有好处，而且也看过去是不是已经在这件事上有过投入。我们把这些已经发生且不可收回的支出，如时间、金钱、精力等称为沉没成本。

从决策的角度看，以往发生的费用只是造成当前状态的某个因素，当前决策所要考虑的是未来可能发生的费用及所带来的收益，而不考虑以往发生的费用。

2001年诺贝尔经济学奖得主斯蒂格利茨教授说，普通人（非经济学家）常常不计算机会成本，而经济学家则往往忽略沉没成本——这是一种睿智。

他在《经济学》一书中说："如果一项开支已经付出并且不管做出何种选择都不能收回，一个理性的人就会忽略它。这类支出称为沉没成本。"

他还举了一个例子："假设现在你已经花7美元买了电影票，但是你对这场电影是否值7美元表示怀疑。看了半小时后，你的怀疑应验了：这电影简直是场灾难。你应该离开电影院吗?在做这一决策时，你应该忽视这7美元。这7美元是沉没成本，不管是去是留，这钱你都已经花了。"

损失厌恶影响着我们的决策

在投资理财中，我们也需要避开"沉没成本"这一误区，最好的方式是自问：如果手中没有这只股票或基金，或者另外给你一笔钱，你还会买它吗?

如果答案是否定的，那么最好卖了它。不能仅仅因为已经被套住了，为了避免账面上的亏损变成现实，就做出错上加错的决定。

然而，损失厌恶心理往往把人的投资决策导向完全相反的方向。例如：

你手中有两只股票，一只涨了100块，另一只跌了100块。现在你因急事需要用钱，必须卖掉一只，那么你会卖掉哪一只?

调查显示，大多数人会选择卖掉上涨的股票。因为股票上涨是收益，不赚白不赚，一定要先落袋为安，却没有考虑它继续上涨的可能性。而股票下跌是损失，面临损失，大多数人是不可接受的，总希望它能涨回来避免损失。如果卖掉，那损失就永远不可挽回了。

事实上，正确的操作，是看哪一只股票将来更有增长的可能性。对于有增长可能性的留着，增长空间不大或者可能会下跌的，就应该先卖掉。所以大概率上，是那只给你挣钱的股票有更大机会继续给你挣钱，应该留着；而那只亏损的股票，很有可能会继续亏损下去，反而应该及时止损，不然大概率会导致损失越来越大。

这也说明，对于一只股票或基金，如果它已经让你亏损太多，且短期内基本面没有改善迹象，与其盲目追加，换来无期限的望眼欲穿，不如快刀斩乱麻，接受沉没成本，重新选择标的，开始一段新的投资体验。

由于厌恶损失心理的存在，消费者在消费时其实并不总是理性的，甚至可以说，大多数时候都是不理性的。所以，人的厌恶损失心理也被广泛应用于营销领域，潜移默化地改变和引导着消费者的行为。比如：

你在网购一件衣服的时候，看到A款、B款两件衣服都很满意，但是只能买一件，你会选择买哪款?

A款价格90元，邮费10元；

B款价格100元，免邮费。

两件衣服差别不大的情况下，大多数人都会选择B款；甚至A款将邮费降低为8元，也依然有很多的人选择B款。

按照“市场理性”的假设来看，需要消费者付出的总价格一样时，选择A款和B款的人数应该差别不大；在总价更低的情况下，应该有更多的人倾向于A款，而不是B款。

那为什么实际生活中大多数人还是会选择B款呢？

有过网购经验的人一定深有同感：产品不包邮，心里那是一万个不痛快；产品包邮，哪怕是总价提高，也好过“产品收费+物流收费”。

消费者心里都清楚，包邮的产品其实是把运费加进去了。但有邮费还是不爽，还是会在下单的时候犹豫甚至直接放弃。

这是为什么呢？

因为邮费另算引发了消费者二次损失厌恶。换句话说，就是付了两次钱，让消费者觉得“这下亏大了”。

接受失去，才能拥抱未来

“曾经有一份真挚的爱情摆在我面前，我没有珍惜，等失去的时候我才后悔莫及，人世间最痛苦的事莫过于此。”

《大话西游》中这段经典台词曾经打动了多少男女的心。但你是否想过，如果至尊宝真的珍惜了这段感情，拥有圆满爱情给他带来的愉悦和失去爱情带来的悲怆相比，会具有同等分量吗？

不放下这段感情，就无法走上取经的道路。孙悟空若没有决绝离开，就无法造就西天取经的佳话。

用通俗的话来解释，如果你难以割舍已经失去的，只会失去更多。

所以，沉没成本就像已经泼出去的水，无论如何是收不回来的。既然不可能收回，就控制自己不要去管它。别停留在失去的痛楚之上，我们应该忘记沉没成本，向前看。

理解了沉没成本，你也就该明白，失去的爱情就是沉没成本。它虽然是付出，但不是损失。如果你还是不能放下，只会让自己更难受。

因为不肯放弃一段不合适的感情，会让你失去开始另一段新恋情的机会。而丧失了拥有新的、更好的恋情的能力，才是你最大的损失。

希望你能够调整心态，既然爱过就不后悔，当初所有的付出都是因为爱，是不求回报的。只要付出的时候自己是安心和快乐的，就已经值得了。

虽然你上一段爱情最终没能修成正果，但在这个过程中，学到了，成长了，成熟了，最终得到了你现在更加美好的爱情，这就是收获。

15 柠檬市场

我这么优秀，为什么还是剩下了？

这真不是你的错，“柠檬市场”了解一下？

Zumbo：

你好！

我算是一个大龄单身女青年吧，在一家非常知名的大企业里工作，身边的同事男女各半，也都算得上是郎才女貌。但是，似乎身边的大龄单身女青年更多一些。我认识的女同事中，一半在幸福的婚姻中，一半在幸福的单身中。

为什么越优秀的女生，单身的越多呢？

就拿我自己来说吧，单身四五年，可以说是有主动的选择，也有被动的无奈。身边很多和我一样的女生都在吐槽：我只想找一个三观正常、能聊得来的男生，为什么就找不到呢？是我标准太高了吗，还是我有什么问题？

每个人的单身都有各自独特的原因，但从经济学规律的角度来看，最优质的资源往往不能得到最大化的配置。

也就是说，优秀女生剩下来不是你自己的错，而是大概率要发生的结果。

资源配置并不总是最优的

先分享一个小实验吧，出自麻省理工学院著名经济学家丹·艾瑞里（Dan Ariely）所著的书籍*The Upside of Irrationality*（《怪诞行为学2：非理性的积极力量》）。

实验人员找来100位大学生，男女各半。然后制作了100张卡片，卡片上写了从1到100总共100个数字，贴在每个大学生的背后。

实验规则如下：

1. 男女共100人，男的单数编号，女的双数编号。

2. 编号为1~100，但他们不知道数字最大的是100，最小的是1。

3. 编号贴在背后，自己只能看见别人的编号。

4. 大家可以说任何话，但不能把对方的编号告诉对方。

5. 每个男生去找异性配对，异性有权拒绝。但配对成功后两人加起来的数字越大，得到的奖金越高，奖金归他们所有。

6. 配对时间有限。

这个实验规则很简单，就是在不确定自己价值的情况下，尽可能地找到具有更大价值的异性，实现合并效益最大化。

在揭晓结果之前，我们先来想象一下，自己会怎么做？市场会呈现什么样的状况？

由于每个人都不知道自己的数值，但是知道所有其他人的数值，对于每个个体来说，找到数字最大的异性，争取配对成功，就是最优选择。

是不是意味着拿到100的女生和拿到99的男生拥有最大的选择权，会第一时间配对成功？

对于那些数字比较小，甚至是1、2的人来说，是不是就没有异性愿意去跟他们配对？

由于自己不知道自己的数值，只能盲目选择，会不会有些分值低的人，撞大运配到一个高分值的异性呢？

结果很奇妙。

首先，绝大多数人的配对对象，背后的数字都非常接近，俩人数字相差20以上的情况非常罕见。比如55号男生，他的对象有80%的可能性是50~60之间的女生。这说明两个问题：

一是虽然大家都不知道自己的数字，但是通过配对过程的博弈，其实大概知道自己的数值所在区间。站在婚恋市场的角度，就是发现了自己在市场上的受欢迎程度。

二是知道自己的数字区间之后，做出的理性选择是配对一个跟自己数字近似的异性，而不是去追求远超自己数值的异性，换言之，这就是中国人常说的“门当户对”。

其次，你们猜100号的女生的配对对象是谁？好玩的是，100号女生的配对对象竟然不是99号，也不是97号或95号，而是73号男生，两人相差了27，属于我们刚刚说的非常罕见的相差20以上的情况。

那么，为什么会相差这么多？

因为一开始的“男追女”过程中，大家都会去追求分值比较高的女生，100号女生的追求者最多。但是，她虽然知道了自己的分值会非常高，却不知道异性的最大分值是多少（规则已经设定了参与者事先不知道最高数值是多少），哪怕来追求她的是99号，她也不知道对方已经是异性里的最高数值了，还在等待更高分值的异性。等她反应过来的时候，很多高分值的男生已经完成了配对，她只能匆匆在剩下的男生里找了一个数字最大的，就是那位73号的幸运儿。

是不是有点像婚恋市场？

信息不对称造成逆向选择

为什么会出现这个问题呢？一个最大的原因就是：信息不对称。

在婚恋市场上更是如此，你不可能一下子就了解到所有异性的所有信息，一次性做个判断和抉择。只能在滚动的过程中发现信息，发现对方的价值。但是，发现的过程需要有投入，包括金钱、时间、精力等，失败了是拿不回来的。

这个过程不像商业投标，不中标的预付款退回，损失的只不过是一点手续费。这个竞标很像这样的一种游戏博弈：我有一个价值100元的纪念品，你出价1元开始竞价，如果没有价格比这高的，1元就成交了，你赚大了。

但如果有人报出2元或者更高的价格，你出的1块钱是拿不回来的，这个时候你要么以更高价来获得主动权，或者放弃1块钱的损失。

这个博弈的结果可能是可怕的，我在读香港中文大学会计学硕士期间，教我们《博弈论》的夏大慰教授，就曾经在教室里现场重现过这个案例，对一张20元面值的普通纸币进行“拍卖”，最终竟然拍出了100元的价格。

这个现象被称作逆向选择（adverse selection），指的是信息不对称所造成的市场资源配置扭曲的现象，由美国著名经济学家乔治·阿克尔洛夫，也就是现任美国财政部长——耶伦（Janet L. Yellen）的丈夫，在他的《柠檬市场：质量、不确定性和市场机制》中提出。他也因此与其他两位经济学家一起奠定了“非对称信息学”的基础，并获得了2001年的诺贝尔经济学奖。

“柠檬”在美国俚语中表示“次品”或“不中用的东西”，所以柠檬市场（The Market for Lemons）也称次品市场，也称阿克尔洛夫模型。

柠檬市场的存在是由于交易一方并不知道商品的真正价值，只能通过市场上的平均价格来判断平均质量，由于难以分清商品好坏，因此也只愿意付出平均价格。

但是商品有好有坏，对于平均价格来说，提供好商品的自然就要吃亏，提供坏商品的便得益。于是好商品便会逐步退出市场，平均质量又因此下降，于是平均价格也会下降，真实价值处于平均价格以上的商品也逐渐退出市场，最后就只剩下坏商品。在这个情况下，消费者便会认为市场上的商品都是坏的，就算面对一件价格较高的好商品，也会持怀疑态度，为了避免被骗，最后还是选择坏商品。这就是柠檬市场的表现。

《柠檬市场：质量、不确定性和市场机制》中阐述了最为经典的二手车市场案例：

假设在二手车市场中，你大概只知道市场上的好车和坏车各占一半，你愿意为好车支付 4000 元，为坏车支付 2000 元。

但如果你无法判断一辆车的好坏，怎么办呢？

那就按照期望支付好了，那么你就将支付2000 × 0.5+4000 × 0.5=3000元。

在这种情况下，如果好车车主的心理预期是2500元，则只能按照3000元的价格赚到500元，而非按照好车应有价格赚到1500元；

而坏车车主的心理预期为1500元，则他可以赚到1500元，而非应得的500元。

在这种情况下，由于信息的不对称，好车车主在市场上是以补贴坏车车主的方式存在的。

而且，如果坏车的比例上升，好车的比例下降，在这个市场上消费者的期望就会降低，当这个期望跌破2500元时，好车车主将由于心理预期无法被满足而退出市场，这就形成了“劣币驱逐良币”的现象。

信息不对称带来的“劣币驱逐良币”现象，已经被广泛引申到生活中的各个领域，人们常常用这一法则来泛指价值不高的东西会把价值较高的东西挤出流通领域，彻底颠覆了“优胜劣汰”的淘汰定律，取而代之的是“劣胜优汰”。

婚恋市场并非“完全竞争市场”，每个人的基本价值不标准，信息不完备，如果是作为一个商品来比喻的话，那就是货品处处不等，既不均质也不均价，类似“柠檬市场”特征的反馈滞后性。

怎么解决信息不对称问题

信息经济学给我们提供了两种方法：甄别和发送信号。

首先是甄别（screening），指的是面对信息不对称，由缺少信息的一方主动设计不同的交易方案、合同、机制，使得拥有私人信息的一方通过自我选择揭示这个信息，进而让缺少信息的一方实现自身交易的收益最大化。

比如说，你作为二手车市场的买主，就可以讨价还价地提出这样一个方案：“如果你的车能够提供两年免费保修，我就愿意付给你4000元，否则只能付给你2000元。”

这时，如果对方是好车车主，对自己的质量有信心，相信两年内车不会坏，就会接受你的建议，从而赚得1500元；而坏车车主则只好选择接受后者，从而只获利500元。

其次是发送信号（signaling），指的是面对信息不对称，由拥有私人信息的一方通过承担某种成本，向交易对象表明自身属性，进而让拥有私人信息的一方实现利益最大化。

比如，你作为二手车市场的卖家，知道自己卖的是好车，这时和上面的例子反过来，你来主动提出愿意提供保修，但是需要买方支付3500元。这样一来，你相信自己的车不会坏，而卖坏车的车主却无法承担这个发送信号的成本。好车车主便把自己与坏车车主区分开来了。

那么，在日常生活中的信息不对称情况下，怎样运用这两个原则呢？

实际上，市场上可以找到很多破除信息不对称的方式：打造品牌，是解除顾客对产品质量不高的顾虑；实行“三包”承诺，是解除顾客对于产品维修成本高的顾虑；在求职前考一个注册会计师的执业资格证书，是解除雇主对于求职者能力的顾虑。

看来，要解决信息不对称不仅需要更有效的传达信息，更可以通过提高传达成本的方式来增强信息的可信度。

现在回到最初的这个问题上来，为什么优秀的女生更容易单身呢?

情感专家分析，婚姻择偶中，女性普遍有一个“45度”向上择偶的要求，就是希望男性对象无论从年龄、学历还是收入都高出女性一个阶梯。这就带来了信息的错位，最终优秀的女生反而无法找到符合自己期望的男性。

当然，除了我们说的信息不对称导致的资源错位，以及柠檬市场带来的“劣币驱逐良币”这些情况外，其实在北上广这些一线城市，优秀女生更主动选择单身也是一个突出的现象。

第七次全国人口普查数据显示，中国男性比女性多3490万人，出生人口性别比达到111.3。这么看来，应该是男生更不好找对象才对啊，为什么我们听到的都是女生单身更多的情况呢?

实际上，虽然从全国来看男多女少，而根据各大城市发布的2019年度统计年鉴，有媒体发现了一个现象：包括北上广深在内的15个特大城市均有一个共性——女多男少。

有人说“城市是女生的堡垒”，使女生更有能力自我保护，不再依赖于婚姻。因此，现代都市女性的独立性越来越强，婚龄普遍推迟，这既有相匹配的单身男性群体数量有限和男女择偶观差异的原因，也是个体理性选择的结果。

话虽如此，如果你想要找到合适的婚恋对象，也并非意味着无从着手。比如，按照信息不对称的原理，主动释放信号也是一种方式啊。

比如，现在有很多高端的婚恋俱乐部，准入门槛比较高，需要非常高的入会费，其实也是为了消除会员对参与者参差不齐的顾虑，让加入者可以更直接、更便捷地接触到同类人群，减少信息搜寻的过程，降低信息甄别的成本，减少信息的不确定性。

那么，你为减少自己在婚恋乃至生活工作中的信息不对称，采取过哪些努力，付出了什么成本，又获得了什么收益呢?

16 次优选择

等了 30 年，只想找到最完美的心灵伴侣，我错了吗?

最好的选择，未必是最好的选择

Zumbo:

你好!

虽然知道你是财经方面的专家，但还是想问一个情感方面的问题。

你不是说生活中的一切问题都可以在经济学中找到答案吗? 这个问题困扰我很久了，希望能从你那里得到一个完美的答案。

掐指一算，我已满 30 岁，而且单身 5 年有余了。期间尝试过凑合找个人陪伴，但是太别扭，太痛苦，我不想玩弄别人的真心。对待感情我很理想主义，一直以来不变的追求就是“灵魂伴侣”。

我理解中的恋爱，应该是灵魂与灵魂的碰撞，是心与心的接触，是千般疼万般惜的懂得与理解，是无欲无求的呵护与守候，是“才下眉头，却上心头”的挂与念，是“金风玉露一相逢，便胜却人间无数”的震撼与惊喜。

我也知道，再好的恋爱都要落地在生活之中。但是生活已经够艰难了，最好的爱，走到最后，不正需要灵魂的相依为命，才能渡过所有的困顿吗？这世间，再没有比靠近自我、与灵魂相互抚慰，更温暖更实在更快乐的事了。

但是，在这个世界上，许多人是不活灵魂的。一个不能感知自己灵魂的人是不可能拥有灵魂之恋的，一个不懂得付出爱的人也是不可能遇见灵魂知己的。

我就是那个没有找到灵魂相配的人。活在世上，就像游离于漫漫黑夜的一缕孤魂，无所向，无所寄。那种孤独感，那种无存在感，时刻在心底恣肆蔓延。

世界那么大，芸芸众生那么多，为什么就没有一个能够走进我内心的人呢？虽然家庭、朋友都认为我的想法虚无缥缈，但我已经下定决心，就像我最爱的诗人徐志摩说的：我将于茫茫人海中，访我唯一灵魂之伴侣。

哪怕这辈子都寻访不到，我也不愿妥协。凑合过日子实在太痛苦了，只有一辈子可以活，我不想就那样过。

我这样做真的有错吗？

你说得对。经济学是可以解答生活中的一切问题，但是答案都是迂回的。所以，在回答你这个问题之前，请让我也先迂回一下。

对大多数地球人来说，2020年可能是进入21世纪以来最低落、最艰难的一年。2019年底开始的一场新冠肺炎疫情，以超出所有人想象的方式席卷全球，到2020年末已蔓延到每93个地球人中就有1人被它感染，188万人因它死亡。被感染者中包括英国首相、巴西总统、美国总统和法国总统。

新冠肺炎疫情在很大程度上定义了2020年的世界。这一年，全球经济萎缩的程度，许多国家财政支出的力度，都和刚刚打完一场世界大战相差无几。

新冠肺炎疫情前所未有，在“摸着石头过河”的状况下，如何应对成为一个全新的挑战。

在疫情初期，中国采取了极其严厉的防控措施：一是全国很多地方延长假期、推迟复工；二是几乎全国性的严格防控政策，尤其在一些疫情并不是很严重的地方，动辄全员检测等。于是，有些人批评，认为过度防控或恐慌会导致正常的生产生活停滞，经济、民生、物流等压力变大，反而不利于防控。不过，也有人认为要先把疫情控制住，再来开展正常工作。

与此同时，西方国家采取了与中国截然不同的处理方式。只有重症患者才能到医院诊治，轻症患者只能在家自愈，医疗资源的紧缺导致死亡率升高，且导致疫情连绵不断，屡创新高。即使是在疫情全面蔓延迫不得已之下局部封城，稍有好转又马上开放，致使无法彻底断绝传染链条。

为什么中西方国家会采取截然不同的处理方式？孰优孰劣，孰是孰非呢？

不同的疫情防控，基于不同的“次优选择”

面对西方社会对于中国“过度防控”的批评，复旦大学经济学院院长张军教授在“辛迪加报业”发文称，过度防控虽然不是最优解，但这是一个次优解，是需要对疫情马上做出反应下比较好的选择。

张军教授解释说，这些措施是因为当下无法满足最优结果所需的条件：最起码需要一段时间才能搞清楚我这个地方有没有感染源及有没有能力识别出感染源？即便找到了感染源，如何通过相对科学的做法防止感染源在人群中扩散？

所以，当大家都需要时间来搞清楚这些问题的时候，每个地方都会“宁可信其有”，采取比较极端的做法。从全局来看，这不是最优结果，它是一个局部的最优结果，即每个局部都会认为这是最佳选择。但整合起来从全局看，就是一个次优结果。

随着时间推移，两三个月过去，很多情况就看得比较清楚了。经过一段时间的隔离防护，有些地方的新感染病例数开始下降，说明情况出现新的变化。在这种情况下，从中央到地方的政策都开始强调差异化，每个地方可以根据当地疫情状况，逐步复工、错峰返程，也强调各地不得妨碍交通运输、物流等，鼓励大中小学错峰开学等。更多的政策权力逐步交给地方，让各地根据自身条件对之前的统一政策进行微调。

那么，西方国家的防控措施又是怎么回事呢？

中国人民大学国家发展与战略研究院研究员马亮指出，西方国家的这些决策看似愚不可及，但也绝非毫无根据。

西方国家的防控策略选择，同其捉襟见肘的医疗资源难以支持全面防控有关，是一种不得已而为之的次优选择。采取这种剑走偏锋的防控方式，可以确保有限的医疗资源优先配置给重症患者，避免医疗系统濒于崩溃。因此，实际上是一种“两害相权取其轻”的两难选择。

从这个事件中，我们可以看到理想与现实的差距。谁都知道最优解是什么，那就是精确找到可能感染的人群进行隔离，避免多数人受到影响，从而避免社会和经济的更大损失。

然而，这只是理想，在当下的技术条件下无法实现。理性分析的结果就是无法达到最优解，只能在次优解中选择可以做到的方案。这也是为什么两位专家在分析中西方国家疫情防控策略时，不约而同地提到了“次优选择”的原因。

亚当·斯密提出了被称为“看不见的手”的原理，颂扬以利己为动机的资本主义制度，认为该制度可以实现资源的最优配置。西方微观经济学给出一个肯定的答案：以利己为行为动机的完全竞争的市场经济将会达到（帕累托意义下的）最优。

这就是说，如果每个消费者都为了自身的效用最大化，每个生产者都追求最大利润，那么在完全竞争的经济中，他们不仅能做到，而且还会不自觉地使社会达到资源配置的最优状态。但现实经济无法达到完全竞争经济所要求的条件，结果还会是帕累托最优吗？

西方学者承认，存在着诸如垄断、外在性、公共物品等若干导致市场经济失灵的因素。但他们又声称，在这种情况下，通过适当的微观经济政策可以修正市场失灵的不足之处。例如，美国经济学家保罗·萨缪尔森（Paul A. Samuelson）写道："现实中存在着许多情况，使市场达不到完全竞争的状态。其中三种最重要的是不完全竞争（如垄断）、外部效应（如污染）及公共物品（如国防和公路）。在每一种情况下，市场失灵都会导致生产或消费缺乏效率，而政府则可以起到医治疾病的有效作用。"

言下之意不外乎是，国家对微观经济政策的执行可以弥补现实经济和完全竞争模型的假设条件之间的差距，因而能使经济达到或接近于帕累托最优状态。

然而，20世纪50年代在西方出现的"次优理论"却证明，在不能全部满足完全竞争模型所要求的假设条件的情况下，即使微观经济政策成功地弥补了现实和假设条件之间的差异，政策的执行仍然不能保证帕累托最优状态的实现。

次优选择是一种现实选择

1956年，经济学家李普西（R. G. Lipsey）和兰卡斯特（K. Lancaster）总结前人的理论分析，创立了次优理论（The Theory of Second-best）。

具体来说，次优理论的含义是：假设达到帕累托最优状态需要满足十个假设条件，如果这些条件至少有一个不能满足，即被破坏掉了，那么，满足全部剩下来的九个条件而得到的次优状态，未必比满足剩下来的九个条件中的一部分（如满足四个或五个）而得到的次优状态更接近于十个条件都得到满足的帕累托最优状态。

经济学理论读起来就是这么枯燥。

那么到底什么是次优选择呢？

美国经济学家、诺贝尔经济学奖获得者赫伯特·西蒙（Herbert Simon）是第一个起来反对"最优假设"的人。他提出"有限理性"概念，即任何理性都是受限制的，所谓"最优"只是空想。人类往往做不到"最优"，退而求其次，消费追求的是"次优"。

西蒙曾经到天津大学做过一次演讲，举了好几个例子：

一个人到商店里去买针，没有人说：“哎，服务员，给我拿个最尖的针，一盒子都拿出来挑吧，用放大镜看。”没人这样。都是一盒子针拿出来挑，第一个看看，第二个看看，第三个……行了，我何必花那么多时间全部翻一遍呢？这就是次优选择。

女同志买纱巾，没有哪个讲“我买的是最好的纱巾”。要买最好的纱巾，不可能。在南京，你至少要打个出租车把南京城里的商店逛遍，才能挑出最好的。人们多半是看了第一家再看第二家，看看第三家，行了就它吧。问她买的纱巾怎么样？“还行。”这就是次优选择。

次优选择的经济意义在于以有限的资源获得次优但是仍然让人满意的结果。对应的极端情况是不计成本耗用资源（时间、人力、金钱）以获得最佳结果。

经济活动，就是投入产出的活动，也就是资源配置的活动。由于时空限制，人们面对的选择不仅仅是有限的资源满足无限的欲望这么简单。

选择的时机、可供选择的范围（空间）、信息沟通的限制都成为限制的条件。经济学家针对这个方面的研究，认为最优解并不是“可操作解”，现实中“可操作解”往往是次优选择。

次优选择是能实现的“最优选择”

次优选择，有时又被叫作“最不坏的选择”，就是在限定的条件下，如果无法找到最优解，那么就选择损害最小的那个，也就是古话说的“两害相权取其轻”的意思。

西蒙有句名言：“最好”是“好”的敌人。我们期待最理想的事物，最美好的目标的实现，此乃人之常情。

在现实生活中，由于主客观条件的囿限，“不如意事常八九”“人无千日好，花无百日红”，追求理想最大化，期望值定得高不可攀，往往会落空。实际上，人们都在不自觉地实践次优选择。

比如，高考就是一种次优选择。高考肯定不是最好的人才选拔制度，它存在着认分不认人、一刀切、太过机械化等诸多缺陷。但就现阶段来看，相比其他评价机制，高考却是“最不坏的制度”，也是相对最公平的制度。

地区、城乡发展严重不平衡是我国的一大现实国情，如果采取其他的评价方式，占人口大多数的落后地区，如农村的学生很可能会面临无学可上或者无名校可上的困境，这就使教育在实质上失去了促进社会垂直流动、保持社会活力的本义。

如何避免这一最坏的结果发生？不得不承认，“一刀切”式的高考反而是最有效可行的制度，因为它能在最大限度和最大范围内，构筑起一个相对客观的标准，从而保证大多数人的机会平等。

反观研究生考试，相比高考采用了更多元、更丰富的评价标准，面试、推荐、保送、直博等，这些固然使其选拔机制更加人性化和个性化，但同时也让它们自身始终笼罩在“关系”“潜规则”等阴影之中。

再比如，火车票低价是一种次优选择。薛兆丰教授曾经撰文提出，春运票价过低造成举国浪费，应充分提价。他认为，要治理春运出现的乘客长时间排队、黄牛党猖獗和火车站混乱等现象，只有一个办法，那就是让火车票充分提价。

在薛兆丰教授看来，对任何商品，人们的需求都没有止境，所以只要价格过低，就会出现短缺。消除短缺的唯一办法，就是把价格提到足够高。

单纯从经济学角度看，薛兆丰教授说的不过是常识而已。价格上去了，需求就会下降，也符合经济学的一般规律。可是，这种缓解是以增加特定人群的返乡成本、降低部分民众的社会福利为代价的。在现有制度安排下，旅客虽然比较辛苦，但终究能在不增加车票成本的前提下回家过年。铁路运输虽然不能完全满足旅客要求，但运输收入总体还能实现大幅度上升，且因不提价赢得了较好的口碑。因此，火车票不提价其实正是公共政策在公平与效率充分博弈基础上形成的一种均衡，虽然不是最好的选择，但和“充分提价”相比，却是“最不坏的选择”。

既然选择无法实现最优，只能选择最不坏的那个。是不是就意味着我们不需要再努力追求完美的生活了呢?

首先，“次优”并不是差的选择，而是限于客观条件无法达到最理想状态下的第二好的选择。这并不意味着容易达成，更不意味着不需要努力。

其次，我们生活中总是会赞美那些具有完美主义的人，但是所谓的“完美”，往往也隐藏着很多无奈和取舍。

有一些非常优秀的人，被别人称为“完美主义者”。可事实上，这种描述并不准确。更为准确一点的说法应该是“他们是更接近完美的人，并且他们一直在努力”。

比如，好莱坞导演詹姆斯·卡梅隆就总是被称为“一个完美主义者”。他不断追求完美是事实，可前提是他不仅有能力而且还坚持不懈。在拍完《泰坦尼克号》之后，为了拍《阿凡达》，他准备了14年。为了追求完美的3D效果，他耗资1400万美元与日本索尼公司的研发总部合作开发出他理想中的拍摄设备。而且，为了最终能够拍好《阿凡达》，在此之前还先拍了另外一部3D电影《地心游记》当作练手。

即便之前的《终结者》大获成功，在拍《泰坦尼克号》的时候，严重的超支已经令他在好莱坞失去信用，乃至于他要以“放弃片酬、只拿版税”，才得以获得更多资金将《泰坦尼克号》拍完。《泰坦尼克号》大获成功，才使卡梅隆有资本、有能力拍摄后来的《阿凡达》。即便如此，他也耗费了14年时间。

好莱坞的另外一个导演，克里斯托弗·诺兰也被称为“一个完美主义者”。他为了追求影片《盗梦空间》的完美效果，准备了10年。为了使自己真正驾驭宏大场面，在《盗梦空间》之前，连续拍了两部《蝙蝠侠》：《开战时刻》与《暗黑骑士》。在确定自己的驾驭能力之后，才敢追求《盗梦空间》的完美效果。

然而，即便是这样的大导演，也一遍一遍地在各个场合重复那句名言：“电影是缺憾的艺术。”

没有人能够做到完美，我们至多能做到接近完美，或更接近完美。做任何事情的时候，都需要时时刻刻忍受各种各样的不完美，否则任务根本无法完成。就算最终完成，结果也常常是不完美的，缺憾必然存在。再往大了一点说，生活本身就不完美。谁的生活不是磕磕绊绊？谁在死去的时候没有一丝丝遗憾？现实就是如此，不接受不行。

完美的人生是否存在?

那么，我们可以回到文初的问题上来了。

你想要我从经济学角度给出一个完美的答案。不幸的是，虽然经济学确实能对一切生活问题给出答案，但是不代表能给出完美的答案。

何况，生活本来就不是完美的，生命本身就是以一种残缺的姿态出现的。有一个哲人说过，生命有罅隙，那是光照进来的地方。如果无法接受自己、对方，乃至这个世界的不完美，那么一切的求全责备，都只会让你陷入更多的痛苦之中。

阿里巴巴原CEO卫哲先生在给我们授课时讲过一个故事：目前F1赛车上的发动机技术已经可以实现超过500公里的时速，但是实际上的车速从未超过300公里/时。不是因为安全，也不是因为人力，是因为速度上得去，刹车停不下来。

对于那些用尽了心血研发发动机的人来说，这是多么不公平的一件事啊。你明明已经成功了，却败在了太过于成功上。

世界真的没有那么多完美的故事，努力从来都不代表收获，成功永远都不是必然。有时候什么都对，就是运气不好，做了很多努力，最终都是石沉大海，没有溅起一丝水花。

人生在世，总会遇到各种各样的事，各种各样的人。其中，真的有意义的事，真正值得交往的人，可能最多只有10%。有时候幸运，有时候不幸运；有时候如意，有时候不如意；有时候遇到良缘，有时候误入歧途。这些都是必然要发生的，是漫长人生的大数定律。

所以，稍微遇到点事，就觉得“我太惨了，太委屈了，全世界都欠我的”，以为一切本应该完美，本应该顺利，一切不符合自己想象的东西都是错误，本质上，还是不理解这个世界到底是什么样的。

因为，这就是世界的平均概率啊。十件事里面，有两三件事是顺利的，那已经非常幸运了。另外七八件事的坎坷，都是非常非常正常的，只是这个世界在展示它真实的面目而已。

真正理解了这一点，就会接受世界的不完美，也就可以理性地把视角抽出来，不沉溺局部，放眼全局。

林语堂在《人生不过如此》中也说道：“不完美，才是最完美的人生。”生活犹如小径交叉的花园，究竟哪条路最终能通向芬芳的玫瑰圃，没有走过的人谁也不知道答案。用自然真实的眼光、博大的胸怀和包容的心态去坦然面对缺憾，用欣赏的眼光去发现和感悟缺憾之美，生活才会充满阳光和色彩。

灵魂伴侣得之我幸，不得也是我命

关于“灵魂伴侣”，有一个故事想讲给你听听。

古希腊哲学导师苏格拉底的三个弟子曾求教老师,怎样才能找到理想的伴侣。苏格拉底没有直接回答，却让他们走麦田，只许前进，且仅给一次机会选摘一枝最大最漂亮的麦穗。

第一个弟子没走几步就看见一枝又大又漂亮的麦穗，高兴地摘下了。但是他继续前进时，发现前面有许多比他摘的那枝更大更漂亮的，只得遗憾地走完了全程。

第二个弟子吸取了教训。每当他要摘时，总是提醒自己，后面还有更好的。当他快到终点时才发现，机会全错过了。

第三个弟子吸取了前两位的教训。当他走到三分之一时，即分出大、中、小三类；再走三分之一时验证是否正确；等到最后三分之一时，他选择了属于大类中的一枝美丽的麦穗。虽说，这不一定是最大最漂亮的那一枝，但他满意地走完了全程。

灵魂伴侣到底存不存在？可能没有人能够解答。我记得在一部电影里看过，在男人和女人分手的时候，女人问男人这世界上到底有没有灵魂伴侣。男人经过计算之后告诉她，在这座城市里，她的灵魂伴侣只有0.53个人，连一个完整的人都没有。

经济学家弗里德曼说过：“如果你认为某个人是你生命中的唯一，那你是对偶然性有深深的误解。如果真有这个唯一的话，你们根本就没有机会遇见。”因此，更可能的情况是，世界上本没有天生的灵魂伴侣。所谓的灵魂伴侣都是彼此在想要了解另一半的同时，长久时间沉淀下来的爱的默契。

对于很多即使是最相爱的伴侣来说，也需要时间才能让彼此感受到相互投契。爱不是在相遇一小时之后就能发生的事，甚至也不是一年之后。这需要时间、耐心和付出。

在感情中有两种心态最要不得：既想嫁如意郎君又怕空等一生；既不想空等又怕向现实妥协，“下嫁”后错失良人。

如果一个人抱着这样的心态，必然会患得患失，无论做出什么样的决定，都不会令自己满足。所以，要想获得幸福，就必须改变心态，做一个敢作敢当的人。如果等，就要等得起；如果等不及，就选择妥协。

看得出来，你是一个文艺而且追求极致的人，或者说，你就是一个完美主义者。完美主义者对于自身有着超乎寻常的期待——不论这种期待是来自自己还是他人，他都会对于将要实现的目标有明确的愿景。

但是，不管是人生，还是爱情，你必须有一个清醒的认识：幻想不是理想。

坦白说，谁也无法确定自己是否能遇到最好的那一个，最终与你走到一起的，往往是在恰当的时间、恰当的地点出现的最恰当的那个人。

多少获得幸福爱情的人，其实都没有执着于想象中不可能或无法实现的爱情，而是选择了实实在在、可以把握的“次优”。毕竟，幻想的爱情不会给人带来幸福，幸福是实实在在的生活带给人的感受，是看得到、摸得着的。聪明地选择“次优”，你其实是拥有了现实中可能存在的“最优”的感情。当你坐拥幸福感情时，就会明白，降低一点点标准，选择“次优”是多么明智的选择。

你说你最爱徐志摩，是徐志摩给了你勇气“于茫茫人海中，访我唯一灵魂之伴侣”。但是，我不知道你是有意还是无意，漏掉了这句话的后半段：“得之，我幸；不得，我命。”

得一心灵伴侣，此“幸”太难得了。在勇敢去追的同时，还要有“不得，我命”的坦然心态。

如果真的享受不到这样的幸福，那就在生活里摆一个舒服的姿态，学着去接受不完美的生活，不完美的爱情。这些才是最真实的，能实在地相处，实在地包容，实在地走一辈子。

第四章

生活里那些特殊的经济学

拍卖能捡到漏吗?

金钱能买到幸福吗?

长得好看能当饭吃吗?

17 捡漏经济学

拍卖能捡到漏吗?

你别说，拍卖还真是门大学问

Zumbo：

我来上海10年了，最近终于有了购房资格，打算为自己和家人购置一个安稳的窝。但是买房真的是非常耗精力的一件事。我找了中介帮忙，每个周末都安排了看房，连续3个月看下来，发现看中的价格太贵，价格合适的又总有各种各样无法接受的毛病。

买新房吧，摇号想要中签难，就算摇中也要等一两年才能交房，再装修一下，入住起码要两三年之后；买二手房吧，价格高、税也高，之前的装修也要重新来过。

看我这么纠结，前一段朋友推荐我去买“法拍房”，说是能捡到漏，低价买个好房子。我到网上浏览了一下司法拍卖的相关信息，确实有很多房源，起拍价看起来也还不错。但是我不太熟悉拍卖这个方式，明明可以直接定价，为什么要竞拍呢？这样真的可以捡到漏吗？

2020年底，上海对“法拍房”的购买资格进行了限制。要知道，之前“法拍房”是很多没有上海购房资格的朋友在上海买房的一个重要渠道。这次限购也引起了更广泛的群体对“法拍房”的兴趣。

相信不少朋友都浏览过网上的司法拍卖，不知道有多少人真的去拍过。拍卖（auction）作为一种与我们普通老百姓距离比较远的定价形式，估计大部分人都没接触过。那么拍卖真的可以捡漏吗？

拍卖是为了销售者的利益最大化

在开始了解拍卖能不能捡漏、如何捡漏之前，咱们需要先了解一下“拍卖”。

拍卖是专门从事拍卖业务的拍卖行接受货主的委托，在规定的时间与场所，按照一定的章程和规则，将要拍卖的货物向买主展示，公开叫价竞购，最后由拍卖人把货物卖给出价最高的买主的一种现货交易方式。

由此可见，拍卖本身不是为了让购买者捡漏，而是为了充分体现所有潜在购买者的认可价值，从中选出最高者。这一规则本质上是为了最大限度榨取消费者剩余，使销售者的利益最大化。

对卖家而言，只有把商品卖给那些认为商品具有更大价值的人，才有可能获得最大利润，而拍卖最能够挖掘出购买者对商品价值的最大判断。

哪些产品会通过拍卖来销售呢？拍卖一般用于公共产品（如车牌、土地、开发标书）及市场难以直接定价的小众产品（如艺术品）。这是因为公共产品没办法以市场价格进行推广，小众产品又难以通过市场定价，所以需要拍卖。

通过拍卖进行销售的产品往往具有以下特点：

第一，拍品具有独特的私有价值。

市场上具有标准规格、广泛销售的产品，一般会有个共同价值，也就是大家都认可的价值。既然大家都认可，那么定价的区间也就比较公开透明。比如，一个馒头1块钱、一斤大米3块钱，诸如此类。

但是还有一类产品，由于并没有被广泛销售，或没有标准的规格，或者销售的对象范围比较窄，就没办法找到广泛认可的价值。书画作品、艺术藏品基本上都属于这一类。特别是有些带有私人意义的产品，在不同的人心中，价值更是截然不同。

第二，拍品的信息不对称，或者说无法全面明确阐述。

什么叫信息不对称？例如，对于一件艺术品而言，出售方可能不愿意说出来源，或者没办法精确追溯这个艺术品的来龙去脉。特别是有些古玩艺术品的真实年代往往是推断的，无法准确知晓，就连是不是赝品都只能靠专家的推测。

由于这些信息实在无法得到精准的说明，那么大家对商品的价值判断就会有所不同。

需要注意的是，为了让拍品得到更大范围的认可，在拍卖的时候，卖家往往会采取一些手段，让信息对称或者信息不对称。

这里很重要的一点是，竞拍者之间也会有信息不对称的问题。出售方会采取各种措施，尽量避免竞拍者之间信息串通，而竞拍者之间也会尽量不让竞争对手获知自己的信息，特别是心理价位，以降低竞争难度，以最小代价买下。

拍卖不仅仅是往高了叫价

讨论了什么样的产品适合拍卖，下面我们再看一下如何拍卖。

一般情况下，单物品拍卖中应用最广泛的有四种拍卖形式：

我们经常看到的拍卖方式，是确定一个底价，竞拍者逐步抬价，最终价高者得，这是拍卖竞价的一种最常见的方式，叫作英格兰式拍卖（English auction），也称增价拍卖或低估价拍卖。是指在拍卖过程中，拍卖人宣布拍卖标的的起叫价及最低增幅，竞买人以起叫价为起点，由低至高竞相应价，最后以最高竞价者以三次报价无人应价后，响槌成交。但成交价不得低于保留价。

此外，还有荷兰式拍卖（Dutch auction），也称“降价拍卖”或“高估价拍卖”。是指在拍卖过程中，拍卖人宣布拍卖标的的起拍价及降幅，并依次叫价，第一位应价人响槌成交。但成交价不得低于保留价。

普通老百姓接触不多，但是专业人士比较熟悉的还有一阶密封价格拍卖，又称招标式拍卖。由买主在规定的时间内将密封的报价单（也称标书）递交拍卖人，由拍卖人选择买主。

这种拍卖方式和上述两种方式相比，有两个特点：一是除价格条件外，还可能有其他交易条件需要考虑；二是可以采取公开开标方式，也可以采取不公开开标方式。拍卖大型设施或数量较大的库存物资或政府罚没物资时，可能会采用这种方式。

此外，还有一种比较特殊的拍卖形式叫维克瑞拍卖，也称为二阶密封价格拍卖。这种拍卖方式与一阶密封价格拍卖基本相同，区别仅在于胜出者需要支付的价格是第二高的报价，而不是他自己的报价。

大家可能觉得比较奇怪，为什么中标之后不需要付自己的标价，而是只需要付更低的价格呢？这样不是让购买者更省钱了吗？拍卖不是要榨干购买者的消费者剩余吗？

实际上，这还真不是拍卖者脑子坏了，而是一个更大的“陷阱”。看起来竞拍者一旦中标，只需要用比自己预期更低的价格来支付，是占了便宜。实际上，正是由于不需要以自己的竞价来支付，那么对于竞标者来说，竞价只是为了争得中标资格，而不是用来实际支付，所以会倾向于提出超过自己预期的价格，反正自己就算中标也不用真的按照这个价格来支付，但如果这个价格写低了，就失去了中标资格。

一个人这么想是没错，但是如果每个竞标者都这么想，会发生什么事呢？那就是所有人都会以远超自己心理价位的价格来竞标，最终中标的那个人会发现，哪怕只是用第二高价格来支付，也已经远超自己的心理价位了。

小心掉入“赢者诅咒”

刚刚我们说到，看起来第二高价格支付是为了让利给中标者，实际上却能够掀起竞标者之间更激烈的竞争，往往让中标者实际支付的价格远超自己的心理预期，让拍卖方获益更多。

说起来，拍卖就是一个博弈的过程，买家与卖家的博弈，买家与买家的博弈。最终的中标者，往往通过层层加码，辛辛苦苦终于赢了，却发现自己被“诅咒”了，这就是“赢者诅咒”（the winner’s curse）。

按照经济学假设，如果所有竞标者都是理性的，那么赢者诅咒就不会发生，因此在市场机制中，赢者诅咒的出现就构成了一种异常现象（anomaly）。后续的很多实证和实验都发现，赢者诅咒很可能是个非常普遍的现象。

为什么赢家的诅咒不可避免？当你没有竞拍成功的时候，你没有资格被诅咒，而当你成功地拍下物品，拍卖槌落下的那一瞬间，你才明白自己为这个产品付出的代价已经超过了所有其他买家的价值判断，不管是不是超出了自己的价值判断，那一刹那，所有的赢家都多付了不必要的钱，从而被诅咒了。

不过赢家的诅咒一般只发生在拍卖拥有共同价值的产品的情况下。为什么呢？因为只有具有共同价值（common value），也就是市场公认价值的产品，才有可能出现超过共同价值的报价。

那么对于私人价值（private value）的物品呢，这个东西到底值多少钱？没有市场的一个共同认可，那也就不存在是多付了或者少付了，你付出的只是你的私人价值，也就是你自己内心认可的那个价格，它在市场上没有对比，也就不存在赢家的诅咒了。

赢家的诅咒，会让拍卖者更不敢叫价，降低了拍卖市场的认可度。那么，怎样才能避免呢？

经济学家也在思考这个问题。

拍卖如何更公平合理？

2020年诺贝尔经济学奖被授予保罗·米尔格罗姆（Paul R. Milgrom）和罗伯特·威尔逊（Robert B. Wilson），以表彰他们“对拍卖理论的改进和新型拍卖形式的发明”。

米尔格罗姆和威尔逊的获奖理由不仅是“对拍卖理论的改进”，还有“新型拍卖形式的发明”，即将拍卖理论应用于实践。

米尔格罗姆在1982年和韦伯（Robert Weber）合写的论文《拍卖和竞争性竞价理论》（*A Theory of Auctions and Competitive Bidding*）中，构建了一个存在“关联评价”时处理信息、价格和拍卖者收益的分析框架。

他们根据对拍卖实践的观察，提出投标者的估价可能是有关联的，一个竞拍人对拍品的较高评价也容易提高其他参与人的评价。

于是，拍卖可以理解为一个显示博弈（revelation game），任何买者的报价不仅会显示出他自己关于物品评价的信息，还会部分地揭露出其他买者的私人信息。这样，竞拍人利益的多少主要取决于其信息私人性的程度。一旦拍卖中有信息被揭露出来，竞拍人就能猜测到彼此可能的出价，为赢得拍卖，他们就必须报出更高的价格。因此，对拍卖人而言，能为他带来最高期望收益的拍卖，必定是那些能最有效地削弱竞拍人信息私人性的拍卖。

在拍卖理论的文献中，米尔格罗姆的这一发现被称为“联系原理”。应用联系原理，米尔格罗姆对各种流行的拍卖形式进行了分析。

在英式拍卖中，较早退出拍卖的竞拍人的报价显示了他们关于物品价值的信息，拍卖价格被连接到所有未获胜竞拍人的估价上，因而能产生较高的收益。在二阶密封价格拍卖中，拍卖价格仅仅被联系到对拍品估价第二高的竞拍人上，因此其产生的收益就较低。而在荷式拍卖和一阶密封价格拍卖中，由于价格没有任何联系，因此它们都将为拍卖人带来最小的期望收益。

米尔格罗姆的这一发现，对于现实中英式拍卖的流行给出了很好的解释。值得一提的是，米尔格罗姆对存在“关联评价”时拍卖的研究，论证了赢者诅咒存在的可能性。

赢者诅咒在拍卖中，体现为由于担心信息不对称，有人最终选择不去参加拍卖。这个问题也是两位经济学家在解决问题和设计机制时，要解决的一个重要问题，在其中他们做出了很多突破性设计。

在2020年底召开的“第十一届财新峰会”上，米尔格罗姆就亲自解释了自己最知名的案例——为美国联邦通信委员会（FCC）设计拍卖方案。

无线电频谱许可证市场的特点是每个潜在的买者对许可证的需求不同，一份许可证对某个买者的价值是不确定的，通常与他获得的其他许可证有关。

例如，对于一个已经拥有全美3/4地区频谱许可证的竞拍人，其赢得剩余地区频谱许可证的冲动就会大于那些没有任何许可证的竞拍人。除此之外，不同的许可证之间还可能存在着很强的替代关系——对于一些竞拍人而言，或许拥有东部的许可证和拥有西部的许可证是没有差别的。

在这种状况下，传统的拍卖机制就可能出现无效率：设想在不同的许可证之间存在替代关系时，如果依次对不同的许可证进行拍卖，那么不论是通过密封投标还是通过公开拍卖，当对第一件物品进行竞价时，竞拍人必然会考虑是购买当前的物品还是购买后面的物品，以及后面出售物品的价格又将是多少等问题。错误的估计将导致估价相对较低的买者赢得第一件物品，而此后这个初始的错误将会一直发挥作用，从而大大影响整个拍卖的表现。

因此，理想的拍卖应该让买者可以观察到所有物品的投标情况，并能向任意一个或多个物品投标，从而让竞拍人在可替代的物品之间随意选择。这不仅消除了竞拍人对物品价格的猜测，而且也使那些可完全替代的物品最终具有统一的成交价格。

米尔格罗姆创办的世界领先的拍卖咨询公司“拍卖经济学”（Auctionomics），专门提供卖方拍卖设计和买方竞拍咨询服务，他们承接了美国联邦通信委员会（FCC）拍卖方案设计业务。

根据频谱的上述特性，米尔格罗姆设计了一种被称为“同时向上叫价拍卖”的机制。

在每轮拍卖中，竞拍人为自己想要购买的一个或多个频谱分别报价，报价是不公开的。每轮报价结束时，只公布每个频谱的最高报价，并基于此确定下轮拍卖中每个频谱的起始价（比如在上轮最高价的基础上按事先确定的增幅，如5%或10%增加）。

下一轮拍卖开始后，上轮拍卖的最高报价仍然保留着，直到被更新的最高报价所取代。如果没有新的更高的报价出现，拍卖结束。这种新的拍卖机制非常适合被拍卖的许可证是可相互替代的这种情况。

在拍卖过程中，随着价格的上升，对某个频谱的出价已被别人超过的买家可能转向对其他一些当前价格较低的许可证进行投标，这时将发生互替许可证之间的有效套利。替代作用越显著，这些许可证的拍卖价格就越接近。

拍卖全过程都放在网上进行，每天开放三次一小时的窗口，全国各个商家在同一平台竞价。整个过程都在网上公开，最后的结果也是公示存档，保证拍卖的公平透明。

这种精心设计的拍卖方式，成功地避免了搭便车、合谋及“赢者诅咒”等常见问题，最终大获成功。

米尔格罗姆设计的这种新型拍卖机制很好地为FCC完成了既定的目标，也为拍卖理论在实践中的应用提供了经典范例。

在上海进行过车牌拍卖的朋友可能会对这一模式感到熟悉。没错，上海车牌的竞拍，就是借鉴了两位诺贝尔奖得主的这一研究成果。

在2020年财新峰会上，米尔格罗姆还提出，拍卖理论已经超越了竞价领域，变成了资源配置和均衡的手段，所以也可以服务于其他市场分配的需要，比如配合疫苗的冷藏条件进行相应配置，又或是为肾脏交易、跨校选课等场景提供理论指导。

比如，有人需要换肾，但肾脏之间不一定兼容，如何最高效地进行匹配呢？这就涉及用数学模型测算匹配概率，需要比对不同人的身体、器官状况，这一拍卖理论对信息披露的机制，正好可以用于此。

再比如疫苗分配，有的疫苗需要超低温冷却保存，除了要有相应的基础设施条件来超低温运输、接收疫苗等因素，在进行市场设计的时候，还要更多考虑社会公平，如何把个体的信息充分披露并进行公平排序，确保每一个人都能够获得疫苗，也是拍卖理论可以借鉴的部分。

“捡漏”捡出了经济学

了解完拍卖，我们现在可以来回答一下你的问题了：拍卖真的可以捡漏吗？

“捡漏”一词本来起源于古玩街，形容买家用非常便宜的价格买到了价值昂贵的古董。

由于拍卖市场大多仍采用传统的英式拍卖形式，并不是米尔格罗姆创设的新拍卖模式。那么，在拍卖场上捡到漏主要有三种可能：

一是靠运气捡漏。特别是司法拍卖，由于一些拍品的真实信息往往无从查证，不确定风险比较大，有可能出现不利情况。如果大部分人被风险吓到不敢拍，这时候拍下的人也是有可能捡到漏的。不过前提是，所有不确定风险最终都完美规避，这就叫靠运气捡漏。

二是靠信息捡漏。由于信息不对称，“捡漏者”能发现别人不知道的交易信息。政府举办的土地招标拍卖，如果某个房地产商通过内部信息提前知道了政府将要在附近开发一个大型公园，还配置地铁。那么在别人都不掌握这一信息的情况下，是不是就更有可能以超过大家公认价值的竞标价拿下这块地，最终捡到漏呢？

三是靠知识捡漏。由于具备专业技能，捡漏者具有别人包括卖家都不具备的文物艺术品鉴定与考证能力。大家比较熟悉的收藏家马未都，就是因为具备了比较高的文物鉴定能力，在各大收藏品市场上筛选到了许多还没被正确认知的古董，这就叫靠专业知识捡漏。

正如你所说的法拍房，如何才能捡到漏呢？如果你能够沉下心来，对法拍房的信息进行充分摸底，掌握你心仪房子的尽可能多的信息，在比别人有信息优势的前提下，确定你自己能够接受的心理价位，在不超过自己心理价位的情况下参与拍卖，多试几次也许就真的可以“捡”到自己心仪的房子呢。

其实，捡漏并不仅仅只是拍卖市场，延伸到市场经济领域，还专门发展出了一种“捡漏经济学”，指通过找到并占有被人低估的有价值的生产要素资源，从而获得平均利润以上的利润。

股神巴菲特就认为，投资最大的原理就是捡漏，成为“股神”的秘诀在于找到一个被低估的股票，然后长期持有它。

捡漏经济主要出现在市场信息不透明、不公开、不全面的情况下，虽然能通过对市场精准的机会洞察，短期内产生巨大的经济财富，但是一个社会如果人人想捡漏、人人想投机，将无人踏实务实做事。

所以，各国都在加大市场的规范性和透明性，随着经济的发展，市场规则将日趋完善，大家最好还是放弃捡漏的心态，因为一个完善的社会将最终无漏可捡。

最后想起一则笑话，提醒那些想捡漏的朋友们，避免被“反捡漏”：

一老头在古玩市场卖古董，养了只猫，天天窝在装猫粮的一个盆子里。有人认出盆子是个难得一见的古物，意图捡漏，于是高价买猫，然后装作不在乎的样子索要猫盆。老头笑说：这盆是古物，不卖不送，靠它我才能一天卖出十多只猫。

18 幸福经济学

金钱能买到幸福吗?

经济学家很严肃地说，金钱真能买来幸福

Zumbo：

我从小被教育要视金钱如粪土，因为“金钱买不来幸福”，但是长大了却发现，每个人都在追求金钱。

特别是几个闺密，要么是自己工作好收入高，要么是家里有钱，她们的朋友圈精彩纷呈，一会儿去南极度假，一会儿去美国滑雪，一会儿又去非洲看动物迁徙。感觉她们的幸福就是靠金钱换来的。

作为一直以来对金钱没有特别大感觉的人，我现在的价值观也在逐步崩塌。虽然看到了很多金钱带来的不幸，但是也很明显，很多时候没有钱就没有自由，没有自由也就没有幸福。

那么金钱到底能不能买来幸福呢?

金钱能不能买来幸福?

这是一个亘古不变的话题。

不知道你有没有想过，金钱这个东西，完全是人类自己创造的，在动物界根本找不到类似的东西，但我们总会因为金钱而疯狂和激动。为什么？是因为金钱能买到幸福吗？

但是，我们已经生活在了一个物质前所未有的丰富的世界中，人们拥有越来越多的可支配收入。收入多了，幸福和快乐却没能如预想的那样增加。为什么？是因为金钱不能买来幸福吗？

“人间再没有像金钱这样坏的东西到处流通。这东西可以让城邦毁灭，让人们被赶出家乡，把善良的人教坏，使他们走上邪路，做些可耻的事，甚至叫人为非作歹，犯下种种罪行。”古希腊戏剧家索福克勒斯曾在一个剧本中这样写道。

不过，他这样说的原因也许在于他不知道如何使用金钱。许多研究表明，如果我们把钱花在合适的地方，金钱其实可以买到幸福。

金钱与幸福的关系有个临界值

关于金钱与幸福之间的关系是最近20年西方行为经济学（Behavioral Economics）研究中的一个重要课题。

幸福经济学的代表性学者理查德·伊斯特林（Richard A. Easterlin）是最早对主观快乐进行理论研究的当代经济学家。他在1974年的著作《经济增长可以在多大程度上提高人们的快乐》中提出了所谓的伊斯特林悖论（Easterlin paradox）：富人通常比穷人幸福些（代表性事实），但在不同的社会，随着时间流逝，当国家收入提高时人们并不会随之感到更加幸福（时间序列事实）。可以看出，幸福与金钱的关系在一个临界值前呈现正比关系（这一点也符合多数人的观察与感受），然而在这个临界值之后就会变得不再相关。

为了验证伊斯特林悖论，并找到这个临界值，2010年，曾获2002年诺贝尔经济学奖的丹尼尔·卡尼曼与其同事、后来也获得诺贝尔经济学奖的安格斯·迪顿（Angus Deaton），一起发表了一篇后来被大量引用的论文《高收入提高了生活幸福感的评价》（*High income improves evaluation of life emotional well-being*）。

这篇论文通过对涵盖170万人调研数据的统计分析指出，每年6万~7万美元的个人年收入就可以让人们获得一种感知上的幸福感；而如果个人年收入能够达到9.5万美元，则人们对自身整体生活就会有倾向于很幸福的评价。

另外，作者也指出，一旦越过了个人年收入9.5万美元的临界点，即使再增加收入，对幸福感而言，其实已经不会造成太大的影响。

普渡大学于2015年又做过的一个新调查中也有类似结果。数据显示，在美国各个州，年收入7.5万美元是一个幸福的基准坐标。低于它的时候，幸福感是随着收入递增明显加强的，但达到这个基准后，幸福感增长的幅度却并不显著。

7.5万美元在美国是什么概念？

这个水准的个人收入在美国可以确保充足的生活花费（食物、衣服等方面），不错的居住条件（房屋租金或贷款），覆盖了子女教育的一般开销（7.5万美元是针对个人收入，家庭情况下要翻倍）及文化娱乐方面的支出（美国电影票的票价一般在5~15美元）。

简单讲，当收入低于一定水平，无法覆盖生活费用时，无论怎样喝“心灵鸡汤”，人们都会感受到强烈的不安全和焦虑感。而在这种负面情绪下，人们不可能感受到幸福。

当收入超过了一定水准，物质生活得到充分满足后，在收入和幸福之间就会呈现出明显的“边际效用递减”。

举例而言，年收入从1万美元提升到10万美元，可能真会给人带来3~5倍的幸福感的提升；但年收入从10万美元提升到100万美元，幸福感的提升已经可以忽略不计。

也许金钱只是减少了痛苦？

根据这些调研，似乎可以比较容易得出“金钱可以让人得到幸福，但更多的金钱不一定带来更多的幸福”这样的结论。

但是也有人认为“金钱并不是带来了幸福，只是减少了痛苦”。他们认为，无论是普林斯顿大学的研究，还是普渡大学的研究，与其说研究人员得到了一个“赚到多少钱，就可以获得幸福”的定量化结论，不如说是得到了一个“赚到多少钱，就可以避免不幸福”的定量化结论。

英国广播公司（BBC）曾经拍摄过这样一次实验：接受测试者被分为两组，分别数同样数量的钞票和纸，之后让测试者将手浸入一个装满冰块的水箱内30秒，并让测试者进行李克特量表（评分加总式量表最常用的一种）测试，通过感受度的测试来测量受试者感受到的疼痛程度。

结果发现，数钱组能够耐受疼痛的时间是数纸组的两倍。这说明，数钱的过程有效降低了测试者对疼痛的感受。

在另一个实验里，测试者参与了一种名为“社会排斥实验”的电脑游戏。测试者和电脑里的两个虚拟角色进行抛接球游戏，持球的“人”可以传给另外任意一方，测试者在把球抛给虚拟角色之后，球开始在两个虚拟角色之间传递，再也不会抛给被测者，测试者再次通过李克特量表测量他们的感受。

结果显示，数钱组的测试者相对于普通人，更加不会因为遭受排斥而感觉受伤。这说明，金钱不但能够帮助人们抵御生理性疼痛，还能够帮助人们抵御社会关系破裂带来的心理疼痛。

这个结论似乎可以为心理伤害的法律赔偿提供证据，当人们遭受他人诽谤侮辱时，一些人选择起诉要求赔偿，金钱起到的作用，就是缓解人们心理的痛苦。

进一步的实验还表明，金钱不仅能够降低我们对痛苦的感受，还能够降低我们对快乐的感受。

2010年8月，比利时心理学家做了一个精巧的实验：他们将测试者分为两组，前一组测试者在看过钞票之后吃巧克力，后一组测试者没看钞票就吃巧克力。结果发现，看过钞票的这组测试者在吃巧克力时感觉到的享受指数更低。这也暗合了我们生活中的经验，那些薪水高的员工，更难从生活的细小事件中感受到快乐。

为什么金钱无法带来更多幸福?

为什么金钱不会让我们更加幸福?至少有两种经济学规律可能在起作用。

一是边际效用递减。当绝对的物质水平上升到一个新的台阶时,它们很快就会变成生活中理所应当的一部分,不再给我们新的刺激。这就好比生活条件差的时候,过年才吃顿肉,自然觉得珍贵。现在生活好了,大鱼大肉早就习以为常,甚至可能变成了一种折磨。随着物质水平的提高,物质产生幸福感的成本变得越来越高,想要拥有与以前同样水平的幸福感就得赚比以前多很多的钱。

正如经济学家丹尼尔·萨克斯(Daniel W. Sacks)对多国人群所做的统计调查得出的结论:人们对财富是越来越贪婪的。也就是说,不是增加一块钱的收入,就会增加一块钱的幸福感。而是财富必须成倍增加,才会产生与以往相同的幸福感。

二是社会比较(social comparisons)。人们在建立自我概念时,常会通过"社会比较"的方法。所以,幸福感往往不是来自我们真实的感受;相反,它是通过与我们周围对照群体的比较而获得的。

当对照群体里有人买了更大的房子,我们就会觉得自己的房子不够用了;当对照群体中有人在春节去瑞士玩了一圈,我们就立刻感到自己的云南之旅索然无味了。

对绝大多数的人来说,与我们收入相当的人赚多少钱比自己赚多少钱更能让我们产生幸福感。

1998年一项著名的研究显示,相对于自己每年赚10万美元而其他人赚20万美元的环境,人们更希望生活在自己每年赚5万美元而其他人赚2.5万美元的环境中。那么,究竟赚多少钱才能让我们感到幸福呢?这取决于我们身边对照群体的赚钱水平和生活水准。

当我们拥有比对照群体更多更好的水准时,我们才能觉得幸福。如果不如他们,我们就会想尽办法去达到他们的水准,哪怕得到后觉得毫无幸福可言。那么,随着收入的不断增加,我们就会不断提高比较的对象,也就是说我们会将以前的对照群体更换成更有钱的一拨同事或朋友。在这种情形下,我们的实际收入是提高了，可我们必须经过比较才能得来的幸福感却离得更远了。

很长一段时间内，“更多的金钱不能带来更大的幸福”这项研究结果一直成为人们衡量幸福的标准之一。但随着时代的日新月异，新的研究成果和观点也在刷新着这个结论。

2021年1月，发表在《美国国家科学院院刊》（*Proceedings of the National Academy of Sciences of the United States of America*，PNAS）上的一篇论文显示，宾夕法尼亚大学沃顿商学院高级研究员马修·基林斯沃思（Matthew Killingsworth），收集了来自33 391名就业的美国成年人的172万份数据。得出的研究结论与上述研究相反，没有证据表明每年7.5万美元以上的收入会出现体验性幸福感的高峰。此外，也没有证据表明在体验性幸福感评估的收入门槛上存在差异。这表明更高的收入与日常感觉更好和整体生活满意度更高有关。也就是说，一个人收入越高，他就越幸福，不存在所谓的幸福收入门槛。

心理学方面的最新研究也支持了这一观点。圣地亚哥州立大学珍·温格（Jean Twenge）和她的合著者——来自林恩大学的贝尔·库珀（Bell Cooper），研究了从1972年到2016年的44 198名美国成年人的数据，发表在美国心理学协会的期刊《情感》（*Emotion*）上。这项研究结果也表明：平均而言，一个人的收入越多，就越幸福。

温格表示：“我很惊讶收入与幸福感的关系如此密切，而且幸福感不会随着收入水平的提高而趋于稳定。更多的钱似乎意味着更多的幸福，即使在基本需求得到满足之后也是如此。”

她补充说，与20世纪七八十年代相比，现在的幸福感与收入的关系更为密切。现在的钱确实比过去能买到更多的幸福。

幸福取决于你如何花钱

不过，金钱到底能买来多少幸福，也取决于你怎样花钱。如果找到了正确的花钱方式，你确实有可能享受更多的幸福，甚至达到事半功倍的效果。英属哥伦比亚大学心理学家伊丽莎白·邓恩（Elizabeth Dunn）等人基于多年来的研究，总结了用钱购买幸福的八条建议：

（1）购买体验，而非物件：花钱购买一段体验比如旅游、演唱会，与花钱购买具体的物件比如奢侈品、电子产品相比，带来的幸福感更强烈，也更持久。这是因为，美好的体验更能经受时间的考验，更不容易被量化比较，并且通常包含着更多的社交成分。

（2）为别人花钱，而非为自己：人类作为一种社会性动物，能够强化社会关系的事情，通常也会促进我们的幸福感，花钱也不例外。许多研究表明，为别人花钱（比如送礼或慈善捐款）会让我们更幸福，甚至比花钱给自己买东西还要幸福。

（3）及时行乐，而非积少成多：因为刺激适应的影响，即使是那些你梦寐以求的、省吃俭用攒钱买下的“大”东西（比如名牌跑车或奢侈包包），一段时间以后也会不可避免地失去光彩。既然如此，倒不如及时行乐，经常把钱花在那些给你带来快乐的“小”东西上。

（4）少为保障付费：我们不但会适应好事情，也会适应坏事情，而我们通常会低估自己在面对负面事件时的坚强程度。因此，为将来的负面事件“求个心安”，比如买电脑时花额外的钱延长保修期，可能是一件不划算的事情。即使负面事件真的成为现实，对我们幸福感的影响也没那么大。

（5）现在付钱，将来享受：“现在享受，将来付账”的消费模式已经非常流行，但它可能会剥夺等待的乐趣。如果你花了钱，但不能立刻享受到消费成果，那么在等待的这段时间里，期望能够提供给你“免费”的幸福感，而且甚至可能超过了实际的享受。

（6）考虑周全：我们想花钱购买某样东西时，通常会关注于那些吸引我们的属性，却忽视掉其他重要的细节，从而高估它们带来的幸福感。此外，一件东西只会影响到生活的一小部分，因此生活的总体改善，通常没有我们预期的那么大。

（7）不要沉溺于产品比较：许多人买东西喜欢在不同产品间反复比较。但是，过分地沉溺在这种比较中，可能会让注意力从那些最重要的属性上“稀释”

到那些不重要的属性上。此外，比较时的想象，和实际使用情况之间，也经常有差别。

（8）随大流：现代社会也许强调“不走寻常路”，但在大部分情况下，随大流确实是最稳妥的办法。研究表明，一个人是否享受一样东西，最好的预测源正是其他人是否享受这样东西。因此，购物网站上的用户评分通常是最有参考价值的。此外，别人的反馈也能提供一些我们自己忽略掉的信息。

看来，金钱确实能给我们带来幸福，关键在于我们如何使用金钱。

虽然我们没办法用无穷无尽的金钱，为自己买来无穷无尽的幸福，但是起码可以选择如何更好地使用金钱，让有限的财富为自己带来更大的幸福。

19 美貌经济学

长得好看能当饭吃吗？

嗯，能。

Zumbo：

很久以来，我是这样被教育的：美貌充其量是水月镜花，任何有魅力、可以留在记忆深处坚守的，都是凭才能实力制胜。

没错，我就是那个企图凭借实力来取胜的“丑小鸭”，但是却活在一个“颜值经济”的社会里。

随着人们收入的提升、互联网短视频的传播和新时代消费者的成长，造就了当下追逐颜值的热潮。

颜值被当作职场的利器、消费的标记，在商场、职场、剧场里站在了头排，甚至在赛场、舞场等也在博人眼球。

我知道，那些长得好看的姑娘更招人喜欢，但是长得好看就可以当饭吃吗？

确实，中国传统教育理念中，更看重才，而不是貌，以至于“以貌取人”都是一个贬义词。但是古往今来，容貌素来就不是一张简单的皮囊。

什么是颜值？颜即容颜或外貌，值为数值高低或层级。颜值是指某个人的外貌和内涵、体征和气质等身体个性组合所带来的吸引力数值。这种吸引力数值是有实际价值的，与人的个性、利益、活动和影响紧密关联。

数字介入容貌，当然是为高低之分而来。于是评判一个人的容貌有了层级量化标准词：颜值。这个诞生于互联网时代的词汇，随着网络深度挖掘，已不仅仅是一种称谓了。

人类从新生儿开始就会对漂亮的容貌驻留更久的目光，人们实际上潜在认知中将“美”与“好”凝聚相连，成为意识当中趋利避害的一种智慧，引导人的行为。

这是因为，颜值为导向的评判标准，虽然会导致片面，但却提供了一种迅速简单判断事物的过程，在经济学上也具有研究价值。

以貌取人是一种天性

人类对美的追求是出乎本能的，至少也是“虽不能至，心向往之”。不管是从繁衍的需求，还是从审美的愉悦来说，美是符合人们的利益原则的。2000多年前，哲学家亚里士多德就曾对弟子们说：“俊美的相貌是比任何介绍信都管用的推荐书。”

因此，虽然人类经历了漫长的演化过程，性情也得到了演化，以貌取人的本能已反复被“人不可貌相”的价值观洗礼，但人性本能的坚固程度，还是远远超过了我们基于理智和道德的反偏见。

正如心理学家克米拉·沙哈尼-丹宁（Comila Shahani-Denning）的一份研究报告所说：“长相的偏见出现在各个领域，比如老师看脸给分、选民看脸投票、陪审团在模棱两可的案件中看脸来做出裁决……长相也会影响面试者对于应聘者的评判。”

传统经济时代，颜值作为一种无形资产，其价值并未被充分利用。到了互联网经济时代，人们再也不避讳谈及外貌，外貌甚至作为一种商品有了衡量的标准。事物价值有了衡量标准也就具备了进入市场流通的可能性，由颜值经济衍生的产业链就此形成。美容医院、美妆产业、自拍APP、自拍手机、自拍设备市场应运而生且异常繁荣。

颜值确实与收入正相关

颜值体系对消费过程中的商品选择有巨大的影响力，那么，对个人价值的实现是否也具有同等量级的影响度呢?

答案是肯定的。著名劳动力经济学家丹尼尔·荷马仕（Daniel Hamermesh）专注于从颜值角度研究这个问题20多年，其著名的论文《颜值与劳动力市场》证实：颜值和终生劳动力总收入呈较强的正相关性。外表影响收入，拥有良好外表的员工比起长相平庸的同事享受更高的工资、更多的额外津贴和更好的特殊待遇。荷马仕将其称为美貌经济学（the economics of good looks）。

根据他的调研，剔除其他变量干扰，劳动力中占比9%的颜值最低男员工的时薪要比全国平均水平低9%，这个差额可以看作是市场征收的丑陋罚金（ugliness penalty）。同样的道理，剔除其他变量干扰，劳动力中占比32%的颜值较高男员工的时薪要比全国平均水平高5%，这个差额是市场给予的颜值奖金（beauty premium）。

对于女员工，丑陋罚金使其时薪要比全国平均水平低5%，颜值奖金使其时薪要比全国平均水平高4%。男女员工合计考虑，丑陋罚金使其时薪要比全国平均水平低7%~9%，颜值奖金使其时薪要比全国平均水平高5%。

韩国经济学家李秀雄（Soohyung Lee）和柳庆云（Keunkwan Ryu）在《婚姻和劳动力市场的整容手术效应》研究论文中，对荷马仕的美貌经济学进行了进一步拓展。

他们发现，颜值与薪金收入、配偶收入呈较强的正相关性。颜值最高的男性的薪金收入要比颜值中等的男性高15.2%，颜值最高的女性的薪金收入要比颜值中等的女性高11.1%；颜值最高的男性其配偶收入水平要比全国平均水平高18.8%，颜值最高的女性其配偶收入水平要比全国平均水平高12.7%。

那么整容手术的投入成本，要多久才能通过薪金收入和配偶收入的提高收回来呢？男性平均需要1.3年，女性平均需要2.5年。整容手术回报最高的人群，是那些从中等以下颜值调整到中等以上的人群，回报最低的是颜值较高的人群。

在中国，《经济学（季刊）》曾经发表过一篇《中国劳动力市场中的“美貌经济学”：身材重要吗？》的论文。论文利用身高和体重这两个重要的外表特征探讨我国劳动力市场中的外表歧视问题。论文显示，身材对男性就业和收入影响不大，但对女性有显著影响。影响最大的是中等收入阶层女性，低收入、高收入阶层身材偏胖的女性工资并无大影响，但中等收入阶层偏胖女性工资会下降10%左右。

竞选和医生都会“看脸”

不得不承认的是，上述“看脸给钱”的现象确实存在。但来自美国佛罗里达州的管理学教授蒂莫西·贾奇（Timothy A. Judge）更明确地指出，相貌上的优势会提升个体的自我认同感；反过来，这会使得他更容易拿到高薪水。

换言之，相貌好看的人更加自信，自信让他们更积极主动地寻求机会，在竞争中发挥出更高的能力，因此薪水才容易更高。

这同样适用于公职的竞选。瑞典隆德大学经济系比例研究所的尼克拉斯·贝尔戈林（Ignace Bergomi）和他的同事通过实验证明了这一点。

贝尔戈林领导的研究小组分析了芬兰大选中的近2000名候选人。他们要求外国人（主要是美国人和瑞典人）根据这些候选人的照片给他们的外貌评分。然后将这个结果与竞选结果进行比较。

结果显示，对芬兰政治一无所知的外国人所选出来的长相出色的候选人在实际大选中往往更成功。但不同于荷马仕的收入调查，在政治选举中，这种外貌效应对女性的影响大于男性。

《经济学人》也发文称，权力属于颜值更高的领导人，不管在大猩猩社群还是今天的西方发达国家，领导人要达到职业生涯的最高点，长相（包括身高、肌肉、语音、语调等）和成就一样重要。

尽管高颜值有那么多好处，但也有一些缺点需要注意。比如，医生容易忽视漂亮的病人，长得漂亮或英俊可能不利于你的医疗护理。我们通常把面相、气色与健康联系起来，这就意味着，当长相漂亮的人生病时，人们不会认为有多严重。有研究表明，在处理病痛时，医生通常不太重视那些相貌出众的人的病情。

最最可怕的是，真的会漂亮到没朋友。因为，伴随美丽而来的还有可能是孤独。1975年的一项研究发现，人们在路上遇到漂亮的女性，通常会刻意躲开——这或许是出于尊重，但也让人际关系变得更疏远。外在魅力可以在视觉上产生更大的力量，但是反过来，也让其他人觉得那个人难以亲近。

有趣的是，某知名在线相亲网站也报道称，与用户头像古怪、有瑕疵的人相比，头像完美无瑕的人更有可能找不到约会对象——或许因为前者在约会时不会给对方造成太大的压力。

高颜值凭什么高收入？

让我们回归到经济学的领域，高颜值者的高价值合理吗？

合理。

许多实证经济学研究成果表明，颜值高者的劳动效率和雇主对其的投入回报率、房贷车贷申请通过率、贷款条款优惠度等都显著高于颜值低者。

经济学家肖恩·胜特拉（Sean P. Saltera）、富兰克林·米肯（Franklin G. Mixon Jr）和厄内斯特·金（Ernest W. King）的一项研究成果认为，雇主倾向于把较好的工作和收入给颜值高者，不能完全说是出于歧视。

三位经济学家在名为《颜值和地产经纪人的劳动效率和收入关系》的研究论文中，调用了美国东南城市统计区最大的地产交易平台的MLS数据库，并对这些数据进行回归分析，剔除其他变量干扰，发现出售地产时雇用的经纪人颜值越高，其售出价格就越高，为雇主创造的交易价值也越高。在这种情况下，雇主给高颜值的地产经纪人高收入能纯粹算是歧视吗？

高颜值者的高经济价值，其经济学依据是什么？

经济学家约翰·卡尔·斯库兹（John Karl Scholz）等在其研究论文《颜值和终生收入》中做出了解答。他们发现，颜值与初高中课外活动（学生会、社团、体育项目）参与度、自信度、性格特质等呈较强正相关性。

这表明颜值较高的人在学生时代有更多的机会参与社会组织活动，在宝贵的社会实践场景中不断加强自身的沟通能力、领导能力、纪律性、团队协调能力等，从而形成了日后被劳动力市场十分看重的人力资本素质。

一言以蔽之，高颜值者的人力资本形成（human capital formation）要比低颜值者更高端、更迅速、更广泛，其缘由除了高颜值者本身的优势之外，更有社会人力资本资源的倾向性投入。

在这几位经济学家眼里，美貌也是一种生产性资源。

漂亮、英俊的外貌令人眼前一亮，可以令与其一同工作的同事精神更加饱满积极，这便是经济学家所说的外部效益。

容貌较好的男女十分养眼，对顾客有一定吸引力，因此也称顾客中意型（customer preference），雇主聘用他（她）们，目的无非是利用其外表产生的外部效益取悦顾客，使他们宾至如归，去而复返，再度光顾。

虽然必须凭外貌吸引顾客的行业不多，但面容姣好的男女，即使居于幕后，也具有经济效益。因为漂亮、英俊的人自尊心较强，工作起来信心十足，生产力较高。

用经济学的语言来说，雇用一个员工所付出的成本不仅仅取决于支付给这个员工的工资（显性成本），还和同事的幸福程度有关（隐性成本）。新员工越难相处，工作环境越差，同事的幸福程度就越低。相应地，公司就需要提高工资来抵消员工的不满意，以留住人才，从而间接地提高了雇用新员工的成本。

颜值经济不仅仅体现在人身上

人是如此，商品也是如此。颜值经济并不仅仅体现在人的身上，还延伸到了产品和品牌。

好看是人的一种本能需求，我们可以把它看作是感官刺激类的一个统称，好听、好闻、触感舒服都可以包含在内。正如当人们面对琳琅满目的商品陈列时，看到漂亮商品的第一反应通常是“真好看”，进而产生“我想要”的欲望，然后才会理性地问自己“它能干什么”，基于这一逻辑判断过程去评估一件商品要不要购买。

尤其是现在的“90后”“Z世代”，他们在较好的物质条件下成长起来，接受良好的教育，欣赏水平也在大幅度地提高，他们就是很愿意为颜值买单的群体。

在这样的大背景之下，一大批高颜值、有特色，也不乏口碑的网红品牌迅速成长起来，比如有一款故宫胶带，各种烫金、仙鹤、水墨图案美不胜收，成了淘宝爆款。还有很多国货化妆品、生活用品，更是在颜值上做足功夫，雕花的腮红，各式各样的口红，还没用在脸上，光是看在眼里都感觉自己美得像一朵花了，于是很多消费者只要看一眼图片就心甘情愿地“买买买”了。

高颜值的价值在于吸引消费者的注意，激发首次购买的意愿，但能否形成重复购买与忠诚购买，还是得靠过硬的品质。产品不仅要好看，还要好用。企业需要加大研发投入力度，坚持产品创新，从而使得网红产品“长红不衰”。现在的人们见多识广、可选择空间大，他们可能会为了颜值买一次单，但是如果产品质量不过关，那么火得有多快，消失得就有多彻底。

所以，真正能够走得长远的企业，不仅把颜值放在“面上”，还把颜值植入到“内核”之中，融入企业长期发展的战略经营中，渗透在企业管理的每一个环节，并不断延续和更新，最终通过产品和服务在市场上形成有鲜明个性的品牌形象，提高市场的美誉度和竞争力。

颜值高固然好，但只有具备独有的颜值韵味，才能赢得广大用户的认可。

长得好看，为什么能当饭吃？

站在经济学角度，长得好看，并不仅仅只是容颜的美，而是相比较而言更好的一种外在表现，它可以是更时尚的服装、更绚烂的舞台、更精彩的演讲，也可以是在工作汇报时更炫酷的PPT（演示文稿）。这一切，其实都代表了更美好的外在。

当饭吃，在经济学上，则意味着价值，意味着被市场各方接受。

长得好看能当饭吃，也就是说，人们除了关注一个人、一个事物的内在价值，也关注其表现出来的外在价值，两者相结合，才是对“美”的完整理解。

所以，回到你问的这个问题，“看脸”是肤浅吗？恰恰相反，美是最深邃的东西，它不过顺应了这个时代。

但是这不代表实力不重要。美貌是天生的，也许我们不能改变先天的不足，但好在一世的颜值，追本溯源还需要绳锯木断般的细磨积攒。优雅的谈吐、独特的品味，都可以一点点地增加你的“颜值”。比如，众多女生喜欢在“小红书”上看时尚达人的服装搭配，并愿意为他们的原创服装品牌买单，这不也正是通过提升时尚感，来为自己的容颜加分的途径吗？

韶华荏苒，时光是在颜值面前挥舞的杀猪刀。能保颜保值的，只有沉淀于内心的品质。我们可以用意志力、恒心和耐心来管理身体；用能力和金钱投资美丽；用善良、平和的微笑对待别人；用自信、笃定的态度对待事业……没有怨气和愤懑挂在脸上，便有春风沐浴相伴。

颜值的不足，我们还可以用后天的保养及人品来支撑。正如那句话所说：始于颜值，陷于才华，终于人品。

20 叙事经济学

倾家荡产疯狂追星是不是特别无理性?

“倒牛奶”是商家在特别理性地实施“叙事经济学”

Zumbo:

最近网上一段“为偶像打投倒牛奶”视频曝光，选秀节目的粉丝为了给自己心仪的偶像“打榜”，疯狂集资购买牛奶。由于投票二维码印在了瓶盖内侧，要投票就需要拧开瓶盖，所以成箱成箱的牛奶被倒掉，只留下了瓶盖。

我看到这个事情非常痛心。我前一段还到西部山区捐资助学，看到那边的孩子们因为家里没钱，根本喝不到牛奶。我们费尽心力背到山沟里的几箱牛奶，他们每人分到一盒都不舍得喝，要拿回家跟家人分享。再看看这些粉丝成箱成箱地倒掉牛奶，真的是暴殄天物。

同时，这种追星方式我也非常不解。追星本身我能够理解，我年少时也追过星，那时候就是买他们的专辑、去抢他们的演唱会门票，虽然花了自己很多零花钱，但是也确确实实得到了益处。在我看来，那种追星方式，自己的偶像扩大了声势，卖了更多的专辑，自己也听到了好听的歌曲，看到了演唱会绚烂的现场，可以算是“双赢”。

现在这种“倒奶式追星”，粉丝们花了钱都浪费掉了，自己也没得到好处，被追的偶像也没有得到实惠。这种损己不利人的行为是非常不符合经济学规律的吧，为什么会有这么扭曲的行为呢？

网上这段“为偶像打投倒牛奶”的视频曝光后，确实让我们对部分粉丝极其不理性的追星行为有了更深刻的认识。

正如你所说，我们国家才刚刚脱贫实现小康生活，很多山区的孩子生活条件还比较差，有的连基本的营养都无法保证。而这边却这样浪费，牛奶版“买椟还珠”所带来的资源浪费、环境污染、错误引导，令人反感。

但是从经济学的角度，这些行为又是如何发生的呢？这些粉丝为什么会如此非理性地追星呢？我们又该如何减少这种行为呢？

且听我一一道来。

故事可以带来独特的认知

首先，提一个问题吧。

看到一个被咬了一口的苹果，你会联想到什么？

有人可能会想到亚当夏娃。这个苹果就是禁果，在《圣经·创世记》上说，上帝造就了一男一女，男的称亚当，女的称夏娃。亚当是用地上的尘土造成，夏娃则是用亚当身上的肋骨造成。两人住在伊甸园，园的中央有两棵树，一棵为生命树，一棵为智慧树。

上帝对亚当和夏娃说，园子里各种果子都可以吃，但智慧树上的果子不可以吃，如若吃了，必定死亡。夏娃受了蛇的诱惑，吃了智慧果，并且给了亚当一个，亚当也吃了。上帝震怒于人违背了他的命令，于是把他们赶出了伊甸园，让他们及他们的子孙世代承受各种苦难。

这个被咬了一口的苹果，代表着人的七情六欲。

还有人可能会想到iPhone，苹果公司的商标就是一个被咬了一口的苹果。苹果选择这个商标，据说是为了纪念伟大的人工智能领域的先驱者——艾伦·麦席森·图灵（Alan Mathison Turing）。

图灵是英国数学家、逻辑学家，被称为计算机科学之父、人工智能之父。1931年图灵进入剑桥大学国王学院，毕业后到美国普林斯顿大学攻读博士学位，第二次世界大战爆发后回到剑桥，后曾协助军方破解德国的著名密码系统Enigma，帮助盟军取得了第二次世界大战的胜利。

在剑桥大学时，他就与两位著名的同性恋，未来的经济学家约翰·梅纳德·凯恩斯（John Maynard Keynes）、小说家爱德华·摩根·福斯特（Edward Morgan Forste）关系密切。

1951年，图灵以他杰出的贡献当选为英国皇家学会会员。就在他事业步入辉煌之际，灾难降临了。

1952年，图灵遭到警方拘捕，原因是他是一个同性恋者。在入狱和治疗两者中间，图灵选择了注射激素，来治疗所谓的“性欲倒错”，也就是注射“女性荷尔蒙”。

1954年6月8日，图灵42岁，正是他生命中最辉煌的创造顶峰。早晨女管家走进他的卧室，发现台灯还亮着，床头上还有个苹果，只咬了一小半，图灵已经永远地沉睡在床上了。经过解剖，法医断定是剧毒氰化物致死，那个苹果是在氰化物溶液中浸泡过的。

因此，图灵的粉丝史蒂夫·乔布斯把公司取名为苹果，并且以被咬了一口的苹果作为标志。

这个被咬了一口的苹果，代表着科技的突破和创新的精神。

而我想到了新概念作文大赛。1999年，举行了那个后来引起轰动效应的首届新概念作文大赛的复试，虽然获得入围奖的我未能到上海参加这场复试，但复试的题目却被我和大众反复回味：134个入围者齐聚上海南洋模范中学，下午一点半，考试正式开始，每个考场的监考老师都从兜里拿出一个苹果，然后咬了一口放在椅子上，这就是复赛的题目——一个被咬了一口的苹果。

这个被咬了一口的苹果，代表着打破传统的勇气和青春直率的表达。

你看，只是一个被咬一口的苹果，在历史上就有那么多被我们熟知的故事，每一个故事里都被赋予了不同的意义。但在我们的印象和认知里，这个被咬了一口的苹果，都代表着突破和挣扎。

为什么，只是一个普普通通被咬了一口的苹果，在我们心里会不由自主地引申出这个意义呢？

这就是叙事的作用。通过几个故事的传播，在我们心里已经种下了深层次的认知。

叙事是人类特有的情感共鸣

我们都知道，传统经济学的研究范式里，有两个基本的假设：理性人假设和完全信息假设。经济学家从这两个假设出发，用量化分析的方式，把许多易感知、易追踪、易整理的定量指标作为经济研究的重要参数。

但是，在当下高度联通的“地球村”中，通过新闻媒体、社交网络和口口相传中传播的流行叙事，无论是关于经济信心或者恐慌、房地产繁荣或者萧条，还是关于网红、比特币，也无论传播的是真相还是谣言，都在影响人们的认知和决策，乃至改变整个经济和社会的走向。如果经济学家对此视而不见，固守理性行为人和完全信息假设，就无法对经济和社会的发展做出准确的判断和解读。

好在，耶鲁大学斯特灵经济学教授罗伯特·席勒（Robert J. Shiller），开创了叙事经济学（narrative economics），揭示集体情绪、叙事对经济的影响，研究叙述与经济之间的因果关系和数据相关性。在他的著作《叙事经济学》（*Narrative Economics*）中，使用大量的历史案例和数据，来分析研究那些影响经济行为的流行事件背后的叙事原因，以及管理者如何正确讲述企业正在做的事。

因为对叙事经济学的开创性意义，罗伯特·席勒获得了2013年诺贝尔经济学奖。

人的行为会受到叙事的影响，这是叙事经济学的基础。

大脑不喜欢平铺直叙的信息，而青睐跌宕起伏的故事。故事之所以扣人心弦，正在于读者心系角色的命运，被按下了情感和共鸣开关。

故事的外延很广，也可能是一首歌、一则笑话、一个理论、一条注解或一项计划，可以轻松地在日常谈话中得到传播。

亚里士多德说："我们无法通过智力去影响别人，情感却能做到这一点。"便于记忆，唤起情绪，引起冲动进而影响行为——故事是最有效的说服方式之一。

古希腊哲学家柏拉图就很看重叙事，他借助虚构的苏格拉底的对话写下了自己的哲学，也正是如此，这一作品才能流传至今。

20世纪初，来自各个学科的学者都开始认为叙事——看似只具备娱乐价值的故事——是人类思维和动机的核心所在。例如，存在主义的哲学家让-保罗·萨特（Jean-Paul Sartre）在1938年写道："人总是在讲述故事，他的生活被自己的故事和他人的故事包围，他通过这些故事看到了发生在自己身上的一切；他尝试着像讲述故事一样过自己的一生。"

研究世界各地不同语言的人类学家观察到了一类"普遍行为"（就算不是在每个人身上看到，也会在每个人类社会中看到），人类学家唐纳德·布朗（Donald E. Brown）将其总结为：人们会使用叙事解释事物的由来，也会使用叙事讲述故事。

由此可见，叙事可以左右人的情绪和判断力。这正是罗伯特·席勒研究的重点。他说叙事经济贯穿生活中的方方面面，"有些故事可以像病毒一样传播，这些故事就是'叙事'，对人们的经济活动有巨大影响"。

我们一次次在生活中见证这种力量：奇闻逸事经久不衰；一个足够好的故事会引发关注，进而形成IP（能够带来流量聚焦的版权）。一个典型的叙事案例便是名人故事：白手起家的企业家故事我们听过一轮又一轮；版本众多的民间美食传奇也总是与某位皇帝微服私访或逃难联系在一起。这些故事既简单易理解，又涉及身份认同，也方便读者代入和作为谈资口口相传。

病毒般传播的叙事是一个结果，也是激发群体情绪、推动市场行情的原始动力，两者循环演进、互为因果。

总体而言，一个个叙事构成社会在特定历史时期重要的公共信念，而信念一旦形成，就将潜移默化甚至直接影响每个人的经济行为。因此，叙事传播成为一个非常重要的经济变化机制和关键预测变量。

叙事可以改变人的经济行为

看起来，人们是对叙事有着比较狂热的喜好。但是好的叙事，能起到什么样的作用呢？

著名的“拉弗曲线”故事，就是这样一个典型案例。

1981年1月，年届70岁高龄的里根就任美国第40任总统，他所接手的美国正遭受自大萧条以来最严重的经济危机。此外，持续的越战让美国价值的认同感被日益增长的怀疑所取代，苏联在尖端武器和影响力范围上都赢得了对美国的优势，这些也让公众对美国政治体系产生了怀疑。

在这种情况下，里根提出了匪夷所思的“里根经济学”，最终引导美国走出滞胀危机并赢得冷战，堪称“里根革命”，也是新政以来美国经济发展史上的第二次革命。

“里根经济学”指里根总统执政期间实行的经济政策，其主要经济措施包括削减政府预算以减少社会福利开支，控制货币供给量以降低通货膨胀，减少个人所得税和企业税以刺激投资，放宽企业管理规章条例以减少生产成本。由于里根经济政策尽可能大幅度减低高收入者和大企业的所得税率，又大幅度减少各项社会福利开支，故有人指责该政策“劫贫济富”。

当时经济大萧条，普通老百姓生活特别艰难，在很多人只能靠政府的福利度日的情况下，这样一个“劫贫济富”的政策是如何得到公众支持的呢？

如果里根只是把自己这个政策原汁原味地告知公众，估计不仅无法得到支持，愤怒的群众可能还会把里根赶下台。这时候，“叙事”登台了。

据说，多年前的某个冬日，在华盛顿著名的两大陆餐厅，芝加哥大学教授亚瑟·拉弗与时任福特总统办公厅主任的拉姆斯菲尔德及其副手切尼一起吃晚饭。拉姆斯菲尔德和切尼多年后将出任小布什政府的国防部长和副总统，这时他们还比较年轻，但已身居要职。拉弗跟切尼是耶鲁大学的同学，酒酣之际，拉弗给两位政治新手上起了经济学基础课。

他顺手拿过餐巾，画了条曲线，于是这张画着“拉弗曲线”的餐巾被载入了史册（图4.1）。

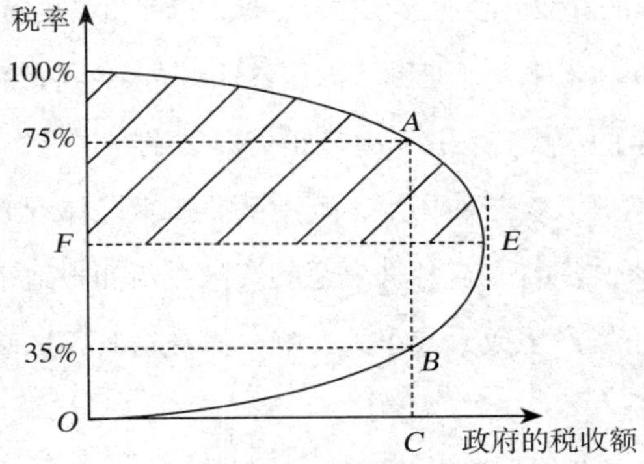

图4.1　拉弗曲线

曲线的纵轴是税率，横轴是税收额。从这条曲线看，在任何一个税收额上，都对应着两个税率，一个高，一个低。其实很好理解，假设税率是零，那么税收总额也是零；假设税率是100%，不管你挣多少全部拿走，那税收总额也会是零。同理类推。

曲线的政策含义是什么呢？给定政府的目标是征到特定的税收额，那么增税（率）不如减税（率）：征到的税收额一样，但减税显然优于增税，增加社会工作与创造的动力，藏利于民，等等。减税创造税基，就是这么简单。

“餐巾上的拉弗曲线”这个故事在4年后由《华尔街日报》编辑万尼斯基报道出来。据说万尼斯基当时也在场，还收藏了这张餐巾。

拉弗曲线很枯燥，减税节支很难被接受。但是餐巾纸上画一根曲线，就能把复杂的经济理论讲清楚，这样的故事有趣且易于传播，人们接受并传播这个故事，也就从潜意识里接受了故事中的“减税节支”。

拉弗曲线及其逻辑正是里根政府所谓供给学派经济学的基础，这个故事也就顺理成章地让公众接受了里根新政，催生了发端于美国、席卷欧美、影响力波及全世界的“小政府”潮流：减税，解除管制。

多么完美的故事，多么美好的结局。只有一个问题，故事的主角拉弗说，他压根不记得有过这回事。多年后他回忆时说，餐巾是布做的，我妈从小就教育我不要损毁好东西。言下之意，自己干不出在餐巾上画图这样的事情。

但是，这个故事的真假已经无人在意。后来，拉弗自己也写了一篇长文——《拉弗曲线的过去、现在和未来》。是啊，故事这么好，何不将错就错？

“人们都是故事的俘虏”，这就是罗伯特·席勒在讲这个故事时的评语。

叙事发生在任何有人参与的场景，其中，股市就是体现叙事重要性的一个典型场景。股民们每天关注着来自各种渠道的资讯，新闻报道、公司公告，甚至市井小道消息都会对市场产生或大或小的影响，而在这其中，政府的政策解读更是影响市场的关键因子。

比如，美联储联邦公开市场委员会（Federal Open Market Committee，FOMC）在私下被戏称为“联邦张嘴委员会”（Federal Open Mouth Committee），主要就是因为每次该机构的观点发出，媒体不但会逐字逐句分析其遣词造句，还会分析发表人的个人特质，试图找出一点蛛丝马迹来预测未来市场走向。因此，每次官员谈话，也会影响该日金融市场的波动变化。

叙事除了对短期市场变化起到重大影响，还会在长期影响人们的价值观。席勒指出，在18世纪和19世纪，大多数人没有退休或送子女上大学的概念，所以他们没有动机为这些目标存钱。“穷人应该学会储蓄”的思想在19世纪逐渐形成，是储蓄银行运动宣传的结果。当然，这种观念在第二次世界大战后的经济复兴运动中又被新的“消费主义”宣传所取代，目的是促进更多的消费和就业，从而达到战后迅速复苏经济的目标。

好的叙事可以创造商业价值

正是因为叙事更容易在公众的心里埋下种子，并生根发芽，成长为一个鲜明的认知。因此，很多商业的起源都会通过叙事来描绘自己的愿景。

大家知道的“褚橙”，所讲述的故事，是当年的“烟草大王”褚时健，保外就医后承包了2400亩荒山，74岁开始种橙子，重新走上创业之路。

让人尤为感慨的是王石的描述。他说：我得知他保外就医后，就专程到云南山区探访他。他居然承包了2400亩山地种橙子。橙子挂果要6年，他那时已经是75岁的老人了。你想象一下，一个75岁的老人，戴着一个大墨镜，穿着破圆领衫，兴致勃勃地跟我谈论橙子6年后挂果是什么情景。

有这样的故事为背景，“褚橙”一度成为网络热词，尤其在企业家群体中广受好评。这种情况下，“褚橙”的品质到底如何，价格到底如何，已经不重要了。

褚橙不再是一个橙子，更是一种精神，一种锲而不舍的励志精神。“品褚橙，任平生”成为贴在褚橙上的励志标签。

罗伯特·希勒认为，比特币也是一次成功的叙事。

比特币有哪些精彩的叙事呢?

近年来，计算机越来越多地“控制着”人们的生活，人类对被计算机所取代的恐惧越来越强烈。而比特币起源于一种基于P2P网络技术、加密技术、时间戳技术、区块链技术等电子现金系统的构架理念，以去中心化的思想完全打破了集中控制带给人们的恐惧。

此外，按照官方介绍，比特币的目的是充当一种有望削弱权力当局的加密货币。比特币是反抗权威的一种工具，是大家共同创造的“非主权货币”，这一标签让全世界具有很多类似想法的人聚集起来，共同为比特币这一场叙事贡献自己的力量。

更何况，总能发生与比特币相关的令人兴奋的“故事”。比如，神秘的“中本聪”满足了人们对于“无名英雄”的追逐；1万个比特币买了史上最贵的比萨；某人忘记了持有比特币账户的密码，因而损失几个亿；马斯克站台比特币，曾经一度允许直接用比特币购买特斯拉；比特币不断达到历史高位，马斯克直呼“价格太高了”。这些能吸引眼球的叙事，都把比特币推向了一个个高潮。

你看，仅仅靠着叙事，已经能够让很多人认同、接受一个产品的价值，甚至不去顾及这个产品是真实的还是虚无的，价格是昂贵还是便宜，品质是优良还是低劣。

流量背后的资本力量

互联网时代，“眼球经济”兴起，更是为叙事经济学增添了无数的案例。为了能够吸引众人注意，带来关注度，带来流量，无数商家在叙事上下足了功夫。

就像圣埃克苏佩里所说：“如果你想造一艘船，你先要做的不是催促人们去收集木材，也不是忙着分配工作和发布命令，而是激起他们对浩瀚无垠的大海的向往。”

李子柒，一个把平常生活、把传统文化拍得如诗如画的短视频博主，在海外视频平台YouTube（优兔）获得一千多万订阅者。世界各地的人们透过这个女孩的视角，看到了中国的风土人情、文化传统，忙碌却温馨的生活画面治愈着每一位海内外观众的心。通过李子柒拍摄的田园生活，生活在喧嚣之中的公众脱离了生活常态，放下了浮躁，心系田园，体验了一把不属于自己的安宁。

古风田园生活和美食美景，是我们内心的美好向往，也是难以企及的终极世界。通过打造一个“不那么真实，但是符合公众向往”的乡村美食美景，李子柒的故事也成功吸引了公众的关注。

虽然面临着“假田园”“假文化输出”等争议，但是根据海豚智库发布的《2021最具成长性的中国新消费品牌》显示，李子柒2020年销售额为16亿，同比增长300%。

“李子柒”这个IP无疑是一个商业化品牌，这个品牌所售卖的都是工业化产品。但是，虽然所有人都知道李子柒是远离山村田居生活的工业品牌，但在其IP代言人的加持下，这个品牌却能给人一种原始、天然、手工、质量过硬的印象，并吸引更多的人购买这个品牌。消费者在买李子柒这个品牌的商品时，他们买的是美味，也是一种对远方美好生活的向往。

说回文初问题中提到的选秀节目，为什么会让那么多粉丝疯狂，“养成系偶像”是这个选秀节目的叙事主题。

“养成系”一词最早源自游戏，它的原意是由游戏玩家培养游戏角色，在游戏的过程中和角色共同成长，使游戏角色变成玩家与游戏制作组共创的一个作品。

所谓“养成系偶像”是指粉丝与偶像共同成长，粉丝凭借自己的喜好投票给中意的成员，制作团队根据粉丝票数的多少来决定偶像组合中“练习生”的命运。通过投票来决定选手们的去留。

由于偶像的挑选、成名、收获各类奖项等过程，都离不开粉丝的高度参与，让粉丝团体对自身产生强大的认同感就显得尤为重要。因此，节目不仅将偶像们的台前幕后分享给屏幕前的粉丝，还将团体最后成败的决定权交给粉丝，让粉丝掌握自己心仪偶像的命运，使粉丝与偶像之间建立起强大的情感纽带。

“养成系偶像”寄予了很多普通人无法实现的明星梦，现在他们有机会参与培养一个属于自己的偶像，就如同培养自己的“孩子”一步步走向巅峰的过程，契合了他们内心里交织着的“自我实现梦”“培养孩子梦”，这些自然都会让他们对不菲的花费等闲视之。

更进一步的是，通过长期的“打投”所建立起来的情感依赖，有点近似于斯德哥尔摩综合征，使粉丝之间的攀比、不同团体成员之间的攀比愈演愈烈，投入越来越大，最终走向公众无法理解的癫狂。

然而，情感纽带的本质还是商业，还是金钱。不仅应援过程中要花费大量的金钱才能让自己的偶像脱颖而出，而且成团之后一系列的商业活动依然需要粉丝的巨额投入。

说到底，所谓“与偶像共成长”的感人故事，都只是商业的一场“秀”罢了。这一场秀，最终的指向就是粉丝的钱包，不榨干最后一滴油水不罢休。

正如这一综艺节目因为“倒牛奶”被叫停之后，网上有人出主意，以后选秀节目的“打投”应该改成慈善或者公益活动：每垃圾分类一次可投1票，捐种一棵树可投10票。但是，为什么这种方式没有出现过呢？因为商业不会接受。

事实上，“打投”之所以与牛奶捆绑在一起，而不是与种树捆绑在一起，更多的还是商业的考量。被市场教育成熟的消费者，已经很难再受互联网营销影响，只有粉丝才会为广告营销买单，因为他们信奉“偶像命运取决于粉丝”。于是，“养成系偶像”的粉丝就成为平台与商家套路下的“韭菜”，“奶票”就成了广告商营销变现的主要方式之一。

广告方花费巨额赞助费拿下冠名权，再与平台共同制定规则，将品牌与选手深度绑定，将投票权与产品销售绑定，逼粉丝买单。广告商卖的是产品，粉丝买的是投票权，所以牛奶被倒掉、被浪费，从一开始就是注定的结局。

看起来不经济的“倒奶”行为，却是各方经济学考量之下利益最大化的结局。这正是近年大火的国内选秀综艺的本质：通过视频平台搭建舞台，聚集练习生，制造话题和讨论，再与资本方共同收割流量变现。

因此，“养成系偶像”们能力强不强并非核心变量，各自的性格与故事足够有带入感、能让粉丝借助其投射理想自我和情感欲望，才是出圈法则。

被称为“逆向选秀第一人”的俄罗斯小伙利路修，原本是节目里两个日本选手的中文老师，被主办方看中并邀请体验。本无出道欲望的他，并不想要争什么名次，一点胜负欲都没有，跟周围热烈的“梦想，努力，出道”氛围格格不入，从入营的第一天开始就盼望着“一轮游”，然后高高兴兴回家。

然而就是这样一个被网友戏称“为了别人的梦想而努力的孤独男人”，正因为像极了上班“摸鱼划水”、希望全世界当自己透明的“社畜”们，而被广大粉丝疯狂“打投”，一路前行。虽然利路修在发表感言的时候，希望粉丝不要给他“打投”，被淘汰是他的梦想，不过这也让他“内娱选秀反内卷第一人”的人设更加稳固，直到成团之战才终于被粉丝放过，下班回家。

只是因为与粉丝产生了共情，所以不管愿不愿意、业务能力强不强，就要被迫出道。这是对“养成系偶像”绝佳的讽刺。

那些被偶像的成长故事所吸引、倾倒，并倾尽所有的粉丝们，把自己的人生追求寄托在别人身上，倒不如多学学叙事经济学，讲好自己的故事，打造好自己的人生IP，掌控自己的未来，做自己人生的主角。

第五章

创业者不可不知的经济学

为什么说金钱不是万能的？

餐厅为什么会有“饮料无限续杯”的服务，不怕被喝破产吗？

商家为什么要麻烦顾客领优惠券，直接降价不是更能吸引顾客吗？

21 价格歧视

商家为什么要麻烦顾客领优惠券，直接降价不是更能吸引顾客吗?

产品定价里充满了价格歧视，不过歧视的是“有钱人”

Zumbo：

你好！

我之前是做厨师的，用了十来年做到了大厨的位置，决定出来自己创业。最近刚刚在上海开了一个餐饮小店，除了实体店外，也通过一些 APP 接受外卖订单。本着薄利多销的原则，我把价格都定得比较低，只是略高于成本价，希望能够以此吸引顾客。

但是感觉有点事与愿违，明明我的菜品不管是口味还是品质，都高于周边的饭店，APP 上的评价也都非常好，而且价格还要低 20% 左右，为什么就一直客流不佳？特别是我本打算以质优价廉来吸引回头客，现在来看，复购的比例也不是很高。

后来外卖 APP 的运营经理也来我的店里调研，要求我提高一点价格，然后再以领取优惠券的形式把价格降到现在的价格，虽然觉得是多此一举，但是我也抱着试试看的态度做了，果然外卖上的点餐率就上来了。

我想问的是：为什么提高价格然后再来设优惠券，明明给顾客造成了更大的麻烦，却反而比直接降价还吸引顾客呢？

有的顾客没注意看优惠券就直接下单了，价格贵了不少，让我觉得好像是占了便宜，亏待了顾客，反而心里惴惴不安。对于这些顾客，我该怎么提醒他们呢？

希望你能帮我提点儿建议，解开心结。

谢谢啦！

大厨出来创业，勇气可嘉，也值得庆贺。

作为大厨，你可能非常熟悉如何把菜品做到最优，所以我也相信你的新店肯定能够以质取胜。但是，从大厨跳到老板的身份转换，要求你不仅仅只把精力放到菜品上，还必须懂得如何运营。

比如，定价就是运营里一个非常重要的部分。一方面，不能定价太高，以免顾客不敢轻易尝试，客流量太少导致入不敷出；另一方面，也不能定价太低，你每天产出是有限的，定价低了哪怕客流量再多，你能满足的也只是一部分顾客，反而因为价格太低失去了很多利润。

如何均衡价格，让客流量刚刚好，而且每个顾客都能以自己满意的价格吃到美味的产品，持续有复购的欲望，是非常难平衡把握的一个要点。

所以，自从有商业的那天起，如何定价就是一个在反复优化的课题。

优惠券其实是价格歧视

不知道你是否记得，以前我们去肯德基、麦当劳等各类快餐店，经常会收到优惠券，凭券就可以直接打折。现在各类商业APP——不仅仅是外卖——也都经常会有电子优惠券。

正如你的疑惑，商家为什么要搞个优惠券呢？直接降价不是更能吸引顾客吗，这么搞来搞去不是自找麻烦吗？

的确，商家和顾客为此都增加了不少麻烦，但是优惠券这个游戏玩了这么多年，商家依然乐此不疲，必然有它的道理。

这么来问个问题吧：

如果你是卖冰棒的，目前有两个库存，成本只需要每根两块钱。现在有两个人来买冰棒，你知道 A 顾客愿意出 7 块钱来买，B 顾客愿意出 5 块钱来买。那么，你应该把价格定为多少？

定为7元，只能卖出1根，挣5块钱，另外一根卖不出去。

定为5元，可以卖出2根，挣6块钱。

看起来似乎应该定为5元，对吧？但是稍微有一点遗憾的是，A顾客本来愿意出7块钱，结果只卖给他5块钱。顾客当然很高兴，因为他省下了两块钱，感觉占了便宜。

按照经济学的解释，这两块钱就叫消费者剩余。

消费者剩余越多，当然会让顾客越开心，但是你作为商家的话，是不是就很心疼？本来顾客愿意出的钱，因为定价过低，留在了顾客的钱包里而不是你的钱包里。

那怎么办呢？

我们这么想一下，如何才能让愿意出7块钱的人以7元的价格购买，让愿意出5块钱的人以5元的价格购买呢？

是不是可以把价格定为7元，然后做一个2元的优惠券，但是领取优惠券的方式稍微设置一点复杂的小条件。会出现什么情况呢？

对于A来说，价格本来就是自己能接受的，肯定不假思索，直接买了。

B顾客看到价格虽然需要7元，但是只要领个优惠券，就能按照自己能接受的价格买下来，占便宜的心理抵过了领优惠券的麻烦，也高高兴兴地买了。

所以对不同的消费者来说，他的价格需求弹性不同，也就是说他对价格的敏感度不一样。有的人没有优惠券是不会买这些商品的，而有的人则不在乎这点优惠券。如果商家直接降价而不是发优惠券，就会损失一部分收入。

在经济学中，这叫作价格歧视（price discrimination）策略。注意，这里的歧视不是贬义，当然也不是褒义。歧视的对象更不是那些愿意用优惠券的人，而是不用优惠券的“有钱人”。

按照经济学的定义，价格歧视实质上是一种价格差异，通常指商品或服务的提供者在向不同的接受者提供相同等级、相同质量的商品或服务时，在接受者之间实行不同的销售价格或收费标准。

经营者如果在没有正当理由的情况下，就同一种商品或服务，对若干买主实行不同的售价，则构成价格歧视行为。

价格歧视是一种重要的垄断定价行为，是垄断企业通过差别价格来获取超额利润的一种定价策略。

一级价格歧视——讨价还价

在长年的商业发展历程中，价格歧视通过实践检验，已经发展出了非常丰富的层次。经济学家根据价格差别的程度，把价格歧视区分为三个等级：

一级价格歧视，又称完全价格歧视（perfect discrimination），就是每一单位产品都有不同的价格。一级价格歧视的前提是，商家知道每一个消费者对产品所愿意支付的最大金额，并以此决定其价格，所确定的价格正好等于消费者对产品的需求价格，因而获得每个消费者的全部消费剩余。

一级价格歧视下，销售者会为每一位顾客及其所购买的每一单位商品制定不同的价格。大家想一下，什么场景下会如此定价？

对，比较常见的就是路边小商贩，在售卖产品时，往往先叫出一个非常高的报价，然后再以讨价还价的方式，获取消费者的心理价位，争取以消费者最高的心理价位售出产品。

这种消费往往用于非常规的产品，人们无法在大的市场上获得一致的价格标准，只能依靠自己的判断，来给出心理价位。比如：

你去某个风景优美的海边度假城市旅行，临走时想买一件纪念品作为留念。海边一排的小摊贩，摆着各式各样的纪念品，都是当地独有的手工艺品，在别的地方无法买到，也确实值得买一件拿回家收藏。

找来找去，你看中了一件非常喜欢的纪念品，想要买下来，于是问价。老板上下打量一番，很快对你说："最低 300 元。"你觉得有点贵，于是还价，几番来回，砍到了 200 元，你觉得价格可以接受了，于是愉快地打包离开了。

可能你不知道的是，过了一会儿，另一位顾客也看中了这款纪念品，老板还是打量了一番，看到这位姑娘背着 LV 的包，戴着卡地亚的手镯，穿着香奈儿的裙子，于是对她说："这件是手工制作，只有一件，做了好几天才完成，少于 2000 元不卖。"这位顾客直接付了钱开心地买走了。

那个手工艺品成本到底多少呢？不重要。

因为，这就是一级价格歧视——看人下菜碟。

二级价格歧视——量大从优

对于同一个商品，我们消费的需求量是不一样的。比如，你一个人租房住，只需要买一个碗，或者为了来客人时备用再多买两三个。如果商家说，你买1000个吧，我半价给你。你估计还是宁愿全价买一两个。因为，作为普通家庭，对碗的需求就是个位数。

但是，如果你要开餐馆买碗的时候，估计就会愿意半价买1000个了。这个就是消费者的需求价格弹性。在不同的需求下，你会对价格有不同的诉求。

针对这种情况，就产生了一个二级价格歧视（second-degree price discrimination），即商家通过了解消费者的需求曲线，把这种需求曲线分为不同段，根据不同购买量，确定不同价格，以此在提高销量的同时，获得你在购买不同数量时的全部消费者剩余。

二级价格歧视下，销售者虽然不能观察到每一位特定顾客的特性，但对购买者偏好的多样性有所了解，因此有可能通过提供一系列包括价格和各种条款的销售合同，在不同的购买者之间进行价格歧视。

从购买者的角度看，存在自我选择机制（self-selection），根据商家的价格，来适配自己的消费者需求曲线，最终商家和顾客双方达成一致，实现消费量和价格的最大化。

还是举刚才那个例子。

你好不容易出来旅行一趟，除了刚刚自己买的纪念品之外，还想要再买一些纪念品带给同事作为手信。于是，你来到另一家摊位前找了一款冰箱贴，老板告诉你30元一个，你砍到了20元。

这时候，你跟老板说，如果我买10个能不能再便宜点？老板很爽快地答应只收你150元，优惠50元。这时候单价降到了15元。

付完钱装好产品，这时候老板又说了：如果你再买10个，我只要再收你100元就行。你想了一下，价格越来越划算，如果只买刚才的10个，单价是15元；多买的10个，单价只需要10元。这么划算的价格，不如多送几个同事好了。

于是，本打算只买10个的你，爽快地买了20个纪念品。

这就是按需求量定价，买得越多越便宜。我们在商场经常看到的“两件8折，三件5折”的营销套路，就是来源于这个二级价格歧视策略。

在经济学中，还存在一个“逆向二级价格歧视”的概念。

正向二级价格歧视是买得越多越便宜，那么逆向二级价格歧视肯定就是买得越多越贵了。

比如移动流量。在手机刚刚具备上网功能的那几年，大家有没有觉得套餐内的流量还算便宜，但是如果一旦超出套餐，就要采用高于套餐好几倍的计费标准？

记得那时候我还在上大学，生活费本来就不高，手机费用超出部分越用越贵，导致每个月的月末都小心翼翼，生怕超出套餐流量，只有等到每月1日才能满血复活。但是，我们宿舍有一个不差钱的哥们，从来都没管过流量问题，超出了套餐也不在意，就那么一直用，看着我都心疼。

但，这就是逆向二级价格歧视，其本质是让拥有高消费能力且不太在意“小钱”的人支付利润最高的那部分。

整体来说，就是把用户分类，由于有些人具有较高的消费能力，能产生较多的“消费者剩余”，所以专门针对这群人设计高毛利的产品模式，来赚取这部分“有钱任性”的人的钱。

所以，价格歧视还真是歧视有钱人的……

三级价格歧视——专门定制的歧视

三级价格歧视（third-degree price discrimination），又称作信号选择（selection by indicators），是指商家针对不同市场的不同消费者实行不同的价格，在实行高价格的市场上获得超额利润。同时通过价格信号来调剂资源的应用，在不同市场上均实现收益的最大化。

公共资源的配置常用这种价格歧视策略。

比如，错峰电价就是这种价格歧视策略。一般情况下，我们用电基本上都在白天，晚上特别是半夜之后用电量骤减。这一方面造成白天用电紧张，甚至可能出现拉闸限电；另一方面，到了晚上又变得需求不足，发电厂只能关停部分发电设备。

错峰电价就比较好地解决了这个问题。通过采用高峰时期和非高峰时期的差别价格，让白天最急需用电的需求者得到满足，获得超额利润。同时，还将那些非急需的用电需求调剂到晚上，实现了资源的均衡利用。

将某些高峰需求调向低峰需求的行为，不仅仅实现了收益最大化，还可以更充分地利用其设备资源，对于商家乃至社会来说都是具有积极意义的。

三级价格歧视情况下，如果购买者的特性是可以观察到的，企业有能力拥有关于顾客的信息，特别是关于顾客愿意支付的价格的信息，那么销售者就可以制定不同的价格，例如特定国家价格、成员折扣价、软件的特殊"院校"价、杂志的学生定购折扣价等。

三级价格歧视是最普遍的价格歧视形式，由于销售者将购买者分组，对每一组制定不同的价格，这种行为也称为市场分割（market segmentation）。延续原来那个例子：

你再一次到这个风景点旅行，又来到了上次买纪念品的商店，还是原来的老板，还是原来的店铺，但是你发现除了上次你买的纪念品以外，新增加了大大小小琳琅满目的商品，连冰箱贴就有三四十款。

于是你不解地问老板，这些跟上次我买的有什么区别呢？老板给你讲了很多，材质、手工艺……都不一样。

最后你一问价钱，什么？即使看起来相差不多的产品，价格居然天差地别。

为什么会这样呢？

因为，相同的商品，消费者不同，有些人只是为了随便买个聊作纪念，也有些人要求精致的品质和独特的手感。这么多类型的冰箱贴，只是为了满足不同人群对同一个商品的不同需求。

价格歧视的根源在于消费者需求多样性

价格歧视要行得通，商家必须能对购买者的不同特征进行有效的区分和分割。

这种不同，可能是购买者的需求强度不同，也可能是购买量不同，或者是需求价格弹性不同，关键是要对这种不同进行有效的区分和分割。

比如，航空公司之间经常发生价格大战，优惠价常常能打极低的折扣。然而，即使是价格大战，也没有任何一家航空公司愿意让出公差的旅客从价格大战中得到便宜，因为这类人群对于机票价格的敏感度不高，不管机票价格如何，该出的差还是要出。

但是，当旅客去买飞机票的时候，他脸上并没有贴着是“出公差”还是“私人旅行”的标记，航空公司如何区分乘客和分割市场呢？

大家可能会发现，购买优惠机票总是有一些条件，比如规定要在两个星期以前订票，往返票的使用日期为周末，或者是要求必须在目的地度过一个甚至两个周末，等等。老板派你出公差，往往都比较急，在两个星期以前就计划好了的国内旅行一般不多。这就避免了一部分出公差的旅客获得优惠机票。

最厉害的是一定要在目的地度过周末的条件。老板派你出公差，当然要让你住较好的旅馆，还要付给你出差补助。度过一个周末，至少就会多住两天，住宿和出差补助会多出很多。何况，度完周末才回来，你在公司上班的日子又少了好几天，这笔开支肯定比享受优惠票价所能节省下来的钱多得多，精明的老板才不会为了那点儿眼前的优惠而贪小便宜、吃大亏。所以公差一般都不会跨周末，更不要说两个周末了。

就这样，在条件面前人人平等，这些优惠条件就把出公差者排除得八九不离十了。

通过优惠条件的设置，航空公司既挖掘出了潜在的需求，又排除了从歧视者角度而言不应该享受此优惠的人。由此看来，航空公司实行价格歧视获得了圆满成功，这也正是某航“随心飞”大获成功的关键。

很多时候，歧视是一种低成本的避免风险的策略。比如说，我们经常会觉得奢侈品实体店的销售员势利眼，会根据不同顾客的穿着打扮看人下菜。虽然我们每个人都很反感这样的做法，但是换过来想一下这样做对不对呢？

实际上，每个销售员的时间是有限的，当同时有几个顾客需要服务的时候，他必须要做出选择，那他当然会优先选择服务那些看起来更有消费能力的顾客。

互联网时代的价格歧视更隐性

到了互联网时代，信息越来越透明，这种做法是不是越来越少了呢?

互联网传递信息的效率太高了，任何一个丑闻都有可能在自媒体上迅速传播，因此歧视的代价变高了，我们能看到的歧视行为变得越来越少了，又或者说歧视的行为隐藏得更深了。

假如互联网商家像传统价格歧视一样浅层地“看人定价”，那有的消费者花4元/斤的价格买到别的消费者花1元/斤买到的苹果，很容易就在网上留下痕迹，一旦被消费者们发现肯定会非常不爽，在评论里留下诸如“不公平”“奸商”“再也不去了”之类的留言。

那么，商家既要照顾到消费者的情绪，还想要获得更多的“消费者剩余”，该怎么办?

网络时代，跟领取优惠券一样，通过设置相对复杂的程序，让想享受低价的消费者产生“用户劳动”。这样，原价购买的消费者与低价购买的消费者就心理平衡了，并且商家依然可以高盈利，买卖双方共赢。

比如，一些团购类APP的套路就是：用户A想买××产品，但是觉得有点贵，于是，他可以通过邀请朋友、家人、邻居来帮助自己砍价，以很低的价格购买商品。商家获得了“免费广告”和多销的利润。

而用户B也想买××产品，但他对价格不敏感，属于比较爽快的用户，于是，他直接原价下单。商家获得了原价的高利润。

团购类APP通过用户劳动、产生共赢的价格歧视方案，让价格敏感的用户以低价买到了产品；让价格不敏感的用户原价购买了产品。这跟领取优惠券的套路一样，最终还是商家实现了总体上的高盈利。

拼多多的崛起正是利用了这个价格歧视策略，只要满M个人拼团，立降价，再满N个人拼团，又降价。这样的方式，让同样的商品因为不同的用户劳动形成了高、中、低多个价格，抓住了所有有购买意愿，甚至本来都没有购买意愿的消费者，不管你是具有较高支付能力，还是具有较低支付能力，全部“一网打尽”。

价格歧视必须让各方心安理得

直接“看人定价”是最方便的，但缺点是不可持续、负面影响大，还会让高价购买者不爽。

所以，商家会通过释放机会，形成一个特殊的低价政策，留住价格敏感的消费群体。同时，价格不敏感的消费者关注到的是正常价格，也不会因为特殊的促销而不爽，因为他们还免去了烦琐的精打细算，也避开了“占小便宜”的标签。最后形成共赢的局面，达到收益最大值。

比如，一家卖蛋糕的店铺，出了一款新的蛋糕，售价399元。过了一段时间，消费者购买意愿越来越少，店家想提高销量，于是把价格降到了299元。同样的蛋糕，一下就差价100元，这样虽然会重新招揽来更多顾客，但是对于本来还在继续用399元买蛋糕的那些顾客，商家就少赚了100元。

所以，有经验的店家一定不会这样直接降价，他们往往会在特价上面加一个附加条件。比如转发朋友圈点赞100+，就可以299元购买一个原价399元的蛋糕。这样通过用户劳动，便可以让区别定价理所当然。

还有酒店，在线订房网站上的价格，会随着提前预订的日期而不一样。如果客人是价格不敏感的人群，特别是临时需要住宿的人群，那么就会在有住宿需求的时候临时订房，方便，简洁，省时，但价格稍高；如果客人是价格敏感的人群，那就需要耗费精力尽可能提前确定行程，而且要保证不发生变化，从而获得低价。

定期促销也是这种策略，可以间接地对产品歧视定价，获得更高收益。

比如，一家奶茶店有款经典奶茶，售价20元。每周六、周一做特价，10元。对于价格敏感的消费者，可能会等到特价时期再品尝，而价格不敏感的消费者会在路过的任何时期当场购买。

购物商场每个周末都有铺天盖地的折扣活动，这就是释放机会给周末可以外出的工薪人群，不然他们就可能窝在家里不出门消费了；超市常常会在居民区发促销报，上面印着密密麻麻的商品促销信息，这就是释放机会给大爷大妈们，否则，他们可能就去菜市场买鸡蛋、青菜了。

为什么年轻人都很少收到超市的这类促销报呢？因为每天忙碌、偏好超市的年轻人，不管有没有促销，依然会直接去超市原价买，纵然年轻人也知道菜市场的鸡蛋、土豆往往更新鲜、价格更低。

所以，通过一个促销报，超市就实现了“老少通吃”。

遭到价格歧视也可以很快乐

还存在一种情况，就是消费者乐于被“歧视”。

人们的行为和决策常常偏离理性，有时候商家可以利用消费者的非理性行为，使消费者感受不到被“歧视”的损失感，甚至让消费者乐于被“歧视”。

制度经济学鼻祖托斯丹·邦德·凡勃仑指出，很多时候，人们购买一件商品，不只看重它的使用价值，而是希望在使用它时还能够显露出自己的财富、地位、阶层。基于这种认知，商品实质上包含两种价值：一种是功能价值，一种是炫耀价值。后者的价值恰恰由市场价格决定，这也是为什么奢侈品越贵，人们的购买意愿越强的原因。这就叫作凡勃仑效应（Veblen effect）——人们愿意为炫耀买单。

“价格歧视”结合“凡勃仑效应”往往能发挥出很好的效果，比如飞机的头等舱，以经济能力划分人群，给予一些特权服务，这样的优越感就可以让消费者心甘情愿被“歧视”。

一人一价的“价格歧视”往往会带来“侵入感”及“公平感”，引来消费者的不满与反感。接下来有一个有趣的案例，巧妙运用了消费者的非理性，使“侵入感”及“公平感”在交易中消失。

相信大家都听说或者接触过《英雄联盟》这款游戏，里面的付费道具叫作“皮肤”，使用后可以获取一些炫酷的特效，深受玩家们喜爱。游戏中有一种“皮肤”营销活动，叫作“阿卡丽的神秘商店”。

在活动中，每位玩家都有一次免费抽取折扣的机会，抽取折扣后，在购买指定“皮肤”时，可以享有相应的折扣价。

首先，这里的指定“皮肤”，一般是该玩家在游戏中玩得最多的角色所对应的“皮肤”，从而有效地吸引玩家进行消费。其次，这里的折扣是随机的，不同的人抽到的折扣不同，这显然是一种价格歧视行为。

但与之前分析的结论完全不同的是，“阿卡丽的神秘商店”这样的一人一价的“价格歧视”行为，完全没有引起消费者的反感，反而极大地促进了玩家的消费热情，这是为什么呢？

一是“不确定性”消灭了“侵入感”。玩家抽到的折扣应该不是完全随机的，而是结合了玩家消费数据后给出的。而玩家是很难感知到这一点的，只会把抽到的折扣归结于运气，“不确定性”消灭了“侵入感”。

二是“锚定效应”弱化了“参照效应”。“锚定效应”指的是人们在对某人某事做出判断时，易受第一印象或第一信息支配，就像沉入海底的锚一样把人们的思想固定在某处。

在“阿卡丽的神秘商店”中，原价就是“锚”，为用户提供了“参照点”，聚焦于原价和折后价的对比，弱化了玩家间的对比。“锚定效应”增强了消费者的收获感，给消费者一种“买到就是赚到”的感觉。

这里还需要额外提一下的是，在“阿卡丽的神秘商店”中，消费者有机会获得第二次抽取折扣的机会，需要通过购买或做任务获得。再次抽取折扣后，消费者将享受两次折扣中较低的那一个，这也体现了对行为经济学中“确定效应”的思考。

“二鸟在林，不如一鸟在手”，在确定的收益和“赌一把”之间，多数人会选择确定的好处。

所谓见好就收，落袋为安，称之为“确定效应”。让我们假设一下，如果第二次抽取折扣的前提是“只能按照第二次的结果享受折扣，同时第一次抽取的折扣会被作废”。那么大家在有确定折扣的情况下，还愿意再冒险抽第二次吗？我们可以预见，大多数人是不会去尝试再抽一次的。

明白了价格歧视原理，下次去买东西的话，看到优惠券，大家是不是就能暗暗领会到商家的小心思了呢？

那么刚刚开店的这位大厨，你知道该怎么定价了吗？

22 边际效用

餐厅为什么会有“饮料无限续杯”的服务，不怕被喝破产吗？

他们不仅没破产，据说盈利还不错

Zumbo：

你好！

又是我，那个在开店创业路上扑腾着的前“大厨”。上次你讲了优惠券的事，让我大开眼界。然后我在菜品的定价上用了优惠券、组合减价、会员折扣、周二特价日等各种优惠方式，确实生意越来越好，而且利润率也更高了。看来经济学还真的是能起到指导作用。

最近我又遇到一个新的情况：我有个独家配方的特色饮品——白桃蜂蜜水，算是我的“拳头产品”吧，所以定价也不低，20 元一杯。因为口味很受大家欢迎，不少顾客跟我说就是冲着这个饮品来的，所以点单率非常高，算是我店里比较重要的利润来源。

但是隔壁有一个跟我类似的竞争对手，也推出了跟我类似的白桃蜂蜜水，价格比我低，15 元一杯，而且可以“无限续杯”，一下子就把顾客都吸引走了。

我让店员去买了一杯回来尝试，发现口味跟我的相比还是有很大差距的。

口味相差那么大，为什么大家都跑去喝那家店的呢？仅仅因为是便宜了5块钱吗？为此，我也采取了会员专享的降价措施，只要在微信上注册一下会员，就可以按照13元的价格购买。看起来虽然有了些效果，但并不明显，越来越多的人去了隔壁的店。

我也想采取“无限续杯”的方式，但是有个顾虑：我这个饮品受欢迎程度非常高，一旦可以“无限续杯”，是不是意味着收了一杯的钱就要无限供应下去，不是会赔得一塌糊涂吗？

我是该等隔壁店因为“无限续杯”而破产，还是要跟着他一起搞“无限续杯”呢？

很高兴你把价格歧视用到了定价策略里，产生了那么好的效益。作为消费者，虽然我也感受到了满满的套路，但是商业就是如此。尽管套路很多，我还是愿意为你美味的餐点买单。

“无限续杯”起源于美国。有很多快餐店，包括麦当劳、汉堡王之类的餐厅，都提供一种特殊的服务：饮料无限续杯。后来逐步发展到全球，在中国也有很多餐厅提供“无限续杯”。

无限续杯，意味着想喝多少喝多少。只用花一杯的价格，就可以无限喝，喝到饱，喝到放松回来接着喝。每次拿到杯子豪情满满去装杯的我们，会不会有些疑惑：老板是怎么想的呢，不怕被喝破产吗？

对商家来说，在这个产品上的收入有限，可能产生的成本却是无底洞，这么看起来，无限续杯是个很违反商业逻辑的套路。为什么还有那么多商家提供无限续杯的服务呢？

百事可乐与可口可乐的价格战

我们先从“无限续杯”的来源说起。

大家知道，可口可乐和百事可乐是可乐市场的两大巨头，一直是打得不可开交，但又是共同把可乐市场越做越大的欢喜冤家。

两家公司有什么不同呢?

如果大家真了解这两家公司就会发现，虽然同为百年企业，市场覆盖也超过了200个国家和地区，但是他们的核心战略是不同的。

可口可乐只卖饮料，他的方式是通过营销，驱动品牌影响，实现渠道扩张，拓展业务。

而百事则是专注于通过创新发现健康生活，因为他们已经是一个食品和饮料业务各占一半的快销产品集团了。

百事公司一个业务部叫作百胜公司，是百事公司旗下的子公司。随着逐步发展，1997年，百胜脱离百事集团，成为独立的餐饮品牌，并成长为全球最大的连锁餐厅之一，在全球110多个国家和地区拥有超过35 000家餐厅和100多万名员工。旗下品牌包括肯德基、必胜客、小肥羊、东方既白等。

大家都知道在肯德基里只卖百事可乐，原因正是因为肯德基所属的百胜是从百事发展出来的，所以两者结成了核心战略伙伴。

作为百事可乐的竞争对手，可口可乐永远无法进入百胜旗下的餐厅，这对于依赖于餐饮业的可口可乐来说是一个非常大的挑战。为此，可口可乐转身也与肯德基的竞争对手——麦当劳结成了核心战略伙伴，从此麦当劳也只出售可口可乐旗下的产品。

面对百事与肯德基同宗同源这么紧密的合作关系，可口可乐与麦当劳必然需要更大的商业利益来保证战略合作关系，同时也为了两者之间互相促进和提升，可口可乐大幅度降低了向麦当劳供货的价格。作为对价，麦当劳也要帮助可口可乐在自家的消费者中建立长期的信任和依赖。

但是，麦当劳要考虑的是，自家的消费者有一部分之前是百事的忠实顾客，如果在自己餐厅只能喝到可口可乐，买不到百事可乐，这批顾客会不会转头去肯德基了呢？

为了建立依赖关系，也为了让自己的消费者稳定下来，麦当劳所采取的策略就是“无限续杯”。

推出无限续杯，本身是希望通过让渡一些利润，让顾客更愿意接受可口可乐，稳定留在麦当劳。

但是，最终的效果却远远超出可口可乐和麦当劳的预期，不仅原有顾客开心地喝起了可口可乐，而且“无限续杯”这一新举措吸引了更多的新顾客接踵而至。更重要的是，“无限续杯”并没有带来特别大的消耗量，成本也控制在了合理的区间。

所以，肯德基也紧随其后开启了“无限续杯”，越来越多的快餐店也都采用了这个措施。

为什么不是“越多越好”？

为什么“无限续杯”并没有带来成本的大幅度增加呢？

不少人喜欢去吃自助餐，虽然看起来挺贵的，基本上都要两三百块钱，但是由于品类繁多，而且可以无限量的吃喝，感觉只要拼命吃，就会越吃越划算。

事实上是不是这样呢？相信大家去吃自助餐的时候，都会尽可能多的拿一大盘子、各种各样的菜放在那里，往往吃着吃着就吃不下去了，一不小心就会剩掉很多。

为什么我们吃自助餐会剩那么多菜呢，是继续吃下去更划算还是要放弃呢？

首先，我们来看看为什么我们吃自助餐一定会比自己点菜吃得更多，而且还会浪费得更多，这是什么道理呢？

我们吃自助餐和自己点菜都符合经济学规律，都是经济学在生活中的体现，因为人的选择往往是利弊权衡的结果。

其实这就涉及一个非常重要的经济学概念——“边际效用”（marginal

utility），是指每新增（或减少）一个单位的商品或服务，它对商品或服务的收益增加（或减少）的效用。

这个名词解释比较绕口，换句话说就是：我们在决策时，考虑的是采取下一个行动将带来的新增收益是多少，新增成本是多少？如果新增收益大于新增成本，那这个行为就值得去做，反之亦然。

具体到自助餐和点菜上来看，自助餐的特点是不管你吃多少，收费都是固定的。假设定价是200元，入场时你交了200元，进入餐厅后，你吃任何东西都不会再额外收费，也就是说新增的成本（边际成本）是零，你根本不需要再考虑你选择自己喜爱吃的食物时会不会增加成本，那么你就会尽量多拿，最终在面前堆成了小山。

而点菜就不一样了，每多点一道菜都会有新增的成本（边际成本），那么你点菜的时候，每多点一道菜都会衡量一番，这道菜带来的收益是不是会大于它的成本，只有回答“是”的时候你才会继续点。显然，由于边际成本的存在，点菜的总量一般都会低于自助餐形式下消费的食物。

可见，自助餐和点菜由于边际成本的不同，导致了行为选择模式的不同。我看到抖音上有一个特别夸张的例子：两个美女去五星级酒店的自助餐厅吃不限量的大闸蟹，每个人吃了40多个，吃到餐厅的库存都售罄了，只好到别的酒店去调了一些大闸蟹过来现做，她们一直等到晚上十点半吃完了最后一批大闸蟹，才心满意足地离开。很难想象，如果是点菜的话，她们怎么可能会创造这样的纪录？

边际成本这个概念不仅体现在我们吃自助餐上，实际上，很多日常中的交易行为都与边际成本相关。

我们在做一些决策的时候，考虑的未必是单位成本，而是它的边际成本。比如一家航空公司，在临近起飞时，可能会以非常低廉的价格甩卖机票，这些机票的定价甚至远远低于每个座位所分摊的成本。为什么这个时候航班会以远低于成本的价格来销售机票呢？

因为航班需要在确定的时间起飞，不管是空座还是满座，每起飞一次，总成本已经是确定的了，不管坐多少人，它的成本基本上已经确定了。所以每多卖出去一张机票，边际成本都几乎是零，这个时候如果能再多卖出一张票，哪怕只多卖出去100块钱，这100块钱也是新增的收益，总比没有卖出去要好一些。

所以说，虽然多卖出的这张票本身是亏损的，但站在总的收益角度来看，因为它的边际成本为零，边际收益是正的，那么这个销售行为就是值得的。

边际效用是逐步递减的

边际效用递减（diminishing marginal utility），指在一定时间内，在其他商品的消费数量保持不变的条件下，当一个人连续消费某种物品时，随着所消费的该物品的数量增加，其总效用（total utility）虽然相应增加，但物品的边际效用，即每消费一个单位的该物品所带来的效用的增加量呈现递减的趋势。边际效用递减是现代经济学发现的一个重要规律。

回到自助餐这个例子上来，如果你花了200元去吃自助餐，明明吃饱了，为了“吃回票价”，依然选择继续吃，直到撑得特别难受才罢休。

只有这样，看起来确实是“200元没白花”，但是吃多了又很难受，这就说明：超出自己需求的多吃行为，给你带来了负效益。

其实，无论你吃了多少，这200块钱都无法收回。200块钱是不是白花，与你吃了多少没有关系。我们花钱，本质上希望得到的是“满足程度最大化”，只要达到最大化了，就够了。而不是一直吃，导致满足程度不断下降，直至给自己的身体带来损伤。

“无限续杯”也是如此。这个概念看起来像是无底洞，但是实际上每个顾客喝了几杯饮料呢？我自己是最多喝一杯，有时候临走再带上一杯，也仅此而已。

这是因为，人对饮料的欲望是有限的。随着一个人享受饮料的次数越来越多，从饮料中获得的满足和愉快感会逐渐减少，这叫作边际效用递减规律。

陈佩斯和朱时茂1984年的小品《吃面条》，就完美呈现了边际效用递减法则：

一天没吃饭的陈佩斯,遇到在招聘演员出演吃面场景的导演朱时茂。初见面条,陈佩斯就敏锐地把重点放在了吃上:“打卤面!”

还没开拍,陈佩斯就“吸溜吸溜”地偷吃起面条。被导演发现后,还聪明地找了个理由:“不瞒您说,我今儿早饭就没吃。我先垫个底儿。”甚至对自己的吃面实力充满信心:“没关系,我看那儿还有一桶呢。”

当导演让陈佩斯装满面条找拍戏的感觉时,他还有点不敢相信地问:“真的,还让我吃一碗?”在得到肯定答复后他盛了满满一大碗面条。

由于他注意力全在面条上,根本没心思去拍好戏。甚至在导演问他感觉如何时,他竟然回答“咸淡正好”。

拍戏难免反复,陈佩斯的面条也越吃越多,终于超出了他的承受极限。肚子越来越撑,甚至都难以蹲下来,很多次面挑到嘴边又放下,还不停地打嗝,无奈之下,陈佩斯只能“逃面”而去。

在这个故事中,陈佩斯由于一天没吃饭,一开始对面条的期望是非常高的。但是随着面越吃越多,对面条的期望终于为负。从“急切寻面”到“主动逃面”的全过程,我们可以发现,对于陈佩斯来说,面条的边际效用一开始为正,而且非常高,但随着数量增加,面条的边际效用虽然为正但逐步下降,最终为零甚至为负,不得不落荒而逃。

作为理性人而言,他应该在面条的边际效用为零的时候停止消费,不能让面条的边际效用落入负的区域。在这个阶段,陈佩斯的决策准则先后经历了越多越好、越少越好和适可而止三个阶段的切换。

为什么会出现边际效用递减现象呢?

我们可以从生理角度来解释。效用大小,即满足神经兴奋的幅度,消费某种服务和产品都能够给我们一个刺激,人的神经就获得相应的满足感(产生效用),随着同样刺激的重复发生,兴奋程度就会下降(边际效用递减)。

也就是说,我们对外界的刺激反应的阈值,受外界单一相同事物的反复刺激是不断加大的，虽然物品的实际效用是不变的，但随着消费数量的增加，效用不断累积，新增加的消费所带来的效用增加越来越微不足道。

也可以用系统论解释：每消费一个单位的物品都是为系统增加存量，存量（总效用）越大，相同流量带来的变化就越不明显（效用递减）。

“无限续杯”不代表“无限喝”

边际效用从理论上来说可能为负，但实际理性的消费者会尽量不让其发生。因为当某种服务或产品效用趋近于零时，消费者将不再增加消费量，而会改变其消费方式，去满足其他欲望，以获得更大的效用。

在谈到边际效用递减规律时，这里非常重要的一点是“同一物品”，消费者对不同物品的满足程度是不同的。而且在连续消费某类物品时，如果不同消费品带来的刺激是鲜明的，将使满足程度大大提高，边际效用会发生改变。

比如你的第一部智能手机，效用很高，天天在用，为了工作需要，你又买了第二部手机，它的效用肯定不如第一部大。此后如果你需要一个大屏幕的电子设备，你就不会再买一部大屏手机了，你可能会买个iPad。

再比如，喜欢多动的小孩，总让他做一件事情或玩一种玩具，他会感到非常不开心；一旦换一种游戏或换一个地方，他就会感觉非常新奇，非常开心。

有人可能会问，我们玩一款手机游戏，一天玩十多个小时都不累，还会上瘾，每次玩边际效用都没有减少啊？

手机游戏其实不符合我们所说的“同一物品”这个概念，比如“王者荣耀”，每局会匹配到不同的玩家，每个人所选角色也不同，每局发挥也会有变化，这让游戏充满了各种不确定性，使每一局游戏都有不同的特性。

这也正说明边际效用递减规律对同一物品是有效的，不适合不同物品的消费情况。

边际效用递减规律广泛应用在我们的生活之中。举个简单的例子来解释。

我们去商店买衣服，经常会看到“第二件八折，第三件七折”的推销，但是为什么没有“第四件六折，第五件五折”了呢？因为人们对衣服的需求是有限的，你去买一件衣服，售价1000元，第二件打八折也就是800元，很多人就会再买一件，但是第三件打七折的时候，很多人可能就不会再买了，因为再买这件商品的满足感已经达到了饱和。

那么大家也可以想一下下面这些问题，是不是也能够用边际效用递减规律来解释呢？

为什么婚姻有“三年之痛，七年之痒”的说法？

为什么当你饿的认为自己可以吃下一头牛的时候，两块牛排下肚，再让你吃牛排你就想吐？

边际效用递减规律，很好地解释了“无限续杯”的陷阱所在。比如你在喝第一杯饮料的时候，会特别喜欢，咕咚咕咚大口喝；第二杯的时候，你已经快喝饱了，这时候改为小口抿了。真要是给你送过来第三杯，估计你会厌恶地推开，为什么？因为你喝不下了，再喝就是负担了。

这么一想，道理就通了，虽然商家说的是“无限续杯”，实际上已经笃定了你最多也就两三杯，平均下来也就是个“买一杯送一杯”的成本罢了。

如果一开始你就知道会在单一产品上发生边际效用递减，你会怎么样呢？你就会考虑只喝一两杯饮料，然后再买一些别的食物一起吃，这样的总体效用才会最大。

看吧，不仅“无限续杯”不会让商家破产，而且还促进了别的商品销售。

“拆东墙补西墙”

“无限续杯”的奥秘并不仅仅在于此。

很多商家为了证明自己真的是可以无限续杯，甚至把饮料机放在了服务台的外面，付款时直接给你一个杯子，自己去续吧，想喝哪个喝哪个，想喝几杯喝几杯，也不用有不停找服务员续杯的心理压力。

看起来是很人性化的服务对不对?

实际上，这个又是商家的另一个技巧了。通过无限续杯，把饮料灌装、送到座位这一系列应该提供给顾客的服务取消了。

别看就是省掉了这几个动作，对于人工成本比较高的地方来说，节约的成本也是非常可观的，几乎是可以少聘请一两个服务员了。

可见，通过送你一杯成本非常低的饮料，减少了对你的服务成本，实现了成本的转嫁，而且还让你高高兴兴就把服务自己的活儿给干了，是不是挺两全其美的?

转移成本是商家比较常见的一种销售模式。我们去某家店消费，往往店家会给一些优惠券，甚至是别家的优惠券。比如，去健身房办理会员卡，可附赠餐饮店的健身餐代金券一份；去酒吧消费，满足一定的消费金额，可获得代驾平台优惠券；去吃火锅，免费赠送一张盒马鲜生折扣券。大家想过是为什么吗?

因为精准的营销是非常难的。商家为了精准找到潜在消费者，如果通过广告等推广形式，不仅耗费大量的财力，而且效果不佳。看到广告的十个人中，都未必有两个人能产生消费欲望。

那么，如何精准找到潜在消费者呢?不知道大家注意到了没有，刚刚这些其他商家消费券，都与你现在的消费有着密切的关系，健身的人会非常需要健身餐；喝了酒的人找代驾的可能性大增；爱吃火锅的人往往对生鲜有较大兴趣。

由于这些商家的自然联系，他们共享相同的潜在消费者，互相之间导流，可以更精准地找到潜在消费者并激发其消费欲望。所以，这种消费券虽然看起来金额不小，实际上由于定位精准，比通过广告来推广的费用少多了，反而商家还以更低的成本实现消费的最大化。

这个问题，让我想起一位企业家说过的一句话：我卖的每一样东西都亏钱，但是加在一起却赚回来了。

“得小便宜吃大亏”

你以为就是这么简单吗？不是，“无限续杯”的意义远不止于此。

更关键的是，通过这个噱头，不仅吸引了更多消费者，还降低了对餐厅其他产品价格的敏感度。

这也算是注意力经济的一种实践吧。人在同一时间能够关注的重点是有限的，当“无限续杯”这个噱头已经占据了点餐时的重点，你对其他产品价格的关注就无形中降低了。你可以设想一下：这个时候，你是不是就没那么多心思去计算他们家的主菜是不是比周边的略贵了那么几块钱？

而且，就算你关注到了，是不是觉得这家店连饮料都无限续杯了，贵几块钱也是应该的吧？

人们对于不同产品的价格敏感度是不一样的，对于饮料这种价格低、标准化程度高的产品，敏感度更高。一杯可乐大家都卖2元，如果哪个商家敢卖5元，你是不是就奋起离席再也不来这家店了？

但是如果一个汉堡大家都卖30元，这家店却卖35元，你是不是觉得也还好？

看吧，可乐贵了3元让你拉黑了整家店，汉堡贵了5元你却觉得很正常。为什么呢？

这就是不同产品带来的价格敏感度不同。商家通过小赔、大赚，实现了整体收益更高，而你作为消费者，却只关注到了低价产品的大幅度优惠（而实际优惠金额却不大），却忽视了高价产品的价格上浮。

在经济学理论中，价格敏感度（price sensitivity）表示为顾客需求弹性函数，即由于价格变动引起的产品需求量的变化。由于市场具有高度的动态性和不确定性，这种量化的数据往往不能直接作为制定营销策略的依据，甚至有时会误导企业的经营策略，而研究消费者的价格消费心理，了解消费者价格敏感度的影响因素，能够使企业在营销活动中掌握更多的主动权，也更具有实际意义。

巧用价格敏感度是商家常用的“花招”之一。比如，你是否会觉得2.99元比3元要便宜得多呢？这种现象被称为左位效应或左位偏差（left digit effect/bias），即消费者大部分的注意力都放在商品价格最左侧的数字上面，而这些数字决定了该商品价格是否在其可承受范围之内。

有资料显示，当商店产品的价格从整数价格下降到含小数位的价格，销售量会有一个明显的提高。对于经常购买的日用消费品应当用奇数做尾数定价，对于不经常购买的耐用品应当用偶数做尾数定价，因为奇数暗示着节约，偶数暗示着声望。

心理学家指出：当价格以“99”结尾时，产品能吸引消费者的注意；当价格以“8”结尾时，意味着对称和平缓，在中国也代表要“发”的意思；当价格以“7”结尾时，意味着笨拙和刺耳；当价格以“6 ”结尾时，意味着顺利和通达；当价格以“5”结尾时，意味着快乐。

对于价格变动，消费者也会有不同的反应。比如，商家将价格从89降至75或从93降至79，尽管下降数额相同，但消费者感觉第二组（从93降至79）价格下降更多，因为消费者对价格的比较首先从第一个数字开始，只有当第一个数字相同时才会依次比较后面的数字。

看完了这个故事，我们再来回顾你一开始提出的问题：我是该等隔壁店因为“无限续杯”而破产，还是要跟着他一起搞“无限续杯”呢？

看来指望隔壁店因为“无限续杯”而破产是比较难了，问题是，要跟着他一起搞“无限续杯”吗？

首先来看，什么样的产品适合作为这类噱头？

一般来说，这类产品应该具备三个特点：一是成本较低，二是能够带来关注度，三是能够转移其他成本。只要是符合这类特点的都可以。

你这个产品属于独家配方，也算是主打的“拳头产品”，确实符合能够带来关注度这个需求，如果本身成本、价格都比较低，大家能够通过这个独特的产品被吸引进来，从而消费更多你店里的其他产品，那么确实可以作为“无限续杯”的标的。

你不妨试试看。结果会如何？希望你能再写信告诉我。

23 信任成本

做生意，最贵的成本是什么？

看看商家为了赢取顾客信任都干了些啥

Zumbo：

我是一个创业者，一直秉持长期主义，抱着“诚信为本”的经营理念，希望通过优质的产品、贴心的服务，来争取消费者的信赖及长期的回报。

但是，最近连续两次创业都给了我一个巨大的困扰。

以我之前开的蛋糕店为例吧，我总是用最好的面粉，坚持不放添加剂，每个蛋糕都争取统筹好时间，让顾客来取货的时候刚刚出炉，以保证是最新鲜的产品。

但是，坚持了很久，生意仍然不如对门的一家蛋糕店，虽然我一看就知道他用的只是普通面粉，甚至为了口味更浓郁，还添加了各种只有业内人士才知道的添加剂。

为什么我努力经营，却得不到顾客的认可呢？

我怎样才能让顾客知道我是一个诚心诚意做好产品的商家，从而赢得他们的信任呢？

顾客和商家是一对天然的对立体。

正如我们之前讨论过的信息不对称，由于市场上买卖双方掌握的信息不一样，导致了双方议价空间不同。商家由于掌握了对产品的较多信息，往往处于强势地位。但是这种强势地位也存在着风险，那就是消费者的天然不信任。

没有信任，就没有买卖。商家为了销售，必须赢得消费者的信任。

于是，银行喜欢用高大厚重的石材来装饰门面，是为了赢得顾客对银行保护资金安全的信任；

牛奶喜欢渲染产地，是为了赢得顾客对牛奶品质的信任；

水果店里出售的水果上还留有两片叶子，是为了赢得顾客对水果新鲜度的信任。

在一切你能感知或不能感知的场景下，商家们都精心安排了若有若无的痕迹，只是为了赢得顾客的信任，从而促使顾客的消费。

让我们来看看商家为此设下了哪些套路吧。

展示极端打造过硬品质

我们经常说的“二八理论”运用到商业中就是：80%的利润来自20%的顾客。为什么新客户和老客户利润贡献率会差那么大呢？因为维护好一个老客户，与开发一个新客户的成本对比非常明显，其实这也是信任成本在作怪。

作为一个新产品、新品牌，要想赢得顾客信任，就必须以一种超出想象的方式，直击人心，把品牌想要打造的形象一下子烙在顾客的心中。

比如，华为在刚推出Mate10的时候，为了打造这个高端品牌，营造出品质过硬的强悍印象，就做了一个非常典型的极端展示广告。

刚刚走出救火现场的消防员，用手机视频向妻子女儿报平安，而年幼的女儿看到手机里满脸黑污的爸爸，竟然把手机放在水龙头下给爸爸洗脸。这样一个戳人心窝的举动不知道惹哭了多少人。更重要的是，让所有观众潜移默化地记住了Mate10强大的防水功能。

从营销角度看，把手机放在水龙头下冲洗，属于展示产品的极端性能。这种营销被叫作西纳特拉测试（the Sinatra test），即品牌方通过展示产品在某些极端情景下的性能，取信于心智缺乏安全感的消费者。

西纳特拉并不是科学家，也不是经济学家。西纳特拉是20世纪美国著名的歌手。他在经典名曲《纽约，纽约》中唱道："如果我在这儿能成功，到哪儿都能成功。"

因此，人们用他的名字定义了信任原则——西纳特拉测试：如果你在某一领域取得了令人信服的成绩，那么到其他领域也都能让人信服。主要体现为两种形式：

一是头部作用。比如，如果你的产品进入了以对供应商严酷著称的某卖场，那么进入其他卖场也便是水到渠成的事了。

二是极端案例。在营销行业中多以公关事件出现，比如当年某些品牌为了证明自己的环保漆安全无害，策划了公关事件：他们的领导在媒体面前，把自家油漆给喝了。

可见效应打破认知偏见

从某种意义上说，可见效应是对可得性偏差的逆向运用。

可得性偏差我们之前讲过，是指人们进行预测和决策时大多利用自己熟悉的或能够凭想象构造而得到的信息，导致那些易见的、容易记起的信息被赋予了过大的比重。

举个常见的例子，比如我们办公室的小姑娘刚来应聘的时候，看到我用的手机是黑色，开的车也是黑色，就问我："是不是男生喜欢黑色？我看到很多男生都是用黑色的手机，开黑色的车。"这个姑娘的结论就是典型的可得性偏差。

当她有了这样一个偏差后，就会不自觉地关注用黑色手机、开黑色车的人，看看是不是男的。如果是男的，符合自己的设想，甚至还会非常自嗨地说"果然如此"。

很多商家就把消费者的偏见思维应用到营销中来。比如，当消费者选水果的时候，会非常在意这个水果是不是新鲜，如果正好挑到一个坏的，就会觉得这一篮子的水果都是不新鲜的。那么现在反过来，如果商家在水果边上放一些和水果匹配的叶子，消费者就更容易相信这个水果是新鲜的。哪怕再挑到不好的，消费者也会自我安慰，“说不定是这一个在运输途中压坏了”等，而不会怀疑是不是新鲜度有问题。

再比如，大家去餐馆吃饭，都很担心菜品是不是卫生，因为在后厨翻炒的过程我们看不到摸不着，心里没有底。甚至，有的时候刚刚选中的活鱼，端到餐桌上还是不是原来那一条都无法相信。怎么办呢？除了当着顾客的面杀鱼之外，现在很多餐厅开始流行用大透明玻璃，把后厨开放给用餐者观看，通过干净、整洁、忙碌的后厨环境，让顾客们相信，吃到嘴里的菜是干净卫生的。

体验至上让顾客亲身感受

相比上文所说的“看到”，更进一步获得消费者信任的办法是让消费者自己去体验。

大家都注意到，卖车的4S店往往特别欢迎顾客试驾，哪怕你并不是真心想买，只要提出试驾要求，他们都会热情安排。甚至你只是路过看了一下，他们还会主动拉你去开一圈。

在现在的销售模式下，很多新能源汽车下单都是在网上进行，根本不需要线下操作。但是商家也会设置高大上的4S店，并邀请路人坐到车上试一试，甚至开到路上走一走。

为什么呢？因为车子这种昂贵、耐用的大件消费品，不仅价格高，而且安全需求更高，为了买到放心的车辆，顾客往往需要迈过比一般采购高很多的信任门槛。销售人员热衷于拉你去试驾，正是想要引导你亲身体验，通过体验产生信任感。虽然对于一个不熟悉的车子，开一圈并不能增加太多了解，但是亲身体验的过程，却能给人留下更信任的印象。

食品零售领域经常用到的嗅觉营销，从某种意义上讲，也是借由消费者的感官体验来建立信任感。比如，很多面包店会用扩香机把优选出来的香味（并不是真的烤面包散发的香味）扩散到店面大堂，让消费者借由香味相信他们的产品美味可口，并产生购买动机。

权威力量增强背书

我们对权威有着天生的信赖感。比如，当古人自己无法判断一件事情可信与否的时候，一般倾向于相信部落里的长辈、首领等，这些人仿佛天生有股力量，值得我们去信任。

罗伯特·西奥迪尼（Robert B. Cialdini）在其经典著作《影响力》一书中就有详细阐述各个领域中的权威专家对消费者信任的影响。在信任权威的基础上，不管是他们说的话，还是做的事，我们都愿意相信。

比如，关于健康我们倾向于听医生的建议。关于新冠肺炎疫情，只要张文宏医生出来说这波疫情已经被控制了，我们就会相信；只要钟南山院士打了疫苗说安全可靠，我们就愿意去打。甚至，很多时候，只要这个人看起来像医生，我们就愿意听，比如很多广告中扮演的医生角色都能给产品带来更好的销售。

消费者信任的还有权威机构。作为个体，消费者往往对很多产品的技术领域所知甚少，希望能有个专业的机构来帮助他们做检测，以减少购买中的决策风险。比如，广告中常用的第三方认证，因为不是商家自己在自夸，立场不受商家利益本身影响，天然具有可信度，消费者更容易相信这是真实的。

权威媒体也是建立消费者信任的载体。一些来头很大或者专业领域的媒体，都会更容易让用户信任。比如央视，在央视投得起广告，消费者会觉得更加权威可信。

有的时候，商家还会通过涨价来引导消费。因为，很多消费者会认为，大部分情况下贵的东西可能比便宜的东西要好；或者说，高价产品比低价产品更容易赢得消费者的信任。比如，很多网上的付费课程都会阶段性涨价，其实就是向潜在消费者释放明确的信号，让消费者意识到，培训课程确实物超所值，否则不会涨价，从而在临涨价前出现一大波抢购潮。“高价格等于高质量”的思维捷径，在吸引潜在消费者报名的过程中扮演了重要的角色。

品质保证可以解除后顾之忧

对产品实施“三包”，包修、包退、包换，是对产品质量的一种担保。

当消费者对你的产品没有信心时，让他们试一下、感觉一下，当然能够克服信息不对称。但是消费者会始终存在一个疑虑，特别是对于价格较高的产品来说，万一出现品质问题怎么办，怎么解决？

实施“三包”，承诺可退可换就可以了。所以“三包”的办法，确实是对解决信息不对称有很大帮助。比如现在在淘宝买的东西，基本都可以七天包退。

有的企业甚至在此基础上还继续加码。比如，很多电子产品，不仅实行“三包”，还提供延保服务。如果你去一家品牌店购买笔记本电脑，店员往往会问：要不要加一点钱买个延保？每台电脑自动有一年保质期，加一点钱可以延保到三年。

延保价格虽然不高，但是属于额外支出，估计很多人都不会买，那为啥厂家还提供呢？

多赚钱吗？是的话，那应该把价格降下来，大多数人都更愿意买。

为了宣传吗？让人觉得他的产品可靠？真是这样，为啥不直接送三年延保呢？

要回答这个问题，让我们先看看什么样的人会买延保。

如果不买延保，一年后保质期满，就需要非常小心，爱护电脑，因为保修期过了，再维修就要自己出钱。

但有一种人，他们知道自己粗心大意，经常会把咖啡洒在键盘上；知道自己经常出差，电脑会被放在箱子里撞来撞去；知道自己对电脑要求特别挑剔，容不得屏幕的一个盲点、风扇的一点儿噪声。

还有一种情况，电脑是公司采购，经常换不同的人使用，损坏的可能性大，所以愿意多付一些钱买延保。

厂家提供延保的目的，是要克服信息不对称，把那些粗心大意、特别挑剔的客户筛选出来，收取更高的费用。

这样就使得他们确保产品质量所要付出的边际成本不至于太高。比如，键盘不需要做到绝对防水；屏幕不需要坚硬到可以抵抗小刀涂刮；机身不需要坚固得可以抵抗一米高的坠落。

这样带来的效应就是，商家生产的产品不需要那么坚固，可以节省很大成本，从而降低售价，提高竞争力，代价只是消费者使用时稍微小心一点就好。而那些粗心、挑剔的客户，可以通过附加收费来保证产品的长期使用。万一真的出现了三年内损坏等情况，维修和更换成本也会控制在合理范围内，最终商家和顾客的效益都实现了最大化。

品牌认知打造长期信赖

消费者的认知对于品牌来说简直太重要了，它决定了品牌在消费者心里的样子，从而影响他们的行为。因此，在消费者心里，对某个品牌产生一个独特的认知，使品牌与某种特征产生密切联系，是品牌战略的重要方向。

用一句话概括认知的作用就是：你是什么不重要，关键是消费者认为你是什么。

说到认知，又怎能脱离了心智呢？那句“在消费者心智中占据一个有利的位置”，不知道激荡着多少企业主和营销人的心。

品牌之间的竞争取决于消费者的心智，要在消费者的心智中占据一个有利的位置。于是，我们看到市场上的很多品牌都在抢占消费者的心智。

心智规律之一是不愿轻易改变，毕竟，有些认知一旦形成就很难改变。比如有些人认为先有鸡后有蛋、地球是圆的，你再怎么跟他说，他也不愿意改变已有的认知。

如果想要消费者购买自己的产品，就需要在消费者心智中建立一个有利于出售产品的认知。

第三方平台增强信任

随着互联网技术的成熟和推广，互联网平台也在解决信任问题上起到了非常大的作用，买房租房、二手车市场都是非常典型的例子。

在一众二手车平台没有出现之前，不是没有二手车市场，而是二手车市场交易非常不透明。因为信息的不对称，造成了交易需要极高的信任成本，不仅仅是价格的问题，而是车的质量会涉及人的生命。

很多人因为在二手车行业没有信任的人，只能等赚够了钱，或者通过贷款的方式去购买新车。

敢在二手车市场买车的用户，要不自己就是“懂车帝”，要不就是身边有高人指点，再不然就是和二手车市场的老板是朋友。

二手车市场的卖家和买家的信息不对称，买家为了避免损失不断压低价格，最终导致更多的低质量低价格车进入市场，造成了“劣币驱逐良币”，市场的不信任越发严重。

那应该如何去破局呢？

近年来兴起的二手车交易平台给出了答案。通过大量的广告迅速建立平台的知名度，对进入平台的二手车进行专业检测，保证二手车可以按质量评估一个合理的价格，同时用平台来为交易背书，给出“买贵了退双倍差价”的承诺，提供专业的售后服务，保证买卖双方的公平。

互联网二手车平台所做的一切努力，都是为了降低用户的信任成本。一旦信息对称了，信任达成了，品牌就建立起来了，一个信息不对称的存量市场很可能变成一个增量市场。

所以说，平台经济本质上也是一种信任经济学。平台往往更擅长保护买家，获得买家的信任，便可以更高效地收回投资。平台会对卖家设置准入的规则，确保不受信任的卖家不会出现在平台上。

另外，平台还会为买家提供各种信息，买家也可以为卖家评分。在这种机制下，平台具有了监管方的职能，也能促进卖家之间的相互竞争。卖家之间的竞争在一定程度上保护了买家的权益，同时该平台对于买家也将更具吸引力。

做一个可信赖的人

刚刚我们讲到的不管是极端展示、可见效益、体验服务，还是权威背书、品质保证、品牌认知，甚至是通过第三方平台，本质上都是为了破解消费者的不信任感。很多商家都在这些方面做了很多尝试，我相信这位蛋糕店老板也能从中学到很多知识，把自己的真诚更好地呈现给消费者。

但是，努力让消费者建立信任只是一个表象，最根本的还是要值得被信任，只有努力做一个真诚、可信赖的人，才能在自己周边建立起信任圈。

因为，信任的力量并不仅仅存在于商业之间，社会之间的信任，人与人之间的信任，更加重要。在任何情况下，信任带来的影响都是我们无法预测的，而我们也会因为彼此之间的信任获得意想不到的收获。

信任其实是一个可测量的成效加速器，当信任上升的时候，效率会随之上升，同时成本也会随之下降，从而创造出更多的利润，这便是信任所带来的红利。

怎样成为一个值得被信任的人呢?

关于这个问题，《信任的速度：一个可以改变一切的力量》的作者富兰克林・柯维（Franklin Covey）做出了回答。在这本书中提到了信任的四个核心：诚实、动机、能力和成果。

这四点不仅仅是评判一个人是否具有高度信用的标准，也是对自我的拷问：我有很强的信任感吗？我值得别人信任吗?

假如你现在是一场法庭诉讼中的专业证人，在没有物证的情况下，原告的律师要试图让陪审团相信你是一个有用的证人，那他怎样才能让人信服呢?

首先，要证明你是一个诚实的人，这就要求你诚实可靠，有说实话的声誉。

其次，就要证明你有好的动机，你没有任何袒护别人的企图，不会使证言带有偏见。

再次，就是要证明你有优秀的能力，在你作证的领域里，你的确具备足够的专业知识和技能。

最后，要证明你有良好的记录，在过去的场合里，你已经取得过很好的成果。

或许有人会说，有了这些，也不一定能证明证人的话令人信服。但是如果没有这些，一个人在没有物证的情况下，就更不可能被他人所信任。

而在这样的案件里，其实审的就是证人的信用，就是大众对一个人的信任，而信任的四个核心就是一个人可以被人取信的关键。

在任何情况下，要想拥有好的信用，能够被人取信，就一定要构建高度的自我信任，一定要有长期经营信任四核心的意识，因为它会帮助你看清自己的信用问题，并专注于你自己需要改进的方面。

再次回到最初的问题上来，我能理解，当一个努力走诚信路线的商人，遇到不信任的力量，遇到那些短期内坑蒙拐骗获益的人，也会怀疑自己的路是不是对的。

但是，请相信：时间会奖励诚实的人，只要你能充分展示你的诚实，顾客会慢慢发现你的真诚，而你的蛋糕店也会有越来越多人信赖。

因为你这样的商家，正是顾客所期待的。当我们生活在一个充满信任的环境里，就会感到充实而满足，因为信任可以带来爱，带来真诚，带来幸福，让我们的生活变得明朗起来。

人和人的相处本就充满了诸多的不确定性，当我们跟他人相处时带着自己的信任，同样也会收获到别人予以回报的信任。如果世界处处充满了信任，那么人和人之间的关系也会变得坚不可摧。

24 激励机制

为什么说金钱不是万能的?

激励机制不只是发钱那么简单

Zumbo:

好久不见。

我最近变化比较大，刚刚辞职开始创业。由于自己之前在硅谷工作多年，后来又是某大公司负责技术的副总，也算是在所处领域具有比较强的技术实力吧，创业数月就迎来了两轮风投，估值过亿美元。

创业上的融资算是一帆风顺，技术开发也是我得心应手的领域，但在人才招聘上却遇到了前所未有的挑战。目前我们公司除了我离职时拉出来的几个骨干成员外，一直在寻觅更多的新鲜血液。前一段看中了好几个年轻、有潜力的人才，给出的薪酬标准也是在80市场分位，而且还许诺了期权，但是最终这几个人都拒了邀约。

我之前一直做技术，对于管理只限于团队的管理，对如何搭建整个公司的架构确实没什么经验。但是我认为道理应该是很简单的：你们经济学不是说金钱是万能的吗？为什么我们在招聘人才时，每一个都给出了远超市场的工资，对方还是拒掉邀约呢？

是的，经济学非常看重激励机制的作用，但激励不仅仅是发钱这么简单。

清华大学经管学院钱颖一院长在“经济学原理”课上，喜欢讲一个笑话。笑话是这样的：

目标是要去南非抓一头大象。找了三个人：一个是学数学的，一个是学计算机工程的，一个是学经济学的。

学数学的人做的第一件事，是要证明南非至少存在一头大象。当然，如果南非没有大象，为什么要去抓呢？但这种做法确实体现了搞数学的人的严谨性。

学计算机工程的人非常实在，立马就去了南非。他编制了一个非常好的程序：从好望角开始，往北走 50 米停下来，画一个半径为 50 米的半圆，抓住这里面所有四条腿的动物，与他电脑里的大象图做比较，误差在一定范围之内就把它叫作大象。没有找到的话就继续前行。这就是搞工程的人的实干性。

经济学家用什么办法去抓大象呢？经济学家说，我既不去证明是否存在大象，也不用跑那么远去南非。因为我相信，只要我把价格定得足够高，不用去抓，大象自己就跑来了。

这就是“人们对激励做出反应”的经济学基本原理。当然，这里做出反应的不是人，而是大象，所以才是一个笑话。

不同的激励，会带来不同的结果。有时候看起来无关紧要的小细节，却能改变整个激励机制的后果。制度经济学认为：好的制度让坏人变好，坏的制度让好人变坏。

有一个著名的历史典故——澳大利亚的囚犯，生动地说明了这一点。

人们对激励做出反应

18世纪末，英国正处于两场大变革时期。

一是工业革命导致农村人口大量迁入城市，大城市人满为患，失业率居高不下。人们蜗居在伦敦、曼彻斯特、伯明翰等地，却无法维持生计。为了讨生活，很多良民都只能做窃贼，偷点东西吃。

英国政府为了杀一儆百，当时的法令特别严苛，偷价值一先令的东西（相当于现在300元人民币的购买力）就要关押、流放。至于劫道的、卖淫的、杀人放火的，就直接吊死。

二是让囚犯参加劳改也是需要大量土地供应的，狭窄的英国本土早就已经不堪重负，没有地方安置这些讨厌的坏人。之前一直作为囚犯流放终点站的美国独立了，大批的囚犯没有地方可去。

1770年，库克船长发现了澳大利亚，于是向英王报告发现了一块新的大陆，也就是如今澳大利亚最发达的新南威尔士州，并以大不列颠的名义宣布对澳大利亚东海岸地区拥有主权。

由于澳大利亚地理位置孤立，是流放这些囚犯最好的地方。英王乔治三世决定将澳大利亚作为集中的罪犯流放地。

1788年1月26日，由11艘船舰组成的舰队，将548名男罪犯和189名女罪犯送到澳大利亚，一直到1840年，澳大利亚一共被送去了16万名罪犯。

开始的时候，英国政府按照运送囚犯的人数付给船长费用，船长拿到资金后，离开英国口岸就不再关心囚犯的生存状况和数量。

在运送囚犯的过程中，由于囚犯多、路途远，路上需要大量的淡水和食品，再加上医疗条件差，药品缺乏，导致很多人死在途中。甚至有些船长为了节省成本，不供应足够的食品和淡水，囚犯生病也不给医治，还有一些囚犯被无辜杀害。一些船只在运输途中，囚犯死亡率巨大。

有一次在航运过程中超过三分之一的犯人都死了，其余的人到达时也都是精疲力竭，饥饿难忍，疾病缠身。一名大副在评论这些罪犯时残酷地说：“就让这些死鬼们下地狱吧，反正运送他们的酬金老板已经拿到了。”

英国公众对这些罪犯也没有多少好感，但问题在于，这些罪犯们并没有被判处死刑。于是，新闻报纸发表社论要求改善航运条件，宗教人士呼吁船长们应该有人道主义精神。立法委员们通过了立法，要求改善航运过程中的食物和饮水、光线和空气，以及提供必要的医疗救助。

即使这样，死亡率仍然一直高得惊人。直到有位经济学家给出新的建议之前，任何措施都没有见效过。你能想象得出这位经济学家给出的是什么建议吗？

这位经济学家建议，不应该在大不列颠上船时就为所有的囚犯付清费用，而应该在到达澳大利亚时，为那些能离开船只的囚犯向船长们支付运费。

1793 年，当新的措施实施后，囚犯存活率立即跃升为 99%。一位精明的观察者如此评价这一事件：“经济战胜了情感和仁爱。”

这一故事说明了一个经济学的重大启示：人们会对不同的激励，做出截然不同的反应。

如果在囚犯上船时，就已经向船长们支付完了费用，不但缺乏促使船长们善待囚犯的激励，甚至这样的做法只能激励船长们虐待囚犯。例如，有些船长不为囚犯供给必需品，他们把囚犯的食物储存起来，然后在到达澳大利亚后卖掉这些食品，并从中获得丰厚利润。

但是，如果只有当囚犯活着到达目的地时，船长们才被支付运费，对船长们的激励就发生了变化。在此之前，船长们能从囚犯的死亡中获利。但现在，激励体制“确保对每一位死亡的可怜人，都至少有一位忠诚的忏悔者”。谁会忠诚地忏悔呢？

船长们。

至少他们会真诚地忏悔少赚到的钱——如果这些可怜的人还活着，船长就能得到这笔钱。

激励机制看起来很容易，从“先付费”改成“后付费”就解决了囚徒的船上困境。但是，在复杂的市场环境下，激励机制的有效发挥却未必那么简单和轻易。

社会良性运作离不开激励机制

激励无处不在，不仅仅存在于某一个组织、企业内部，更是这个商业社会良好运作的基础。

我们都理所当然地认为，当我们走进超市的时候，货架上会摆满琳琅满目的商品。我们每天都依赖其他人为我们提供食品、衣服和住所。为什么会有这么多人在为我们的利益服务呢？亚当·斯密在《国富论》中解释道：

“我们能期待的宴餐，并不是屠夫、酿酒商和面包商的仁慈，而是来自他们对自我利益的追求。”

这正是经济学中最不寻常的发现：在合适的条件下，激励能把私人利益和社会利益结合在一起。超市储存有来自全世界的商品，是因为激励机制。在这里，商业利润在引导和协调成千上万人的私人利益与社会整体利益相一致。

只要看看你每天早上买到的新鲜蔬菜经历过什么就知道了。菜农在早晨5点醒来，到批发市场卖菜。卡车司机6点钟把收到的各种菜品运往超市，超市售货员7点钟就要把所有菜品摆放好等待你起床后光临。因为早起会让他们得到更丰厚的利润，这就是早起的激励机制，自然而然地促使他们每一个人都在为自己的利益努力，但与此同时，也在满足你我的利益需要。

不仅仅是直接的物质激励，经济学家还认为，人们会按照一种可预测的方式来对待各种激励，名望、权力、声誉、欲望和爱好，这一切都是重要的激励。甚至连仁慈也是对激励的一种反应。例如，在经济学家看来，慈善机构为其捐赠者的名誉做宣传是毫不奇怪的。当然，是有些人在匿名捐助。但是，在你们的校园里面，有多少建筑物是被命名为“无名氏大楼”的呢？

激励机制具有路径依赖

如果告诉你，美国航天飞机助推器的宽度是由古罗马两匹马的屁股决定的，你相信吗？但是人类历史留给我们的答案就是这样。

美国航天飞机燃料箱的两旁有两个火箭推进器。这些推进器造好之后要用火车运送到发射地点。路上要经过隧道，隧道的宽度比火车要宽一点，所以推进器的宽度是由火车轨道宽度决定的。现代铁路两条铁轨的标准距离是四英尺又八点五英寸。

为什么是这个尺寸？因为早期的铁路是由建设电车的人设计的，而电车的轮距就是四英尺又八点五英寸。

最初造电车的人哪里来的？以前他们是造马车的，马车的轮距标准是四英尺又八点五英寸。英国马路辙迹就是四英尺又八点五英寸，如果马车的轮距不是这个尺寸，就会很快坏掉并被淘汰。

那么这些辙迹是从哪里来的？整个欧洲，包括英国的老路都是罗马人铺设的，路上的辙迹就是古罗马战车留下的。古罗马战车的轮距就是四英尺又八点五英寸。任何其他轮距的车在这些路上行驶，都会很快坏掉。

那古罗马的轮距为何是四英尺又八点五英寸？因为战车是由马来拉的，两匹马不能太近，也不太远，所以两匹马的屁股宽度决定了这个战车轮距的宽度。

这就是制度经济学中的路径依赖。

如果一个人陷入路径依赖，就无法走出固有的“城池”。比如，一个资深员工被老板开掉，他费解地问老板：我有30年的经验，公司为什么要开除我？

老板说，你不是有30年的经验，你是一个经验用了30年。这就是路径依赖。

在传统的手工业，多少人可以一招鲜吃遍天。但是在这个快速发展的阶段，路径依赖会导致人们被时代迅速抛弃，销声匿迹。

不过，一旦选择了好的路径，路径依赖也会带着你自动往前跑。

公司文化尤其如此。一个公司如果一开始就树立了积极向上的企业文化，那么各种新鲜血液的加入，都会不由自主地融入这个文化中去，沿着固有的路径前行，进入一个自我发展、自我进化的良性循环，而不会被各种文化的冲击带偏，抱守住公司的基因和发展动能。

对于在大公司里沉浸了多年的你来说，可能已经习惯了大公司里固有的文化，而不需要去设想如何从头开始构建一个良性的、可持续的、积极向上的公司文化。但是，对于在创业路上刚刚起步的你来说，相信我，文化的构建远比你想象的更重要。文化虽然会自然而然地形成，但是如果不在一开始就加以引导，让文化朝着你期待的价值观靠拢，一旦走偏想要重新调整，路径依赖带给你的挑战是非常艰巨的。

对于一个创业公司来说，也许创新性的业务模式、扎实的技术功底，是在这个高度竞争性的市场经济下闯出一片天的前提条件，正如你这么快就拿到的融资和估值，也正说明了这一点。但是，这只能保证你起步顺利，并不能保证你走得顺利。相信你也看到我们身边很多从大公司出来的创业者，也和你一样有着自己的独特优势，起步也非常顺畅，但是慢慢地走着走着就结束了。

为什么呢？除了市场竞争的原因外，创业公司想要持久地走下去，还必须重视制度，特别是激励制度的作用。在一开始就要树立公司的企业文化，并建立起“促人向上”的激励体系，建立起“人尽其用”的竞争体系，建立起“齐争上游”的创新体系，只有内部运转机制是良性甚至自带动力的，才能始终走在发展的“快速道”上。

吸纳人才不能仅靠金钱激励

回到文初你的问题上来，作为一种想要吸纳人才的激励机制，仅靠高昂的薪酬是远远不够的。

马斯洛需求层次理论（hierarchical theory of needs），包括人类需求的五级模型，从层次结构的底部向上分别为：生理（食物和衣服）、安全（工作保障）、社交（友谊）、尊重和自我实现。这种五阶段模式可分为缺陷需求和增长需求。前四个级别通常称为缺陷需求（D需求），而最高级别称为增长需求（B需求）。

以你现在这个公司对人才的招募标准，应该是只有那些具有强大创新能力的人才能进入你的“法眼”，而这些人由于自我认知比较高，他们的需求也不仅仅限于生理、安全和社交了，更多的是尊重和自我实现。特别是在自我实现上，我注意到你创业起初就已经拉了一些骨干成员进来，那些新招募的人才是否会有合适的发展和晋升空间？他们是否还有机会独立完成一些成就，还是只能被之前的骨干成员所管辖？

你在硅谷工作多年，相信你对硅谷能够成为顶级人才聚集地有自己的理解。以我在那边短暂的生活经历来看，我所认识的那些硅谷的朋友们，虽然也都享受着巨大的物质奖励，但他们也深深被内在成就感所激励，为自己所独立创造的贡献所自豪。硅谷人注重智力激励，勇于接受挑战，用创意去解决困难，这就足以解释为什么存在这些相互矛盾的方面。近一半受访的硅谷专业人士说，他们在业余时间钻研技术项目是为了“获得乐趣”。

全球最大的上市咨询公司埃森哲（Accenture）也有类似的调研结果：大部分硅谷IT专业人员认同挣钱对他们来说非常重要。但是大部分人也承认，他们宁愿薪酬少点儿，只要工作本身可以激励他们，帮助他们在专业领域成长，为公司创造价值。

如果你多和今天中国的“95后”“00后”打交道，就会发现一个很明显的特点：他们更少地追求去大厂，更少地追求财务自由；更看重企业文化，更在乎“工作与生活的平衡”（work-life balance）。

可以说，中国的职业发展氛围越来越趋向于多元化。他们这一代，算自由富足的一代：网络原住民；大富大贵的虽然少，但基本衣食无忧；家里很多有房子，没房的很多也未必想着要买房子。所以，他们这一代的职业规划里，钱很重要，但不是唯一的度量衡和手段。

因此，对于你来说，除了给丰厚的报酬之外，提供给他们有挑战性的工作、有充分自由的创新氛围也是非常重要的。使命感驱动型公司才是“有灵魂的组织”，最具创新性和凝聚力的组织，才有更高的机会穿越周期走得更远。

也许你的公司已经是这样的企业文化，那么是不是你没有充分地展示给那些应聘者呢?

对于年轻的员工来说，仅仅在一家受人尊敬的公司获得一份可观的薪水并不能让他们满足，他们还希望能得到一个有创造力的环境去生活、工作、成长。自由、平等、自我实现、充满创意的工作环境会对他们更具吸引力。

这就是新时代的“金钱不是万能的”吧。

25 商业与慈善

赚了我的钱，你还说是在做慈善?

商业还真是最大的利人利己行为

Zumbo：

最近在看《薛兆丰经济学讲义》，看到了一篇文章，题目叫作《商业是最大的慈善》。我感觉无法理解，生意明明是个以挣钱为目的的行为，怎么就成为慈善了呢?

薛兆丰教授的这篇文章确实引起了极大的热议，仅知乎“如何看待‘商业是最大的慈善’这句话？”这一个话题，就引来了2万人关注，冷嘲热讽者有之，谩骂侮辱者有之。

比如“如果商业是最大的慈善，那么收够了巨额财富的富豪们为什么不大力投资教育？为什么不给工业基础设施建设大力捐款？”

比如，还有人编了个笑话：王健林、马化腾和马云先后开车经过一条岔路口，两条路的路牌分别标着商业和公益。王健林二话不说开向了商业；马化腾思索了半分钟，还是开向了商业；马云慢悠悠地把两个牌子互相对调，向着公益开去了。

2021年5月，比尔·盖茨夫妇离婚的消息刷了屏。这时候很多人才发现，作为微软公司创始人、前世界首富，比尔·盖茨目前的主业是打理慈善基金会。

据媒体报道，比尔和梅琳达·盖茨基金会总资产大约有470亿美元，是世界上最大的慈善基金会。其资产大部分来自比尔·盖茨本人。

1999年，他将当时自己财产的三分之一，也就是大约280亿美元拿出来捐给了基金会。他还曾宣布，未来会把自己财产的95%都捐给基金会。此外，“股神”巴菲特也给该基金会捐了一大笔钱。

那么，要论起对世界的贡献，比尔·盖茨作为前世界首富的微软创始人和世界最大慈善基金会的发起人，哪个身份做出了更大的贡献呢？

商业是一种双赢

商业是不是慈善，要看商业的本质是利己还是利人。

我们从商业的起源来看商业的本质。人类的商业行为早已有之，以物易物是商业行为的最初原型。交换行为的主要目的是互通有无，远古一般是以食物类物品开始，当一方有了剩余之后，会寻求与他人的剩余物品进行交换，这就是商业行为的雏形。

中国人很早就学会了经商，夏代的商国人就开始了经商行为，商国第七任君主王亥为中国商业始祖。王亥不仅帮助父亲冥在治水中立了大功，而且还在商国（今河南省商丘市）服牛驯马发展生产。他发明了牛车，用牛车拉着货物，到外部落去搞交易，开始促使农牧业迅速发展。由于王亥开创了华夏商业贸易的先河，久而久之，人们就把从事贸易活动的商部落人称为“商人”，把用于交换的物品叫“商品”，把商人从事的职业叫“商业”。

可以看出，商业源于原始社会以物易物的交换行为，至今商业发展成为以货币为媒介进行交换，从而实现商品流通的经济活动。商业的基础是商品，商业的本质是交换，商业是基于人们对商品价值的认识进行等价交换。

在这样的行为过程中，就蕴藏有人性中“利他”的一面，只有满足他人的需求，让对方以满意的价格获得需求的产品，才能实现交换，才能“利己”。理解这个话的前提，需要先理解“交易带来买卖双方共同的福祉”。一桩自愿交易的完成，不是卖方赚了，也不是买方赚了，而是双方得到了自己所需要的，是双方都赚了。

正是商业的出现，人类的物质文化生活才有了极大丰富。试想一下，如果没有商业，也就没有了交换，大家只能吃自己种的粮食，只能穿自己织的衣服，只能住自己搭的房子，只能使用自己生产制造的产品，只能去自己走得到的地方，是不是人生就变得很贫瘠了？

商业不仅让人的生活极大丰富了，更促进了资源的最合理配置。大家知道，地球上的大部分资源都是稀缺的，如何让最需要这个资源的人来获得这个资源呢？资源的分配一直都是一个巨大的挑战，商业恰好可以通过“价高者得”这个逻辑，筛选出对资源最为渴求的那些人，从而实现了更合理的资源配置。当然，这个办法并不是绝对的公平公正，也不能保证百分之百的合理，但是起码目前没有更有效的分配方式了吧？

对自我利益的追求符合社会整体利益。也就是说，至少在某些时候，“贪婪就是美德”这一理念是经济科学中最惊人的发现之一。追求自我利益的个体能够产生一种并非大家刻意为之的结果，但它却是一种能令所有人都满意的结果。

正如原微软执行副总裁陆奇所说：从某种意义上来说，市场是一个很大的优化器，任何一件事情如果在市场上可以做，往往可以走得更快、影响范围更广。市场核心的一点是它把每个人出于个人目的做的事情，变成对别人有用的。市场上往往有非常好的信号来判断某个技术是否有活力，是否能满足很多人的需求。

商人必须先利人才能利己

也许大家会说，这只是商人为了赚钱所做出的努力，并不能说明商人从本质上就是“利他”的啊！

没错，在商业中，我们看到的最多的是商人所赚到的利润，看到商人的各种行为都是“逐利”的。但是，什么样的商业活动才能赚到利润呢，或者说才能赚到最多的利润呢？

只有更能满足消费者需求，满足更多消费者需求的产品，才能被销售者接受，才能赚到利润。也就是说，不被消费者认可的产品，无法满足消费者所需的产品，根本不会被消费者接受，不仅不能赚到利润，甚至会大亏特亏。

让消费者认可，满足消费者所需，正是“利他”啊。这也就说明了，只有“利他”的商业才能“利己”。当然，商人一开始的出发点，未必是为了“利他”而经商，但是事实上，在商业的逻辑中，“利他”是摆在“利己”之前的。

亚当·斯密在《道德情操论》中，谈到富人为满足自己的贪欲而雇用千百万人为自己劳动时说：“但是他们还是同穷人一起分享他们所做一切改良的结果，一只看不见的手，引导他们对生活必需品，做出几乎同土地在平均分配给全体居民的情况下所能做出的一样的分配，从而不知不觉地增进了社会利益，并为不断增多的人口提供生活资料。”“总之，一种事业若对社会有益，就应当任其自由，广其竞争。竞争愈自由，愈普遍，那事业就愈有利于社会。”

所以，从这个角度来说，赚了多少钱确实可以用来衡量企业的贡献。企业越赚钱，说明提供的社会价值越多，为社会提供了越多的慈善。

当然，不是所有企业家心都是善的，也确实存在弄虚作假、坑蒙拐骗的商人。但市场的竞争环境会让所有商业活动趋善，通过公开透明的市场竞争机制，那些弄虚作假、坑蒙拐骗的商人会被市场认知所淘汰。优胜劣汰之下，只能留下那些以优质产品取信于消费者、满足消费者真实所需的商业。

商业行为中，消费者有选择的权利。因为是自己花钱去购买，用户有权去挑选更具性价比的产品来满足自我需求。这也刺激了商家的供给能力，商家只有足够深度挖掘用户需求，且从用户需求为出发点去研发打磨产品，才能以更好的价钱卖给用户，用户也愿意买单。

这样便形成良性循环，商业起源于用户需求，商业的动机便是更具性价比地满足用户需求，从而推动整个市场产品向良性、升级发展，同时，市场中的资源也被不断开发，形成正向的资源能量链。

通过这样的循环，商业的发展最终推动了人类向更美好的生活迈进。由此可知，商业的最终效应是带动社会发展，而社会的发展又是促进商业进步的一大支撑，进一步形成了良好的循环效应。

为什么会说“无商不奸”呢?

那么现在问题来了，道理貌似是这样，但为什么现实中，很多人反对这种观点呢?

长期以来，人类的直觉一直与之相反。无论哪个民族，几乎都本能地痛恨商业和商人，认为“无商不奸”。甚至伟大如莎士比亚都认为商人阴险狡诈、唯利是图、不择手段，他们的财产是不正当的，他们的道德是低下的。于是，就出现了这样的怪象，人类一面享受着发达的商业社会所带来的数千年历史上从未有过的富足安逸的生活，一面痛骂着商业和商人，以此为“政治正确”，占据道德制高点。

这种对商业的极大误解，如1974年诺贝尔经济学奖得主，被广泛誉为20世纪最具影响力的经济学家及社会思想家的弗里德里希·奥古斯特·冯·哈耶克（Friedrich August von Hayek）所言，是出于“一种原始的本能”，是只从自身出发的误解。比如，最广泛的一个说法就是：商业所获得的利润，不是商人从消费者身上搜刮而来的吗?他们从我们消费者身上赚到了那么大的利润，把我们口袋里的钱转移到了自己的口袋里，这怎么能叫慈善呢?

利润从哪里来?如果说利润是从消费者的口袋里转移到了商人的口袋里，其实就是把双方对立起来了。

消费者之所以愿意以一个价格购买产品，是因为他认可这个产品的价值不低于“标价”，他为这个产品付出的金钱，是与自己收获的价值感相匹配的。从这个角度来说，消费者并没有被强取豪夺，所付出的成本起码在自我认知中是“值得”的。

那么，利润来自何方呢？来自商家以比消费者认知价值更低的价格生产这个产品的能力。不管是改进工艺也好，还是优化供应链也好，还是压缩自身的管理成本也好，他们都是为了降低成本，从而在成本与售价之间获取更多的利润。这个利润并非是消费者多付出的，而是商家少投入的。

在创造同样产品的基础上，争取更少的投入是需要付出努力的，也要承担风险。对于商家来说，决定开发一款产品，必须尽可能地降低各种成本，同时还要保证产品品质满足消费者的价值感，那么这种努力的成果就是利润。

必须要说明的是，这种利润还面临巨大的不确定性。成本是不是能够降低具有不确定性，产品生产出来成本高于价格，越卖越亏是一种风险；产品成本低于售价，但是牺牲了品质，消费者对产品的价值认定降低，只能打折到成本以下销售，也是一种风险；产品开发出来，与消费者的需求不匹配，市场不认可，消费者不买单，更是一种风险。

这些风险，也组成了产品的成本。从这个角度说，经济学把收益认定为“对所承担风险的补偿”也是有道理的。

此外，必要的利润也是保证商业继续运营和扩大发展的必需。市场发展的规律，是让能够满足消费者所需、得到消费者认同的产品能够持续运营，甚至不断扩大规模，从而让消费者持续、更多地得到满足，这也是进一步“利他”的良性循环。

为了实现这个良性循环，让消费者获得更大满足，消费者也要接受优质商品的价格不能低于成本。因为，只有稳定持续的利润，商人才有动力继续经营下去，也才有能力扩大生产，更多地满足顾客所需。

由此可见，赚钱不是“亏心”，被赚钱也不是“亏损”，而是商业体制良性运作的必然需求。

商业体制的良性运作，是一个社会积极健康发展的重要方面。正如孟德斯鸠所说：有商业的地方便有美德，便有法治。

因为，商业交易信奉和崇尚的是公平、等价、有偿，尤其现代商事活动是建立在高度信用的基础之上，它必须以诚信为本。“贸易的法律使风俗纯良，贸易的自然结果是公平”（孟德斯鸠《论法的精神》），这是商业精神的灵魂，也是商业的价值所在。

当然有人会说，我经常遇到不公平的价格垄断，粗暴的服务，甚至很多地方“劣币驱逐良币”，满地是坑。是的，这个确实是商业发展过程中比较普遍的弊端。但是，我们在经济发达、人民生活水平较高的地方，往往看到的是商业文化较为发达、完善。“劣币驱逐良币”的地方，商业实际上是被抑制的。也就是说，这不是商业的问题，而是商业的竞争受到了干扰。

慈善离不开商业

首先，商人是慈善家的最大来源。慈善不是无源之水，必须靠金钱支撑。作为企业社会责任的重要表现，商人的捐赠早已成为各类慈善行为的来源所在。商人中从来不乏一心向善，怜贫济苦的好人，他们也不乏期望满足直接“利他”的道德本能的需求。当然这不是最重要的，最重要的是行善也符合成功商人的利益，因为消费者希望自己选择的商家是有“社会责任感”“有良心”的商家，为了响应消费者的这种要求，许多成功的企业或企业家在慈善活动中都十分踊跃。

其次，商业行为在逐利的同时，也附带提供无偿服务。由于“搭便车”的存在，商人为了商业发展所搭建的设施，也成为公共服务的便利。比如，很多大商场、餐厅提供的公厕，解决了多少年来大城市里解决不了的如厕难问题；再比如24小时营业的连锁快餐店为流浪者免费提供栖身之地；大型商场提供了借伞、防雨等诸多免费服务；遍布各居民楼下的连锁小超市，也开始提供各种居民服务。

最后，商业发展带来免费产品。随着科技的进步，许多新产品的边际成本逐步递减，甚至趋向于零，因此，不管是出于吸引流量的考虑，还是品牌营销的需要，大的科技平台越来越多地提供边际成本较低的免费商品，取悦了消费者和潜在的消费者。比如网络搜索是免费的，短视频是免费的，电子邮箱也有免费的，众多免费产品的出现，极大地改善了消费者的整体福利。

总而言之，商业的“利”是通过提供产品和服务来满足消费者的需求，在这个过程中让自己变得富足，让企业变得壮大，同时满足了社会的需求。因此，商业确实是个“先利他后利己”的行为，而且确实能够真正地创造财富、改进人们的生活。发达的商业，可以促进物资的丰富、生活的改善和权利意识的提升。

慈善可以替代商业吗？

这不禁会让我们疑惑，即使人类社会需要交换，需要利他，为什么不能通过慈善来解决呢？为什么必须要通过商业这种看起来利己的方式来利他呢？

如果人人都主动自愿为社会做奉献，做慈善，不是也可以实现交换的目标吗？

从促进社会交换、实现利他目标上来看，慈善和商业确实都能够达到这一目标。但是，从实现形式上，商业却比慈善更有效。

1974年诺贝尔经济学奖获得者哈耶克曾经专门研究过商业和慈善的关系。在哈耶克看来，贫穷的人更需要商业而不是慈善。因为商业可以给大家提供就业机会，并能够有效利用资源。而慈善虽然是高尚的行为，但它并不能替代商业的主流能力。

第一，商业有自驱力，可以源源不断造血；而慈善只能靠输血，必须有源头支撑。

商人为了持续获得利润，就必须为消费者提供好的产品和服务，而消费者通过购买的行为来认同企业创造的价值，在这个过程中，企业通过赚取利润、扩大生产规模，就可以源源不断地为消费者提供更多更好的产品和服务，通过利他与利己的互动，商业可以持续不断地发展下去，而且越发展越大。

而慈善是靠人的自愿付出，慈善这个行为本身没有给付出以回报，仅靠慈善难以支撑这种付出一直进行下去，必须依靠外来的输血，才能使其维持下去。实际上，我们生活中的慈善行为，往往来源于商业创造的利润。也就是说，只有商业才能维持慈善的进行。

第二，商业量化成果，而慈善则不能。

任何商业行为从产品的生产到销售，它的过程和结果都是可以被量化的，而且量化的结果能够体现商业的业绩，对于实施效果好的行为给予正向激励，从而实现良性竞争，优胜劣汰。

但是，慈善行为本身是难以被量化的，也无法实现正向激励。由于没有利润和价格的信号，公益组织主要依靠精神上的凝聚力，评价和激励其员工存在困难。员工如果是兼职的，那他需要从事别的工作来养家糊口，无法要求他全心全意投入其中；如果是全职的，也难以评估他的工作成绩，以进行奖罚。任何事业要想日益进步，都需要长期的投入和积累，但公益慈善缺乏自扩张的能力，长期处于不稳定的状态，这成为制约它的最大瓶颈。

比如，有个企业家决定以慈善方式，在全国建100所公益图书馆。一开始他的慈善项目进展非常顺利，在重庆和上海分别建立了2个公益图书馆，但是到第3个、第4个、第5个的时候，他就遇到了两个难题。首先他需要通过不断将自己的商业利润投入进来，用以建设公益图书馆，那么他的公共资源就会变得枯竭。其次，随着公益图书馆规模的不断扩大，由于它不盈利，没有价格的信号，就无法评价员工的工作，无法进行奖罚，所以在管理方面开始混乱。最终，这个项目在建设了9座公益图书馆之后，不了了之。

第三，商业能够让资源有效配置，而慈善由于没有引导机制可能会造成资源浪费。

商家为了盈利，必然会以满足消费者作为自己的终极追求，所以他们会不断调动企业内部的资源，以最低的成本让资源最大化地得到使用和配置，从而为消费者提供最优质的产品和服务，以此来赢得市场。市场机制这根指挥棒，无形中引导着资源实现最有效的配置。

慈善则缺少市场配置这个引导机制。人的需求是无限的，而能满足需求的手段是有限的。公益或慈善常常面临需要帮助的人太多，而手上的资源太少的窘境。这种窘境是必然的，因为没有价格信号，很难人为地为许多看上去都非常迫切的需求进行排序。所以决定该怎样服务最终还是取决于提供者，而不是取决于服务对象，以此方式行事，本身就注定是盲目的、效率低下的，有可能出现资源重复配置、不均衡配置等各种情况。

比如，对于一些知名的贫困地区，就过多地受到慈善项目的捐赠，而一些无法触达的地方则完全无法接收到慈善捐助。再如，由于无法精准掌握被助方的需求，很多贫困户年底往往收到十余波的油和大米，堆在家里吃不完。然而却连一点肉蛋都买不起，空守着一堆油无法做菜。这种资源的浪费多么令人心痛。

第四，商业能够最大化满足真实需求，慈善则不能。

商业活动归根结底是以消费者为核心，由消费者来决定。商人既然是以营利为目的，必然会以满足消费者为其最大的追求，调动他所能采用的一切手段，时时刻刻关注消费者千奇百怪、变化多端的需求，并据之调整行为，提供相应的产品和服务。

在众多相竞争的选择中，要让消费者选择某一商家，高高兴兴地掏出钱来，唯一的办法就是尽其所能满足消费者最迫切的需求，唯有最能满足消费者的人才是最赚钱的人。这就是奥地利学派第三代掌门人路德维希·海因里希·艾德勒·冯·米塞斯（Ludwig Heinrich Edler von Mises）反复强调的“消费者主权”，也是我们平时常挂在嘴上的“顾客就是上帝”。因此，也只有在商业模式下，消费者才真正最受重视，真正能得到最恰当的服务。

从事公益或慈善往往是为了满足自己的道德需求，或者是为了实现自身既定的某种理想，以此获得精神收益（包括我自己）。所以，其行动方式的设计通常不是以服务对象的各种需求为核心，而是“我要去做什么事”“我想去做什么事”。

助贫更需要的是商业，而不是慈善

正如此前所说，商业比慈善更精准，更有自发力，更有助于资源配置。

贫困地区因为其所拥有的资源很少，如何最有效地利用这些资源是最大的问题。因此，助贫更需要的是有效率的商业，而不是低效的慈善，这样，才不会陷入“扶贫扶贫，越扶越贫”的恶性循环。

正如我们之前所说，慈善缺乏市场机制的引导，不仅会给施惠者分配资源造成困难，也会给受惠者使用资源造成困难。如果是免费得到的东西，即付出的边际成本为零，对它的任何使用其收益都为正，就难以确保最有效率地使用这种稀缺资源。

比如，免费发放一万元现金，与自己挣一万元，在消费时的计算方式显然不同。正如俗话所说“有付出才会珍惜”，免费的更容易造成无谓的浪费。而如果免费发放的物质实际成本高昂且数量稀缺，这两者之间就存在着根深蒂固的矛盾，易导致慈善行为，尤其是长期项目的难以为继，最终失败。

经济学家茅于轼认为，慈善事业也可以商业化。本来慈善和商业是水火不相容的两种活动。前者为了散财，后者为了聚财，这二者怎么能够结合呢？

茅于轼的基本想法如下：既然商业活动能够创造财富，是不是可以通过从事穷人所需要的商业来赚钱？一方面让穷人有机会通过商业赚钱，另一方面活动可以按照商业规则来进行，双方都得到好处。

这样的事并不少，比如发放小额贷款。穷人往往有劳动力但是缺乏资本，劳动很难用于生产活动。他们很想问别人借钱搞生产，可是谁敢借钱给穷人？万一还不起怎么办？所以这些有劳动能力的农户很难摆脱贫困。从事小额贷款就是把钱借给穷人，解放他们的生产力。最后不但把钱还了，还能够支付利息，所以贷款成为商业活动，扶了贫，还赚了钱。

再比如做农民的就业技术培训。经过短期培训让农民能够在城里找到工作，每月挣的工资比务农高出四五倍。他们不但能够偿还技术培训的费用，而且大大地提高了收入。技术培训可以是商业活动，能够赚钱，同时又扶了贫。

实际上，中国在脱贫攻坚过程中，就极大地使用了商业的手段来帮落后地区脱贫致富。比如国家出台的小额贷款贴息、就业培训补贴、扶贫产业开发等，就是通过市场化的手段，“授人以渔”，让他们实现自我提升和自我造血功能，所以中国的扶贫大计才能如此顺利地完成。

现在我们可以回答“比尔·盖茨的贡献”这个问题了，虽然我们无法具体量化商业与慈善的贡献值，但是作为微软创始人，把电脑这个原本由技术人员才能操作的复杂高科技工具，变为普遍老百姓的日常生活工具，开创了计算机时代，可以说，作为商业成功典范的比尔·盖茨，对世界的贡献并不低于作为慈善家的比尔·盖茨的贡献。

当然，我们也希望更多的企业家，能够认清“先利他再利己”的商业本质，把提供社会所需的优质产品作为长远发展的根本，既为自身发展打下长期的基础，也为社会发展提供更好的助力。

同时，赚钱虽然是美德，但，赚到钱再做一些慈善，更是一种美德哟！

第六章

投资的基本逻辑

投资小白应该如何入局？

为什么我买的股票明明业绩非常好，却突然跌了 10% 呢？

股票赚了，我该提现吗？亏了，我该守着还是认亏走人？

26 投资之入门理论

想学投资发现理论都看不懂怎么办?

打破常识，才能学会投资

Zumbo：

我最近想要认真学习如何投资，但是一看经济学的书就头晕，感觉理论很复杂，很多结论跟自己想的完全不一样，总是理解不透。

于是，我去参加了网上的付费课程，都是一些基本的理财知识培训，学完就很快对基本的投资知识有了一定的了解，比如家庭资产配置的三角模型，比如定投，比如要均衡配置资产之类的。也跟着老师做了一些基本的投资，感觉还不错。但是一脱离老师的指导，就不知道该怎么投资了。

想来想去，应该是因为我只是学了方法论，没有学到深层次的投资知识吧。

对于我这种门外汉，有什么浅显易懂的投资学知识吗?

应该说，对于小白，一些简单直接的投资建议、方案，是比较能快速接受，也比较容易操作的，可以作为入门的一种体验。

但是随着投资经验的增加，大家不能仅仅只靠别人指点来做理财。特别是市场行情在不停地发生变化，投资的组合和重点也应该按照市场变化来随时做出调整。如果你只是跟着老师做投资，自己没有一些基础的经济学、投资学的逻辑概念，“知其然不知其所以然”，就没有办法第一时间做出正确的调整。

特别是不同的财富量级、不同的资产结构，能够承受的风险是不一样的，所应该选择的投资逻辑、方案也是不一样的。比如，一些退了休的老头老太太，拿着退休金去买P2P（点对点网络借款），虽然收益确实比存银行定期、普通理财都要高一些，但却远远超出了他们能承受的风险。

反之，一些开工厂、做生意赚了钱的大老板，买了一堆房子、车子之后钱还是花不完，被鼓动去银行买货币基金，这个也是不对的。因为他可以承受的风险更高，不应该为了保本而投资于收益过低的投资项目。

所以，随着大家的财富增加，投资的方案、组合也应该随时做出调整。这就意味着你之前学过的理财方案可能适合当时的你，但是已经不再适合现在或者以后的你。

那怎么办？要么你有一个靠谱且值得100%信任的理财顾问，对你的情况特别了解，能随时给你一些中肯的建议；要么你就不能仅仅只满足于别人给出的理财方案，而是要稍微了解一些资本的运作逻辑，了解投资的内涵，明白市场的运行规律。只有这样，你才能在市场发生变化时，知道为什么会发生这样的变化，自己将如何被这种变化影响，又该如何应对。

这个就是“术”和“道”的关系。

不是说“术”是错误的，是不对的。而是说，随着自己投资的深入，你应该更多一些了解“道”，只有摸清投资的门道，你才能更好地适应变化，自主决策。

更何况，经济学与人的生活密切相关，一切生活中的问题都可以在经济学中找到答案。那么也就意味着，学好投资经济学，你不仅有望实现自己财富的保值增值，更能投资好自己的人生。

我希望能够提供一些投资的基础逻辑，特别是与常识不一致，甚至是“反常识”“反人性”的一些逻辑，如果你能够对此有一些初步的认知，在这个基础上，大家再去参加那些理财的培训，就可以把这些逻辑跟具体的理财手段结合起来，起到事半功倍的效果，也希望到时候大家能有恍然大悟，或者说触类旁通的感觉。

这样，也就真的有可能帮助大家坚定正确的投资方法，而不是被各种各样的“歪门邪道”“致富捷径”所误导，真正实现长期的财富增长。

为什么要打破常识？

你说“感觉理论很复杂，很多结论跟自己想的完全不一样，总是理解不透”，这是因为经济学的研究范畴确实跟很多人生的常识是不一致的。为什么会不一致呢？

我不知道大家有没有看过一部电影《华尔街之狼》，获奖无数，仅奥斯卡提名就有五项。这部电影是根据一个真实故事改编的，男主角是华尔街的一个银行家乔丹·贝尔福特，由“小李子”莱昂纳多·迪卡普里奥扮演，电影讲的是他如何利用投资规则的漏洞来大肆敛财的骗局。

当然，我们不提倡这种欺诈行为。但是电影中出现了两次“卖钢笔”的故事情节，完美说明了成功的市场行为必须打破常识。

乔丹在进行一场演讲，他从大衣内侧拿出了一支钢笔，然后走到听众前排，弯下腰要求每一位听众“向我推销这支笔”。

每一位听众的说法都不一样。

第一位是这样回答的：这是……这是一支很不错的笔。对于专业人士来说，这是一支……

第二位是这样回答的：这是支好笔，你可以用这支笔记下生活的点点滴滴，这样一来你就能……

第三位是这样回答的：那个……这支笔很好用，我个人也很喜欢……

这是电影的第二处卖钢笔的情节，也是电影的末尾留给观众的最后一幕。

反过来再看第一处卖钢笔的情节：

那是个嘈杂的小店，乔丹从口袋中拿出一支和电影结尾一样的钢笔，要求销售员将笔卖给自己。一个销售员简单说了一句："在那张纸上签字就行。"乔丹回答道："我没有笔。"

销售把笔丢给了乔丹，说："那我就卖给你了。"

这两处"卖钢笔"的情节给人的思考空间是非常大的。

第二处情节的那三位听众，代表的正是大众的常识。一支钢笔的销售，大家都把"好的钢笔"作为销售重点，消费者会为"好的东西"买单，对于人们来说，钢笔的作用是好的品质，是可以记录生活，是个人喜好。大家可以看到，他们销售的时候，所站的角度是把自己作为一个普通大众，从自己认知的常识上去看待这支笔，去阐述这支笔的价值所在。

品质不错、可以记录生活、笔很好用……这是什么？这是反馈，是使用感受，是一个消费者的认知。

这些有错误吗？没有，但是为什么感觉就是没有购买的欲望呢？

第一处情节的那个金牌销售就不一样了。他对销售一支笔的理解，跟那三位听众完全不同，他的认知是什么？很简单，笔是买来用的。

有了这么简单的一个逻辑，如果说一定要归结到经济学上来说的话，那就是供给和需求的区别。三位听众都把"供给"一个好的钢笔作为销售的出发点，但是好的钢笔不一定是必需的啊。而那位销售员的思路就是从"需求"出发，找到顾客使用笔的场景，把这个场景挖掘出来，激发出消费者对钢笔的需求，销售就顺理成章了。

你看，销售就是要打破消费者的认知常识，投资也是一样，要打破大众的常识。

逆着常识寻找机会

投资也好，销售也好，都是要在市场上通过交易来获益。“益”来自何方？来自你的对手。你买股票，必须有人卖；你卖产品，必须有人买。

你要想从对手那里获益，必须明白你的对手的逻辑，才能逆着他的逻辑去思考和决策；特别是当你想从大众市场上获益，你也就必须了解大众的共同认知，逆着这个认知去寻找交易的机会。这个大众的共同认知，就是常识。

为什么要逆着常识来寻找机会呢？如果你的认知跟大众一样，大家买你跟着买，大家卖你跟着卖。会发生什么情况呢？

我们都知道一个浅显的经济常识——僧多粥少。当一个投资机会被所有人都发现、都参与的话，你还能抢到多少呢？

股神巴菲特讲过：The time to be greedy is when others are afraid，and the time to be afraid is when others are greedy。翻译成中文就是：众人恐惧时我贪婪，众人贪婪时我恐惧。

说的是什么意思呢？比如，市场大跌，公众恐慌，纷纷割肉离场，这个时候，是巴菲特大肆入场投资的时机；当市场行情变好，众人狂热入场的时候，那就是巴菲特离场的信号。

我们中国也有一句这样的话，“当卖菜大妈都开始炒股，那就是我们该离场的时候了”。

这句话的意思，不是说卖菜大妈不能炒股，或者说不会炒股，而是说当以卖菜大妈为代表的普罗大众都在纷涌而入买股票的时候，意味着买方的力量已经达到了顶峰，也就是所谓的“见顶”了。这个时候，在买方强大的力量下，股价也达到了最高。由于已经不可能再有更多的买家进入了，股价也就不可能再继续高下去了，唯一的可能性就是下跌。

那么在这种情况下，理性的选择是什么？不是看到股价在持续上涨所以继续买进，享受每天看到利润的快感，而是要嗅到恐惧、赶紧逃顶。

正是由于大众的从众心理，在经济运行、股票市场、房地产市场、汇率市场等人类参与的社会领域，均广泛存在明显的羊群效应，而其结果必然是“在绝望中重生，在犹豫中上涨，在疯狂中崩溃”，周而复始。

所以，投资的真谛，就是打破常识，站在大众的对立面，才能在市场上占据主动，获得更大的收益。

一分收获一分风险

我们从小就被教育“一分耕耘一分收获”，这个没错，但是这个只存在于劳动输出领域。当我们以自己的劳动，不管是脑力劳动还是体力劳动来换取收益的话，确实是“一分耕耘一分收获”，但“一分耕耘”也只能有“一分收获”。

在投资领域，收益来自哪里?

是看谁更辛苦吗?是看谁投入的财力更多吗?当然，从量上来看是如此，但是从比率来看却未必。

那么，投资的收益来自哪里?经济学的结论是：来自所承受的风险。

也就是说，为什么收益会有高有低呢?高收益是对承担高风险的补偿。换句话说就是：高收益必然伴随着高风险。

首先我们先说明一下，我们这里所说的风险，只指系统性风险。

系统性风险即市场风险，是指由整体政治、经济、社会等环境因素对证券价格所造成的影响。系统性风险包括政策风险、经济周期性波动风险、利率风险、购买力风险、汇率风险等。

具体来说，系统性风险就是经济等方面的关系全局的因素。如世界经济或某国经济发生严重危机、持续高涨的通货膨胀、特大自然灾害等。整体风险造成的后果带有普遍性，其主要特征是所有股票均下跌，不可能通过购买其他股票保值。在这种情况下，投资者都要遭受很大的损失，其中许多人都要竭力抛出手中的股票。

简而言之，系统性风险就是与企业或者项目本身无关，它们也无法影响、无法改进、无法消除的风险。比如，从事外贸行业就必然面临汇率变化的风险；从事船运行业就必然面临海盗风险；与美国有业务往来的企业就必然面临美国总统换届带来的风险。

非系统性风险，是指发生于个别公司的特有事件造成的风险，与大局无关，纯粹由于个股自身的因素引起的个股价格变化，以及由这种变化导致的个股收益率的不确定性。例如，某上市公司的工人罢工、新产品开发失败、失去重要的销售合同、诉讼失败等。这类事件是非预期的，随机发生的，它只影响一个或少数公司，不会对整个市场产生太大的影响。

非系统性风险为什么与收益率没有关系呢？因为承担的这些风险是个体的，是可以而且应该被消除的。如果说这类风险还能带来高收益，那么企业高管侵吞资产、工人无心工作造成内耗之类的企业，反而应该带来高收益了？这个是不应该发生的，应该通过主动的干涉进行消除的风险，所以，不能作为高收益的基础。

事实上，在市场经济条件下，这类风险反而会受到资本市场的惩罚，从而迫使企业减少这类风险因素，把非系统性风险降到最低。而且，资本市场还会通过分散投资来降低非系统性风险，从而使投资者只需要关注系统性风险就够了。

那么，既然高收益是对承担高风险的补偿，系统性风险与收益是什么样的关系呢？

全球通用的资本资产定价模型（capital asset pricing model，CAPM），是由美国学者威廉·夏普（William Sharpe）、约翰·林特尔（John Lintner）、杰克·特里诺（Jack Treynor）和贾恩·莫辛（Jan Mossin）等人于1964年在资产组合理论和资本市场理论的基础上发展起来的，主要研究证券市场中资产的预期收益率与风险资产之间的关系，以及均衡价格是如何形成的。这是现代金融市场价格理论的支柱，广泛应用于投资决策和公司理财领域。

它是怎么来计算一个产品的收益的呢？

CAPM 模型：$E(r_i) = r_f + \beta_{im}[E(r_m) - r_f]$

式中：$E(r_i)$ 是资产 i 的预期回报率；r_f 是无风险利率；β_{im} 是 Beta 系数，即资产 i 的系统性风险；$E(r_m)$ 是市场 m 的预期市场回报率；$E(r_m)-r_f$ 是市场风险溢价（market risk premium），即预期市场回报率与无风险回报率之差。

这个模型的意思，就是一个资产的回报率等于无风险回报率加上风险溢价。

无风险回报率一般是以美国10年期国债收益率为基准计算出来的，等于是整个市场上完全不用承担任何风险的情况下可以得到的投资回报。风险溢价，是根据一个投资的Beta值，也就是衡量风险等级的一个系数，来计算出的相应风险所应该带来的超额收益，两者相加就是一项投资的回报率。

CAPM给出了一个非常简单的结论：只有一种原因会使投资者得到更高回报，那就是投资高风险的项目。

低风险为什么不能有高收益？

这就是市场规律的作用。大家知道，市场是由供求规律来决定的。如果供应少、需求多，价格就会变高；价格高了之后，利润也跟着变高，就会带来更多的供应和产能，从而慢慢导致供求趋向平衡，价格也会回落到合理区间。如果供应超过需求，价格就低；价格低了，需求就会增加，慢慢又会回到供求平衡的价格区间。

那么，我们来想一下，如果市场上真的有一款低风险、高收益的项目，比如投入10 000元，不仅保本而且每年收益5000元，可以算作低风险高收益了吧。那么，会发生什么情况？

疯抢，对不对？

疯抢就意味着供不应求，对不对？

然后呢？涨价。因为出售方也不傻，既然大家都抢着要，我只能卖出100份结果有10 000人来抢，我肯定要通过涨价来获得更大的收益。

但是，涨价对于购买者来说意味着什么？比如说这个项目本来只需要投入10 000元每年可以收益5000元，现在涨到了投入20 000元，每年收益还是5000元，意味着收益率降低。但是仍然是非常不错的收益，这时候人们买入的需求还是非常强烈，那么销售者就会持续涨价。

涨到什么程度呢？涨到大家不再认为这是个低风险、高收益的项目，而是一个风险和收益比较匹配的项目。这时候，价格也会稳定下来，需求也变得合理，不再疯抢。

说到这里，大家能想到什么例子吗？中国的房市，就是一个明显的例子。

现在我们明白了，想要获得高收益就必须承担高风险，低风险的项目收益即使因为市场的波动短暂地拥有高收益，也必然会通过市场竞争变成合理的收益。

那么，承担了高风险，就一定会有高收益吗？

什么叫高风险？就是有很大概率出现损失。这就意味着承担高风险，不仅不能保证有高收益，甚至很大概率上没有高收益，甚至连收益都可能没有。

这，才叫高风险。

如果高风险一定带来高收益，那这个所谓的"一定"不就是低风险吗？

没遇到风险不代表风险低

有的人可能会说，我投资了一个说是高风险的项目，也一直没有遇到过风险啊，现在也赚挺多的。

有没有这样的项目？有，还挺多。因为，没遇到过风险，不代表没有风险，也不代表风险就低。

风险的高低在经济学上是可以被计量的，它被细分到两个维度：概率和影响。

概率是指风险发生的机会有多大，比如说这个风险发生的概率是90%，还是10%。

影响是指风险一旦发生，会造成多大的损害程度。

这两个维度组成风险矩阵，共同影响了风险等级。

也就是说，风险高低，不仅取决于概率，还取决于影响。

如果一个风险发生的概率非常大，但是影响非常小，可能只能算作低风险。

比如，你花1万元，投资一个项目，这个项目有50%的概率失败，但是就算失败了，你最多只损失100元，剩余的9900元都可能收回。这个风险是不是就很小？

那么，如果一个风险发生的概率非常低，但是影响非常大呢？还是刚才那个例子，你花1万元投资一个项目，这个项目只有5%的概率失败，但是一旦失败，你不仅1万元打了水漂，还需要再拿出1万元来善后，这个风险相比较而言是不是就特别无法承受？

经济学上正是通过概率和影响的乘积来计算风险的大小。第一个项目的风险概率是50%，风险影响是1%，所以总的风险系数可以说是0.5；而第二个风险概率是5%，风险影响是200%，总的风险系数就是10。

虽然后面这种情况看起来很少发生，投资这个项目估计很大机会不会遇到这个风险，起码很长一段时期内都不太可能遇到。但实际上这个项目的风险系数是第一个项目的20倍。因为这个风险虽然发生的机会很小，但一旦发生，所要承担的后果就非常严重。

这个就很好地解释了比特币作为一种虚拟货币，投资比特币比投资美元的风险为什么更高呢？因为美元有美国政府的信用背书，投资美元的最大影响是汇率变动，幅度有限；而比特币的最大影响是可能被新的虚拟货币或者被政府主导数字货币所替代，这个事件发生概率虽然不高，但是影响很大，可能导致价值归零，颗粒无收。

所以，比特币才会一有风吹草动，就发生剧烈的波动。即使是对比特币保持极大热情的马斯克也说，人们不应该把毕生积蓄投资在加密货币上，这是很不明智的行为。“加密货币未来很有可能成为地球上的主流货币，但这也只是推测，主流货币也可能有很多个，这种想法也有点投机。”

从事着高风险的投资，没有遇到过风险，还获得了不菲的收益，这固然是好事，只是不要把这个当作理所当然，更不要把运气当作能力，因为绝大多数情况下，你只是被概率所选中，恰巧坐上这条未翻的船。

如果你把这个当作是能力，那么凭这种“能力”赚来的钱，终究还是会凭“能力”还回去。

正确对待风险

我们了解了风险与收益的关系，现在该怎么做呢？

首先，不能因为高收益来自高风险，我们就放任风险于不顾了。我们要做的，用曾任耶鲁捐赠基金首席投资官的大卫·斯文森（David F. Swensen）的话来说就是："管理好风险，收益自然就有了。"

管理好风险，就意味着我们不能对风险有敌意。要知道，收益正是来自风险，不承担风险就无法获得更高收益。但是承担了过高风险，也会让自己陷入收益折损甚至归零的危险。

关键所在是正确认知。之所以要强调正确认知，是因为不是说一句"我爱冒险，我不怕亏损"，就说明你风险承受能力强了。面临风险时，你的定力是一方面，但是不是有能力扛得住这个亏损，其他资产的流动性是否能满足需要是更关键的另一方面。

我们经常说"越有钱的人，赚钱越容易"，不是说他们风险偏好高，而是他们对损失的承受能力更强，对资金的流动性要求更低，可以在高风险环境下长时间地坚持下去，直到获益。

首先，我们要把握自己的风险承受能力。大家在银行、证券公司开设投资账户的时候，一定要做一个风险承受等级的测试，这个正是为了让大家的风险承受能力跟自己投资项目的风险相匹配。

大家要正确认知自己的风险承受能力，在可以承受的范围内接受风险，利用风险去获得更大收益。但是坚决不要超出自己的风险承受能力去投资高风险项目，因为一旦发生损失，可能远远超出自己的接受程度。我身边也有一些朋友，看到高收益的项目，脑袋一热就冲了进去，不仅筹码全押，甚至还有加杠杆的，最后无一不是家破人亡的下场。

那么，大家的风险承受能力是怎么计算出来的呢？大家可以对自己的家庭资产做个清查。一般来说，拥有丰厚的固定资产，有稳定的收入来源，有较多的闲置资金，风险承受能力就高一些。

比如，一个人如果已经全款买了两套房，近期也没有换房计划，手上目前有100万元现金闲置，每月还有5万元的固定收入，生活中也没有特别大的开支计划，那么这种情况风险承受能力明显就更强一些。因为如果他这100万拿去投资，万一亏了50万甚至100万，都不会影响他的基本生活，甚至都不会丝毫降低他的生活品质。

但是，对于一般的工薪阶层，即使是收入还不错的白领阶层，如果要用一部分的收入去偿还房贷，此外还有两个孩子在读书，那么他的风险承受能力就比较低，不能去买一些高风险项目。因为一旦发生损失，会大大降低他的家庭生活的品质，甚至无法脱身。

由此，大家也可以看出，一个人的风险承受能力，是会随着自己的家庭状况逐步改变的，那么自己的投资也应该随着这个来改变，更好地配置自己的投资组合。

其次，不要轻易相信高收益项目。大家都应该从不同的渠道了解到很多号称是高收益的投资项目或者理财产品。

我最近也看到很多公众号的软文，内容是理财知识的培训课程，鼓吹通过他们的理财培训能够带来的收益。甚至不惜编造“工资5000元，理财收入10万元”等成功案例，制造生老病死的人生焦虑，号称可以提供“财富自由的可复制道路”，以此引诱消费者付费。

殊不知，任何投资都是风险与收益并存，所有实现财富自由的路径都不可广泛复制，没有任何“高手”能够教会你确定的高收益知识，唯一的确定性就是“割韭菜的人”和“被割韭菜的人”。

所以，大家一定要对这种广告保持警惕，深刻理解：保本项目的回报不可能超过5%，除非违法犯罪。

很多号称高收益的理财产品，属于设计复杂的结构性理财产品，风险被小心隐藏在了细节之中。如果大家遇到这种投资项目，一定要冷静下来弄清产品说明书的每个细节。此外，任何销售者号称的预期收益率，都不等于实际收益率，也不是保证收益率，是有可能发生难以如期足额兑付风险的。

资产管理是一个“钱生钱”的游戏，所以最重要的是管理回撤风险。也就是你在买入的时候就要考虑最差情况是怎样的？你的资产配置组合首先不要先考虑可能赚多少钱，而是要考虑如果发生大幅度回撤你有怎样的应对策略。

再次，要学会分散风险。风险是客观存在的，不代表风险不可以被分散、降低或消除。

因为风险是有概率的，所以它可能发生，也可能不发生。这种情况下，如果我们投资的项目足够分散，即使有个别项目发生风险，造成了损失，也只是局部的，不会影响整体收益，这个就是我们常说的“不要把鸡蛋放在一个篮子里”。

这个是投资的分散，还有一种是相反的操作——投资组合。

投资分散是指投资项目多元化，打散来，不要集中在一两个投资项目上。投资组合是将不同风险等级的项目组合起来进行投资。

不同风险的项目进行组合投资，有什么好处呢？

投资组合理论（portfolio theory）由美国经济学家马科维茨（Markowitz）于1952年首次提出，并进行了系统、深入和卓有成效的研究，他因此获得了诺贝尔经济学奖。在发达的证券市场中，马科维茨投资组合理论被证明是行之有效的，并且被广泛应用于组合选择和资产配置。

投资组合理论的意思是：不同风险等级的投资组合，收益率是各个投资收益的加权平均，但是风险却低于各个投资风险的加权平均。也就是说，通过投资组合，可以在收益不变的情况下降低风险，从而获得更好的回报。

甚至通过计算，能够得到一个“有效前沿”，就是说通过风险资产和无风险资产的组合，得到最优的配比，实现最大化的回报。

这是什么意思呢？就是说，如果我们做好资产配置，是可以在可承受的风险水平上，实现更高预期收益的。当然，这个组合会因人而异、因风险承受而异，因市场变化而异。但是起码给了我们一个思路，有效配置自己的资产非常重要。

看，我们说了那么多，基本上就是围绕如何站在风险的角度获得更大收益。

我说过，经济学是生活的反映，能解决生活中的一切问题。那么风险意识，对于我们的生活又有哪些借鉴价值呢？

其实，人生也存在高风险高收益，低风险低收益。

没有人能随随便便成功，所有的成功都建立在承担了较大风险投入的基础上。那些看起来毫不费力的成功，背后都历经了无数的险阻。

每一个光鲜亮丽的身影，身后都洒满了一路的泪水。如果一个项目，说不需要你投入任何成本，也不需要努力，只需要随便动动手指头，钱就哗哗地淌下来。你会信吗？

另外，人的能力也需要资产配置。

说起来，人的能力才是自己最大的投资，也是最大的风险所在。时代可能会给一些人特殊的运气，但是人生总是公平的，如果不在能力上下功夫，那些凭运气赚到的钱，早晚也会凭本事给亏掉。

30年前，会计专业最重要的一项课程是打算盘，但是如果只有这一个技能，算盘打到全国第一，现在又如何呢？

“斜杠青年”就是一种个人能力的资产组合，身负多种技能，身兼多种职业，也就不仅提升了自己的投资收益，还大大降低了投资风险。不是吗？

长期主义不等于长期

不管是已经开始投资理财的，还是打算要投资理财的，大家估计都经常听到一个说法：投资就是要坚持长期主义，不要频繁地进进出出。只有长期持有，才能获得复利的价值。

是的，最近一段时期，长期主义成为投资领域一个非常热门的话题。

罗振宇说：“只有长期主义者，才能成为时间的朋友。”

投资界的大佬、高瓴资本的CEO张磊也说：“长期主义不仅仅是一种方法论，更是一种价值观。流水不争先，争的是滔滔不绝。”

很多人可能不知道张磊是谁，这确实是一个普通到不能再普通的名字。但正是这个人，被称作中国当前最有号召力的投资人之一，他利用15年时间，将高瓴资本打造成为一个管理超过600亿美元基金的金钱帝国，是目前亚洲地区效益最好的投资机构之一。

他对于投资的理念，必然有一定的价值和可借鉴性。

那么，到底什么是长期主义，要坚持不懈、永不放弃吗？

投资一个股票，一直长期持有，算是长期主义吗？

从事一个行业，持续耕耘，不惧得失，算是长期主义吗？

看起来确实如此。但是，如果你打算长期持有的这只股票持续亏损，看不到希望，是要继续长期持有，还是割肉离场呢？

你从事的这个行业已经步入夕阳，衰退严重，利润微薄，还要继续坚持下去吗？

如果长期主义真的如同被吹爆得那么好，我们的人生是不是就不需要有"放弃"这个选项了呢？

什么叫长期主义？

张磊的《价值》这本书，是他对"长期主义"这一投资逻辑的全面阐述。从投资者的角度来看，整本书看不到任何投资回报率和金钱收益率等概念，只能看到商业背后的逻辑，即在商业世界中对创造价值和传递价值的探索。

所谓的长期主义，如果用最简单的方式来解释，那就是：持续做正确的事，即使短期看不到效果，但只要秉持长期主义，就一定会看到时间的价值。

怎么算是长期主义呢？春种秋收、十年树木、百年树人、千年修得同船渡，这都是长期主义。

农民种地是春耕秋收的工程。春天种子播种，夏天除草浇地，在这两个季节，都看不到任何收获，甚至还要持续付出，付出汗水，投入化肥。直到秋天，才能看到收获的希望，或者丰收，或者亏欠。

林农养育林地，一棵小树苗种下去，快则三五年，慢则十年二十年，方才成材；期间，只有漫长的等待、坚守。

马斯克创办的SpaceX，把2050年“殖民火星”作为目标。从2002年6月创立以来持续烧钱，屡次失败，也屡次走到破产的边缘。特别是连续多次的发射中火箭都是直接坠入大气层烧毁，但是他坚持要开发火箭回收技术，在历经无数次失败之后，终于开创了火箭回收的巨大技术突破。

现在，马斯克的“星际飞船”还处于屡战屡败的过程中，2021年3月30日，SpaceX对其“星际飞船”原型机进行了高空试飞，原型机降落时发生爆炸。这是SpaceX星舰原型第四次挑战10公里级高度，马斯克在其坠毁几分钟后发推特说：“至少炸坑的位置是对的！”

这些在我看来都是长期主义。虽然历经的时间有长有短，经历的过程中失败有多有少，付出的成本有高有低，但是他们都因为看到了终点的意义，而持续坚持，不懈付出，没有因为中途的失败而放弃，更没有因为中途的收获而停歇，一直持续到最终的价值实现。

这，才是长期主义的意义：穿过整个生命周期去看待价值。

为什么要坚持长期主义？

与长期主义相对应，短期主义也曾经盛行，主要特性是“少培养”“直接上手”“快速变现”“注重速成”，这几个关键词用在多数方面都可以进行对号入座。

短期主义往往表现为注重“机会”，我们身边都会遇到这样的“患者”：不管互联网什么风口来了，他们都喜欢掺和一下。前几年风靡一时的“比特币”他赶紧买，P2P火爆时他赶紧投资搞，房价上涨时他赶紧炒房……

当然，无论是短期投资还是长期投资，本身没有对错之分。但从本质角度出发，短期主义者往往忽略掉了“开垦，种地，播种，施肥，浇灌，培养”的整个过程，直接就想收获丰硕的果实。

换句话来说，注重短期收益的这类人群，总是有部分幻想的心理，他们期待着发一笔横财，割一波大的智商税，不费吹灰之力就实现财富自由。

事实上，短期主义者在特定的时间段，特定的概率情况下，也确实有不少因此发家致富的案例。但是大概率下，大多数短期主义者都是失败的，也只有那么几个小概率获益的，而只不过这些小概率更容易被人记住，也成了“塑造案例”让更多的人入坑的机会。

既然短期主义也会有收益，我们为什么还要坚持长期主义呢？

获得收益，无非是三种玩法：赌博、投机和投资。

赌博就是完全没有思考，完全没有逻辑，别人说什么买什么，看哪个顺眼买哪个，这叫赌博。

投机是指经过研究后发现一个基于事件的机会，比如猜测财报是否会超出预期。

投资是着眼于长周期的复利效应，一个公司长期业绩好，长期跑赢市场，那长期股价肯定好，这就是投资。

这样看来，投资是基于企业整体的研究，投机是基于事件的研究，赌博是完全不研究。

长期投资锚定的是价值，短期投机锚定的是价格。这并不是说投机不对或不好。事实上，投机要远远难于投资。

因为决定价格的变量太多：宏观环境的变化、市场情绪的波动、公司业绩的起伏，甚至突发事件的影响等，都会让一家公司的价格在其内在价值上下不停游走，精准地“低买高卖”实在太难了。

而如果是投资，那就认定一家公司的价值，不管其内外环境如何变化，只要看到企业内在价值是稳定的，那么就自然能在时间的长河里不断稳定发展，实现长期的稳定收益。

我们还是举个生活中的例子吧。

高中毕业，很多农村孩子面临两个选择，是出去打工，还是继续读大学。

出去打工，马上就可以有收益，不管是去送外卖、做建筑工，每月月薪都可能有1万多。

继续读大学，4年没有收入，学费、住宿费加上生活费，平均下来每月可能还要支出1万多。4年毕业后，大学应届毕业生的平均月薪可能还不到1万。

这种情况下，你该如何抉择？

我想，大部分人还是会选择去读书。为什么呢？4年没有收入，毕业后拿到的很可能还没有外卖员高。甚至前不久还有个新闻，说美团有7万外卖员学历是硕士。在这种情况下，为什么大家还是会选择继续读书呢？

那是因为，我们都知道，虽然当下这个时期，大学生收益可能不如高中生。但是穿越整个人生，大学生比高中生有更多的选择和上升机会。大家都有很明确的认知：随着时间的拉长，大学生的收入会更快地增长，而高中生送外卖的收入却已经达到顶峰，无法实现更快增长，而且会随着年龄的增长而减少。大学生身份所带来的这种确定无疑的增长机会的价值，在大家心中，是远超当下的收入的。

这正是对长期主义最好的解答：只有把时间拉长，我们才能在一个不确定的世界里，得到确定的答案。

回到刚才这个赌博、投机和投资的选择上来。我们看到赌场有很多人赢钱，但是一时间我们很难判断这个赢钱是靠的运气还是赌术。投机也是如此，你可能从各种股市的曲线图中学到了很多知识，感觉自己已经把握准了投资的脉络，掌控了投资的诀窍，实际上可能你也确实踩中了很多次机会，赚得盆满钵满。

但，这个是我们的能力使然，还是机会使然？抑或只是大趋势使然？

2020年，大家知道全球股市都在疯狂上涨，很多人初次入场，就大赚一笔。很多人投一只中一只，每一只股票都回报不浅。投资收益太高，以至于不少在做实业的人，都对自己的投资能力充满信心，甚至停掉工厂、餐馆等实业，把资金集中起来，专心做投资。

不过，这种行情并没有延续太久，2021年春节过后，只用了一个月的时间，上一年的收益就基本上都亏回去了，甚至几只被大家普遍看好的科技股直接被腰斩。

虽然这不是“终局之战”，但已足够让我们看到长期主义的答案。

我们常说，时间会给我们答案。这背后的原因是什么？因为从短时间看，人生的样本基数太小了，你对自己的统计结果是错的。

只有把时间拉长，你对自己的认识才是客观的，你才能弄懂：你所谓的成功，哪部分靠的是运气，哪部分靠的是实力。

为什么要做一个长期主义者？

短期主义者只能得到偶然的成功，然后在一次次基本概率事件下，归于平庸；只有长期主义者才有可能取得最后的“必然”成功。因为，对于投资而言，长期主义，不仅可以平滑掉周期发生的各种波动、回撤，更可以穿越周期，实现最终的价值，特别是时间带来的价值。

举一个比较好理解的例子，那就是复利。

相信大家都听说过复利的魔力，我们就简单通过一笔账来说一下。

假设你现在25岁，拿出10万元进行投资，放到一个年化收益20%的项目里。持续20年后，你到了45岁，这时候你将坐拥380万的资产，并且它还在不断地膨胀。如果是过了40年，你65岁了，退休了，你将拥有多少资产呢？9.1亿元。这还只是你25岁一笔10万元的投资带来的收益，如果你能持续每年都拿出这么多钱来投资呢，那就真的是天文数字了。

当然，现实是，很难保持每年20%的收益率，这是理想的状态。即使是退而求其次，按照10%的年化回报率来计算应该是比较容易达成的，50年的回报也有117倍，这就是长期坚持所给予我们的回报。

但是，长期应该是多长？是5年、10年、20年？还是永远？

这些答案都对，也都不对。因为长期的单位不是年份，而是“周期曲线”。

长期是世界上的事物发展的波动周期，而不是时间上的长短。时间上的长度，只是它看起来的样子而已。

世界上的一切人和事，都是一条时间上的抛物线。

比如，山上的一棵苹果树，春生、夏长、秋收、冬藏，一次次的生命轮回，就是一条条时间曲线。

比如，公司创立、崛起、成熟、衰退……公司这种抽象的生命脉络，同样是一条时间上的抛物线。

股票、爱情、事业、时尚……一切的一切，都逃不开这个时间曲线。

既然长期的单位是“周期曲线”，那就呼应了我们之前提到的：穿过整个生命周期去看到价值。如果说长期的意义就是穿越整个周期，那么长期主义的意义就是看到价值的方向。

一个人如果想成为长期主义者，他首先得学会“看到价值”，必须能看穿事物在时间上的发展脉络，找到价值的走向，才能选中往哪个方向长期走下去。

如果一个长期主义者选错了方向，时间越长，结果越糟。而且，差之毫厘、谬以千里。

方向是1，长期坚持是背后的0。方向偏差一点，就会越走越远。

长期主义者，不只是一头耐力十足的老黄牛，在成为老黄牛之前，他首先是一个预言家，正确地判断未来，才可以坚定地努力下去。

一个明确的结论是：不是所有看准大势的都成功了，但是成功的必然都是看准了大势的；不是所有失败的都是没有看准大势的，但是没有看准大势的必然都失败了。

这对于大多数人都是难于登天的，即便是商业大佬也不能次次都对。很多大佬因为看准了大势而崛起，也因为坚持自己的坚持错过了新的大势而衰落。

最近听到一个投资项目的说辞：最大的风险来自加杠杆，只要我们不加杠杆就没有风险。唯一的亏损来自收益，只要我们坚持不卖就不会亏损。

“坚持不卖”还真的是无法确认亏损，如果账面亏损不叫亏损的话。那么就算一只股票被下市、被清零、被破产，你手上的股票还是你的股票，你还是这家公司的股东，你还是可以用长期主义来自欺欺人地说：“我没亏！”

这就解答了我们起初的问题：长期主义不等于长期，甚至有可能长期与长期主义背向而驰。

如何才能坚持长期主义？

对于我们普通人而言，如何坚持长期主义，在时间的长河中获得确定性的收益呢？

首先，对于投资而言，要有长期主义的心态。站在价值的角度，把获得长期而稳定的价值回报作为目标，排除短期波动的影响，找到自己认同的长期主义的投资项目，寻求长期回报。

这就要求我们不要轻易进入，也不要轻易放弃一个投资项目，要选准看稳，只要认准了，就不要为短期的亏损、盈利而放手，让时间增添价值。

比如，我们投资股票的时候，如果你认可科技股的发展潜力，那么就选准几只在各个领域的科技上领先的龙头企业，长期持有。如果你认可消费股的稳定回报，那么就在各个消费领域里选择几个领先企业，长期持有。

为什么各个领域都要选几只？这就是我们前面说的资产组合分散风险的理论啊。

那么如果你投资基金。一样的道理，你就选几只认可的基金，持续定投，同样也是这个逻辑。

其次，长期主义不代表撒手不管，更不意味着不管发生什么事都不放弃。事实上，即使是把长期主义挂在嘴边的高瓴资本，也经常密集性地买进卖出同一家公司的股票。

比如，2010年，高瓴以近3亿美元投资京东，成为张磊投资生涯中最重要的代表作。2014年，京东上市之后，高瓴开始有节奏地减持，一直到2018年第二季度把自己减成散户。与此同时，高瓴开始大幅度买进阿里股份，但一个季度之后，全部清仓，随即开始买进拼多多。而在接下来一两年，高瓴又先后以更高价格买进京东和阿里。

股神巴菲特也经常有此类操作。比如，2020年3月，疫情刚开始在美国蔓延的时候，巴菲特还非常肯定地说："我不会卖出航空公司的股票。"4月初巴菲特的伯克希尔公司就已经出售了其持有的约18%的达美航空股份和4%的美国西南航空股份。5月的股东大会上，巴菲特更进一步正式宣布，他对航空公司的判断全面逆转，已经清仓了其持有的美国四大航空公司的所有股票。

巴菲特不是长期持有的投资典范吗？为什么也会有短期内变来变去的投机操作？

我们来看一下，巴菲特对为什么要清空航空股的解释："对航空业来说，世界变了，我不知道它将如何改变……（疫情的影响下）一定会有一些行业会被伤害到。航空业很不幸就在其中，损失巨大，却超出了它的掌控范围。"

实际上，巴菲特的投资理念从来不只是简单的长期持有，巴菲特的判断也从来不是一成不变的。一旦发现了对公司未来长期有影响的问题，会立刻毫不犹豫地纠错，绝不拖泥带水，这才是巴菲特的正常操作。正如巴菲特所说，如果你在错误的路上，奔跑也没有用。

从这里我们可以更清晰地看出，长期主义并不是长期无条件地持有，而是站在长期收益的角度做决策。高瓴买进阿里之后一个季度卖出也未必是短期投机，更有可能是基于长期战略做出的选择。

那么，什么时候是应该"卖出"的时机呢？

我建议，在两种情况下考虑退出投资：

一是生活中确实需要这笔钱。我们投资的目的是为了改善生活，让自己的生活品质提高，如果生活中的确需要这笔钱，就勇敢地拿去改善或提高生活品质。不然，即使赚得盆满钵满，又有什么意义呢？

二是你对这笔投资的价值判断发生了巨大变化，认为这笔投资已经无法再持续提供长期价值回报。比如，某只股票已经开始走向衰退期，或者经营模式发生了巨大变革，或者受到了新模式的颠覆，或者企业的宏观环境、政府监管法规发生了巨变，或者支撑企业发展的灵魂人物离职，等等，这些事件的发生，如果被认为严重损伤了企业长远发展的能力，使企业的价值走上了下坡路，那么就应该果断撤离。哪怕你买入这只股票的第二天发现了这个问题，也要及时果断地卖出，这不仅不违反长期主义的理念，反而是长期主义的必然选择。

所以，对我们来说，以长期主义进行投资，尤其要随时根据世事变迁，经常性地回顾、评判投资项目的长期价值是否发生了变化，更新自己对投资项目长期价值的判断。一旦认定这个项目的长期价值无法维持了，就应该及时果断地做出调整。

比如，我们刚才说，投资科技股龙头，并不代表所有的科技股龙头都能持续保持长期价值。历史上很多知名的龙头企业都在发展中逐渐衰落了，如果在投资中没有及时退出那些衰退的科技企业，更换成新兴崛起的科技企业，那么就失去了长期投资的价值。

可能很多人都会说，如果我没有能力、没有精力去关注、把握投资项目的长期价值变化，该如何办呢?

虽然我一向不太向他人推荐直接的投资标的，但是我觉得可以给大家一个建议，那就是投资指数基金。因为指数，不管是中国的科创50指数、沪深300指数，还是国外的标普500指数、纳斯达克100指数，都是精选的成分股，并定期进行动态调整，以保证指数的价值，等于是替我们精选过的公司，非常符合小白长期投资的需求。

最后，长期主义除了可以应用到投资领域外，在人生的婚姻、求职、创业等各个领域也有很大的借鉴价值。

比如，大家在求职或者加盟一个企业时，就很有必要考察一下这个企业的长期价值。企业是不是具有长期主义？是不是在大势上具有发展潜力？是不是具有自己的独特优势，特别是原料、技术上的顶尖竞争力？企业是不是站在长期主义的角度去发展，而不是只想要短期的收益，甚至薅员工、加盟商、合作方的“羊毛”？

你看到的成本，都不是成本

如何判断一个投资是不是划算？大家是不是都会用收益减去自己付出的成本，利润为正就是划算的投资，利润为负就是失败的投资。

换句话说，在决定要不要投资某一个项目的时候，能不能赚钱，就是我们检验成功与否的唯一标准，对吧？

如果我说，这上面的每一句，都不对呢？

对于投资来说，成本永远不是面上看到的那些成本，收益也远非面上看到的那些收益。

怎么看待投资的成本？

假如，你现在打算开一家奶茶店，考察了一个品牌。测算的初始投入成本如下：加盟费 20 万元，装修费 50 万元。开始运营后，每月可以收入 10 万元，运营成本 6 万元，等于每月可以赚 4 万元。

加盟费的授权期是两年，装修基本上也大概可以用两年，等于两年的收益是 96 万元，除去加盟费和装修费，还可以净赚 26 万元。

这个生意你觉得可以做吗？

看起来确实是很不错的生意对吧？初始投资70万元，两年可以赚回来26万元，回报率相当不错了。

好的，那么现在你付出20万元获得了这个品牌两年的加盟权，协议规定两个月内没有开设的话，加盟费不予退回。

付完加盟费后，政府发布了一则公告，你店铺选址的周边即将进行拆迁，居民将会被搬迁到别的区域，这必然会对客流量造成影响。但是，加盟费都付了，总不至于退出吧，只能先装修再说。

在装修完毕准备开业的时候，你进行了一下测算，发现客流减少对你店面销售的影响超出了想象。新的测算结果显示，每个月收入将降低到6万元，每月利润只剩下了2.5万元。这时候你会怎么决策？

按照每月利润2.5万计算，两年的净利润是60万元，扣除初始投资70万元后，还亏损10万元。那么这个店你还开不开？

很多人觉得我干两年，最后还是亏损10万元，入不敷出，是不是干脆放弃了？

但是，事实上，我们在计算亏损与否的时候，需要对所发生的成本进行区别看待。比如，加盟费20万元和装修费50万元，已经付出去且无法退回。也就是说不管是继续开，还是关掉，这个钱都无法避免，这叫作沉没成本。

在经济学上，不管是投资决策，还是人生决策，沉没成本都不应该被计算在内。

这么来看，如果不计算加盟费和装修费的话，两年的净利润是60万元，你对这个生意是否继续的态度是不是发生改变了？

如果对这个有点无法理解的话，那么试着这么想一下：如果继续开店，两年是亏损10万元；不继续开的话，亏损是70万元（加盟费和装修费），你该如何选择？

看来，这是个哪怕亏损也要干下去的生意了。

我们继续来看这个例子，当你下定决心继续经营的时候，品牌方也出了新政策。由于你的店铺这个区域的拆迁是非自然、不可抗因素，品牌方给出了两个扶持方案：一是放弃这个位置，你可以选择一个跟原来客流差不多的新地方开店，加盟费不再另收；二是如果你决定退出，可以采取特殊政策，全额返还加盟费，并补偿装修款10万元。这时候，你怎么决策？

大家可以看到的数据是：重开的新店，由于跟之前测算的客流差不多，两年的净利润跟最早测算的一样是26万元；但是退出的话，可以一次性得到30万元。

大家会怎么看，选择退出吗？

实际上，我们在这个测算时，又再次忽略了沉没成本。

由于换到新的位置用的还是之前那个加盟费，虽然这个加盟费是我们开店的成本，但是由于在这个时点上，加盟费已经发生，在我们决定开设新店的时候，不需要再掏这个钱了，也就不需要考虑进来了。

这样算的话，那么我们开设新店，只需要开支装修的成本，两年的净利润就可以达到46万元，远超退出的收益了。

所以，我们还是应该选择更换新店址继续经营。

沉没成本为什么不是成本？

对的，投资决策时候，所考虑的成本，跟我们看得到摸得着的成本，完全不一样。所有不会因为这次决策而发生改变的成本都叫作沉没成本，都不属于决策要考虑的成本范围。

沉没成本这个概念，对我们投资来说，是非常重要的概念。由此，也给我们带来一些建议：

首先，在决定投资的时候，要区分沉没成本，敢于排除沉没成本的干扰。

由于人们都有损失厌恶的倾向，所以我们都会尽力避免损失。在此过程中，想要排除掉沉没成本对我们决策的影响是一件非常困难的事情。

比如，你花50元买到了当下最火爆的电影票，兴冲冲地去了电影院。到了之后才发现，自己买错票了，是一个你根本不想看的电影。买的票退不了，要看之前选的那部还需要重新买票，这张就会被浪费掉，怎么办？估计不少人都会抱着“来都来了”的心态，觉得我钱都花了，那就看这个吧，还能浪费咋的？

你花了两个小时，看了这部完全没有兴趣的电影，坐立不安一直等到看完出来，才长舒一口气：哎，虽然浪费了两个小时，啥也没看到，但是起码我没浪费钱。

事情真的是这样吗?

50元的这部电影没有给你带来任何价值，还浪费了两个小时的时间。没准你还是想看之前那部电影，只好又找了个时间，再花50元去看了那部电影。

怎么样才是正确的抉择呢?那就是当你发现买错票的时候，50元就已经是沉没成本了，这时候你站在电影院就不应该再想这50元了。在当下的抉择中，就应该是选一场自己喜欢的电影，付钱，进场。

投资，也是如此。

其次，我们更要认识到，决策越迟缓，沉没成本越高，实际损失也就越大。

在前面这个例子中，刚付完加盟费的时候，如果不被加盟费这个沉没成本影响决策，这时候就开始来评估客流变化的影响，就可以减少装修费这个新的沉没成本的发生。这种情况下，我们不管继续经营与否，所承受的实际损失也都会少很多。

所以，当情况发生变化，决策必须果断，不然越拖延，损失越大。

生活中也是如此。不管是在感情中，还是在人生的一些关键变化上，我们经常面临选择时犹豫不决，因为自己之前投入了太多的情感，乃至财力、精力，情感上难以割舍。实际上，我们如果学会了沉没成本的概念，就知道，不要为过去的损失哭泣，勇敢甩掉已经无法改变的历史包袱，轻装上阵才能开启新的生活。

看到的收益，并不是收益

刚刚我们谈完了沉没成本，也就是我们前面所说的“你看到的成本，都不是成本”，下面，我们来看看另一个概念，“你看到的收益，并不是收益”。

我们还是用刚才这个例子来解释。让我们先忘记例子后半段的拆迁，回到我们最初的设定：初始投资70万元，两年赚回来26万元。

现在，我们来说说这个收益。

两年的回报率37%，看起来是非常不错的项目，已经远超很多投资项目了。但是这个收益只是实际收益，在投资决策的时候，我们还要结合别的因素进行调整。

比如，这70万元的初始投资，钱从哪里来？如果这70万元之前你一直放在银行里买基金产品，收益每年能稳定达到10%，也就是说每年可以有7万元的收益，按照复利的方式计算，两年的收益是14.7万元。

因为投资这个奶茶店，你失去了银行里投资收益的14.7万元，那么70万元的投资，由银行理财变成奶茶店这个项目，相对增加的收益只有11.3万元，相对收益率也就降到了16%。

此外，因为开设奶茶店，需要人来照应。雇人成本不低而且你又不放心，决定自己辞掉每月1万元工资的工作来开店。所以，因为开奶茶店，你不仅放弃了70万存款的理财收益14.7万元，还放弃了打工两年的收入24万元，共计38.7万元。

也就说是，如果你不开奶茶店，你个人打工加理财，两年间能够创造的收益是38.7万元；你把自己加存款投入这个奶茶店项目，两年能够创造的收益只有26万元。

没有比较就没有伤害。

这就是投资决策时，必须进行对比。比较相同资源投入到其他项目上的收益，从而选择相对收益更好的项目。

在经济学上，这个相对收益也被作为成本，叫机会成本。

通过对机会成本的分析，有助于我们在经营中正确选择经营项目，其依据是实际收益必须大于机会成本，从而使有限的资源得到最佳配置。

正如我们前面所说的，机会成本是由选择产生的。一种经济资源往往具有多样用途，选择了一种用途，必然要丧失另一种用途的机会，后者可能带来的最大收益就成了前者的机会成本。

机会成本在我们做任何决策时都会存在，只是我们很多时候没有去考虑。如果我们把机会成本引入我们的投资乃至生活的各项决策之中，会发现很多时候，你的想法会大相径庭：

首先，你在决定投资一个项目的时候，不再单纯考虑这个项目的回报，而是要更广泛地考察这些投入的金钱、资源，所有能实现的、所有可能的投资回报，从中选择最高的回报项目。比如，你在老家有块地，平时都是种水稻，要知道水稻的回报是不是最好的，你就应该广泛考察一下挖鱼塘、种果树的收益情况，选出回报最大的一种。

其次，你不应该再被单纯的收益所迷惑，你需要考虑这个收益背后所要付出的代价。比如，刚刚我们举例的这个奶茶店项目。

最后，你还要知道我们生活中的一切行为——不仅仅是投资——都存在机会成本的选择。比如，我们的时间就有机会成本：你今晚有空，是去看电影，还是在家看看职业考试的书？是陪陪家人，还是去见见合作伙伴，都会有不同的结果。

一旦选择，时间就匆匆走过，再也无法回首。你做出的选择，都在一步步地影响着你将来的生活。你用来工作，那么你的事业将越来越大；你用来陪家人，你的家庭会越来越和谐；你用来发呆刷手机，那么你会越来越无聊。是啊，如果我们多比较一下，多想想别的方案，也许就不会浪费那么多时间去无聊了。

在这个长篇累牍的回答中，我和大家一起，在理解为什么要突破常识的基础上，主要交流了三个方面的问题：

一是怎么看待风险，规避还是接受？希望大家可以理解，不要畏惧风险，但也不应无谓冒险。人生没有“躺赢”，多元化配置自己的能力，把握好适合的风险承受力，才能获得自己应得的回报。

二是怎么看待收益，长期还是短期？希望大家可以理解，短期收益具有不确定性，长期才有确定收益，只有树立全周期的视角，才能看到价值。同时，还要不停修正方向，避免奔跑在错误的道路上。

三是怎么看待成本，沉没还是机会？希望大家能够勇于排除沉没成本的干扰，避免拖延；学会比较机会成本，让自己的人生获得最大化的收益。

如上，希望能够让大家对投资的基础逻辑，特别是与常识不一致，甚至是“反常识”“反人性”的一些逻辑能够有一些初步的认知。

27 风口

埋头走路与抬头看天，哪个更重要？

紧跟大趋势，才能成为风口的“飞猪”

Zumbo：

你好！

我跟你年龄相仿，今年30多岁，打拼在上海。

我自认算是能力还行、运气较佳的人。虽然不是名校毕业，但是庆幸搭上了财富快车，加盟的是一个刚刚创立不久的公司，那时候公司没几个员工，我算是入职比较早的。作为公司的“1号销售员”，我见证了公司从起步到5年内上市的全过程。

当然，我也获得了丰厚的回报。毕业10年多，如今年薪百万，买的房子已经全部还完按揭，市值也已超过千万。

按说，虽然距离财务自由还有很远的路程，起码可以算是中产阶级吧。出入有车，吃喝不愁，人生应该算是比较舒适惬意才对。

但是，我却一直有着深深的焦虑感：感觉自己已经使出了浑身解数，才能走到今天这一步。但所谓的千万身家也不过就只是一套房子而已，想要再多的积累，我感觉自己也没什么更好的机会了。

不知道自己的运气能持续多久，一旦出现突然的打击，我又怎样能够翻身，甚至只是维持现有的生活状态呢？

我曾经看到过一篇文章，叫作《在上海，住在1000万的房子里，依然过着穷人的生活》，讲的是虽然自己身价千万，但在上海一套学区房就能将自己打回原形，其实是活在社会的底层。

千万资产，在二三线城市，已经可以过上财务自由的生活了。但在上海，也只不过是一套还算体面并不寒酸的普通住房而已。

所谓的千万富翁，其实都是生活质量毫无提高的“被富翁”，住在1000万的房子里，却依然过着拮据的生活。

是的，社会分化越来越严重，已经远远超出我们的想象范围。社会财富在飞速增长，普通人辛辛苦苦一辈子的薪水不够买一套房子，哪怕是好不容易跻身中产，也时刻顶着巨大的压力，生怕一不小心就被时代抛下。

你已经算是搭上时代快车的人了，作为公司早期员工共享了公司上市的红利。更多依靠工薪来生活的人，虽然房产可能价值千万，但每个月背负高昂的房贷，即使收入看起来比较可观，其实是被称为“伪中产”：不卖房子是穷人，卖掉房子是中产。

究其根本原因，还是手中的流动资金和金融资产太低了，所有资产都被套在一套不能动的房子里。一旦房价增长放缓，甚至停滞、下降，又从哪里去分享整个社会财富的增长呢？

赚钱是个辛苦差事吗？

这个世界上，赚钱的事情，从来不是辛苦的事情。

因为在一个高速发展的时代里，一个人要想成功，机遇远比能力重要。只有当社会稳定下来的时候，一个人的能力才决定一个人能赚多少钱。

比辛苦，你比得过那些富士康流水线上的工人？比得过农民伯伯吗？他们埋头苦干，获得的收益只能够维持基本生活。

为什么很多发达国家技术工人收入就比较高呢？这正是说明了，只有发展趋于稳定的时期，个人能力才比机遇更重要。

年轻的时候，我们总觉得世界上的事情，无论多难，没有通过努力做不到的。随着年龄的增长，阅历的增加，人的认知一天天改变，才发现，许多事情，努力只是一个因素，更重要的是能看到事物的本质规律，并运用规律。

虽然许多获取到财富的人，都喜欢把成就归功于自己的努力。但同样努力却终生碌碌无为的大有人在，从来不曾被人看到。我们应该明白，有一双无形的手，在左右着财富的分配，这就是大势。

创业，甚至只是就业，选择大方向很重要。同样的辛苦，结果是截然不同的。如果你能尽量去做一些趋势性机会的事情，抓住市场整体向上的机会，只要做得稍微好点儿，总还是有机会的。而有些行业，你再怎么做，其实都注定了最终的结果不会太好，这就是大势的力量。

投资是认知的变现，同时也是一个放大器，所有逻辑、审美、性格、情绪，到这里都会无限放大，因而对认知体系的觉察尤为重要。人最大的壁垒，在自己的脑子里。

一个有智慧的人，并不在于记忆力多好、脑子转得多快，而在于能否时刻保持心态的开放性，快速地理解新的情境，并及时调整自己的状态，让自己始终做好准备。

通过你现在这家公司的上市，我相信你对把握趋势有着深刻的理解。虽然这家公司你一开始未必是认清了趋势才加入的，但是能在几年内迅速上市，说明这家公司正是踩准了时代发展的趋势。也许正是因为认清了这一点，你才会这么焦虑，担心这种踩中趋势的好运气是不是能够持久。

其实，如果你具备了认知趋势的能力，是不是就不用担心运气是否持续了呢？

既然我们都认同要抬头看天、认清大势，那就要知道大势在哪个行业。对于那些已经发展成熟的行业，虽然当下的利润可能更高，但是竞争已经开始激烈，逐步将只剩下基础收益，甚至逐步衰退。只有新行业、朝阳行业，有规模经济可能性的行业，才能实现快速发展，获得开荒红利。

趋势这个东西，有几个特征挺有意思。

认清趋势，更重要的是认清时点

第一个特征：趋势只有在将起未起的时候才有意义，太早看到趋势毫无意义，太晚看到你会错过太多的东西。

这也就是为什么很多聪明人都赚不到钱的原因。如果很早就看到了趋势，但发展壮大的时机还远不成熟，所看到的一切都不具备实施条件，会很容易让人遭受巨大的挫败感，最后成为虚无主义者。等好不容易撑到风口来的时候，他已经先没了。

看得太远的人，其实挺适合做先知。看得太早反受其害的悲催案例太多了，比如哥白尼在中世纪就看到了地球不是宇宙的中心，于是就被火烧死了。

而如果趋势已经发展到被大多数人看到的时候，趋势的意义也就没了，当真理都被大家接受的时候，真理就会沦落为常识，你已经没有任何机会和优势来成为一个布道者了。

在这个特征里，我们收获的东西是什么呢？那就是提前预判很重要。因为只有在人们尚未发现，而你却提前发现，也提前动手了，那你或许能有先发性优势。

我们经常听很多人说，当年我怎么怎么看对了。但是这种看对了，跟你有啥关系吗？看准了是成功的前提，但在准确的时机入局才是决定的关键。

总体来说，爱折腾的人胜算更大，未来的创业很大程度上会是比拼试错的次数和成本的综合，尤其是趋势留的时间窗口越来越小的时候。

认清趋势，关键是发现最大的趋势

第二个特征：大势来临时的杀伤力是颠覆性的。

在一个大的趋势起来的时候，乘风而起其实难度并不如想象中大，在新兴领域并不需要太大努力，就能轻松地击败固有规则体系里的王者。

苏宁曾经是线下销售的王者，2015年的时候市值最高达到1683亿元，2021年，仅仅6年之后，就只剩下个零头，600多亿。

为什么？因为被时代所打败。

网络时代的销售平台中，淘宝、京东的崛起对苏宁的颠覆，并不是一个企业对一个企业的胜利，是一个时代对另外一个时代的胜利。

每个时代里都有自己的王者，苏宁代表了互联网未出现之前的渠道之王，而淘宝则是互联网时代的王者。本质上反映的其实是人类走入了互联网时代，原先的生活作业方式及对苏宁的依赖变得不再被需要。

有时候你费尽心机，投入了大量的金钱和精力终于打败了你的对手，成为系统内的王者。但是，另一个维度里的生命体轻轻吹了口气，就将你化为乌有，这就是我们常常说的降维打击。

这个时候，你会发现不是苏宁不努力，不牛，而是再牛也没用。你是很好很好的人，只是我不需要了，这是个挺悲伤的爱情故事。

这个观点其实用在阿里、腾讯身上也一样适用，你认为永远离不开它们，也说不定很快就会离去。

还有一种更残酷的情况，是城门失火，殃及池鱼。比如，微信“红包”普及了无现金交易，把小偷行业给干翻了；外卖的兴起，让康师傅和统一血战几十年的泡面市场熄火了。

互联网其实是个底层革命，改变了很多的生产作业方式，从而使得固有生产作业方式上的一系列王者的优势丧失，这就是可怕的趋势之争。不同维度体系里的竞争是极其可怕的，压根不是单纯和纯粹的能力之争。

趋势预测能力只有少数人掌握

趋势的第三个特征是什么？是随机偶然不可测。

我观察发现，世界上能跟着趋势赚钱的是三类人。

第一类人是引领者。比如马云、马化腾、张一鸣、王兴、黄峥这样的人，他们天生具备敏锐的嗅觉，对于市场的理解很通透，而且执行力很强，天生爱折腾，且够狠。对自己能狠下心来的人，都能成点儿事，如果看准了方向，就能成大事。

第二类人是跟随者。能认准引领者，并紧紧跟随，不惧怕失败，具有坚定的信念和持久的战斗力。比如蔡崇信，耶鲁大学经济学士、法学院法学博士，资深风险投资背景的优秀职业经理人。1999年，刚创立阿里巴巴的马云，为了融资接触到了担任Investor Asia Limited（亚洲投资有限公司）副总裁及高级投资经理职务的蔡崇信。虽然融资没有完成，但是身居精英阶层的蔡崇信，却敏锐地发现了阿里巴巴的潜力，毅然放弃70万美元的年薪，以500块人民币的月薪加入阿里巴巴。正是蔡崇信的追随，为阿里巴巴带来了高盛牵头的500万美元的天使投资，进而有机会进入孙正义的视野，为后来获得更多的投资创造了条件。

第三类人是乱入者。这类人压根不存在所谓选择一说，他们中绝大多数人所谓跟着趋势赚钱，不是主动意识的结果，而是撞大运的结果，被动地跟随了社会的洪流。比如盛一飞，阿里巴巴Logo设计者，工号位列第五，大学毕业花了1600多元自费学美术设计。之前从未听说过互联网的他，因所在广告公司中标马云的“中国黄页”而进入阿里巴巴，成为创始人之一。

前些日子，我碰到一个UT斯达康出来创业的同龄人。

可能现在已经很少有人知道UT斯达康了。这家公司是专门从事现代通信领域前沿产品研究、开发、生产及销售的国际化高科技通信公司，是全球领先的以IP为基础的端到端网络解决方案和服务供应商。

公司由20世纪80年代留学美国的中国留学生创办，发源于美国硅谷，成长于中国市场，2000年3月在美国纳斯达克上市，在中国和印度设有多个研发中心，业务范围遍布全球。

在21世纪初，这家公司可是比现在BAT火爆得多的企业。

我遇到的这位同龄人，是当年UT斯达康在全国招聘的为数不多的本科生，他打败了无数人，终于挤进了UT斯达康，而那些被他打败的人则黯然地走进了阿里的大门，彼时的阿里容纳了一帮“乌合之众”，很多都是职业技术学校毕业的学生，名校毕业生几乎没有。

十多年过去了，这位进了UT斯达康的“天才”，在UT斯达康逐步衰落失去了发展机会之后，现在要出来创业了，第一件事就是需要找到肯为他投资的大佬。

这些大佬是谁呢？

正是那些当年进不去UT斯达康，没办法只能去阿里的人。他们现在一个个身价过亿，反过来给这些当年逼得他们无路可走只能去阿里的人投钱。

能力决定一切吗？好像还真不是。我相信，通过你加盟这家几年时间就上市的公司的经历，你比大部分人都更深有体会：有时候运气就是比能力还重要。

这就是大势对个体的碾压式作用。

在大势面前要顺势而为

当我们具备引领者能力时候，就应该去探索未来的发展趋势；如果我们具备专业技能，那就应该去探寻那些站在时代前沿的引领者，做好辅佐，全力投入。

如果我们真的一无所有，那就努力让自己具备技能。或者，祈祷好的运气。

有句话说得好：站在风口上，猪都能飞起来。

风口，可以理解为一种势的力量，只是风口持续时间较短，而趋势需要持续几年。在趋势中做事，如顺水行舟，大财富的积累，必须借助这种力量才能完成。纵观世界上的富人，他们都是伴随着时代发展的机会应运而生，没有哪个没有受到趋势的眷顾。

抓住改变命运的一次大势，胜过无数的小折腾。在中国刚刚改革开放的时候，发展空间巨大，经济增长飞速，给那一代人带来了难以想象的财富积聚、阶层跃升的机会。哪怕没有知识、没有背景、没有头脑，凭着敢闯敢干，都很有可能打下一片江山。

但随着中国经济蛋糕做大到了一定程度，发展慢慢稳定下来，由中高增速向高质量发展转变，财富蛋糕的增长没那么快了，财富分配也越来越积聚。将来想只靠着一腔热血就打下江山，会越来越难。除了那些引领者能够通过改变世界来书写自己的命运之外，时代的快车只剩下为数不多的座位留给那些能够把握住大势的追随者了。

我们普通人，要怎样做到顺势而为呢？

第一，要知道“势”在哪里，也就是要看到趋势，这是最重要的一点。有朋友问过我这样的问题：“我们也明白顺势而为，可是，我们不知道趋势在哪里？我没有那么高的眼界，看不到未来的趋势。我们看到的时候，市场已经是一片红海。这个时候再跳进去，不被淹死就是万幸了，更不要说赚钱了，我们怎么顺势而为？”

趋势没有我们想象的那么高深莫测，它就在你的身边，就在你的行业发展过程中。你不需要去关注世界整体的经济大趋势，只要在自己的行业内，看到稍远一点的消费需求，看到可以帮助到这种需求的工具，就能够看到趋势。

比如，互联网的发展使电商成为一种趋势。而消费者更注重体验感，让新零售成为未来的新趋势。新零售兴起之时，若干与电商平台合作的传统小店，就是抓住了新零售这个大趋势之下的小趋势。

现代社会是一个非常开放的时代，所有的资源、信息、市场动向都能够在网络、媒体上看到，这样的便利给了所有人了解市场、了解趋势的机会。只要不躺在已有的成功上封闭自己，以开放的心态接受外界的信息，关注前沿的市场动向，观察到新趋势的到来，并不是很难的事。

第二，如果你还是自认格局不够，无法准确看清未来的商业趋势，那么不妨看看同行业的大企业家是怎么做的，他们的选择本身就代表着一种趋势。

正如今日资本创始人、“风投女王”徐新所言：“如果你是个品牌，只有跟着打胜仗的战船才能赢，如果跟着呆滞的市场就没戏。”她口中“打胜仗的战船”代表的就是方向和趋势。成功不能复制，但是可以模仿。

第三，如果不能跟上大趋势，那么，就在自己现有的行业里做积极的储备，等待随时会到来的小趋势。

逻辑思维创始人罗振宇在2018—2019年的跨年演讲中，提到了“小趋势”的概念，并且讲了一个非常接地气的例子：“南城香”是北京一家非常普通的烧烤店，由于早早做好了“配送/运营/产品”的准备，在2015年外卖大战这个大趋势到来之时，抓住了大趋势下的小趋势，与美团建立了链接。大平台美团的市值5年内增长了10倍，“南城香”的营业收入也在它自己的基础之上获得了10倍的增长，达到了6亿元。

做一个靠谱的人

有些很聪明的人，他们读了很多书，看了很多案例，却一直没有成功。是因为没把握准风口吗？

未必。聪明不代表一定成功，事实上，有时候聪明反被聪明误。

聪明的人，往往很难沉心静气去做一件事，稍微了解一些知识就容易觉得自己“尽在掌握”，甚至会对这个行业的很多行为、逻辑品头论足，自认可以颠覆这个行业。

我甚至听过“巴菲特根本不懂金融学”的论断，只是因为巴菲特认为比特币没有价值，不值得入手。

聪明的人，或者说自认为聪明的人，很容易做一个“知道”分子，他们对任何新鲜事物充满好奇，充满学习的欲望。在路边遇到一棵陌生的小树苗，他也会颇为新奇，仔细丈量它的高度，抚摸它的躯干，描画它的形状，收藏它的嫩叶，竭尽所能记住了它的一切，然后得出一个描绘这种树苗的结论。

然而，这种“知道”，只是看到了春天树苗发芽的样子。他所没看到的是，这棵小树苗，夏天会开花，秋天会结出甜美的果实，冬天会落叶。经年历日，它还会长成你一眼看不过来的参天大树，这才是知识。

过于相信自己的“眼见为实”，执着于通过自己的“眼见为实”得出结论性的意见，这不叫学习能力强，这叫偏见能力强。

李嘉诚说过，做事要找靠谱的人，聪明的人只能聊聊天。

如何做一个既聪明又靠谱的人呢?

著名经济学家任泽平认为，靠谱的人有9个特点：守信、守时、勇于认错、不在背后谈论八卦、心中有他人、不吹嘘、足够真诚、不占小便宜、有一定的能力。

我认为，最重要的是：

一、有极其清醒的自我认知。知道自己的长处，更深刻认识到自己的不足，明白自己适合做什么，并会为之规划和验证；看待事物不孤立，得出结论不武断。既能认知到世界的多元，又能坚持内心的选择，还能够通过持续的学习、进步，让自己的认知不断更新、不断提高。

二、有极其坚定的意志力。不达目的不罢休的坚持，不会因为挫折而沮丧和放弃；胜不骄，败不馁，不揽功，不避过；不以物喜，不以己悲，不会被外人的评价甚至误解所影响。

三、有严格的自我约束。有较高的底线，不会轻易放纵，不会被诱惑所俘虏；有规则意识，守信、守时、守诺；有责任心，为自己的行为负责，有情绪但不会被情绪影响正常的判断。

四、有悲天悯人的同理心。不以自我为中心，心中有同事、有客户、有社会；对上不谄媚，更重要的是对下不轻慢；善于倾听和寻找事物的本相，不占便宜，不被人欺。

终身学习是认知世界的根本

那么，回到你最初的问题上来，世界在变，大势将来。在你现在已经取得了一定成就的基础上，如何把握大势，顺势而为呢?

我理解你对运气耗尽的焦虑，因为运气不会常在，只有自己的能力才能护佑将来的发展。然而，世界的未知总是压迫着我们，如果世界一直在变，而且变化的速度越来越快，那么我们所要做的，就是绝对不能停滞不前，而应该随着世界同频变化。

以沃伦·巴菲特来说，他的长期大额投资业绩可能是人类有史以来最出色的。但是，让巴菲特在这一个十年中赚到许多钱的方法，在下一个十年未必还能那么管用，所以他不得不成为一部不断学习的机器。

很多人都知道，在互联网科技最为火热的21世纪初，巴菲特认为科技股超出了他的能力圈范围，所以很多年都没有碰科技股，也错过了很多机会。

但是，他却在2016年底至2018年初期间，对苹果公司进行了多次重大加仓，使得他在苹果公司上的持仓比例超过了整个组合的20%。

巴菲特对苹果公司的投资，打破了他长期以来不碰科技股的做法，那么他对苹果的投资决策是怎么做出的呢？

巴菲特说：我们并不是抱着“我们是不是应该买多一些科技股”的心态去投资的，而是去思考这家公司是否有持续的竞争优势，以及我们对这家公司的认知是否会超过其他投资者。我并不是因为苹果公司是一家科技公司而去投资它的。我投资苹果是在分析了苹果生态系统的价值、这个生态系统能持续多久、有什么潜在威胁这一系列问题后做出的决策。我也不觉得这样的分析需要我将iPhone拆解，搞清楚它的各个部件才能进行。这其中更多的是消费者行为和心理的分析。

因此，巴菲特的黄金搭档查理·芒格说，“购买苹果股票是巴菲特持续学习的标志”，“如果说伯克希尔取得了不错的发展，那主要是因为沃伦和我非常善于破坏我们自己最爱的观念。哪年你没有破坏，那么你这年就白过了”。

为了说明学习的重要性，查理·芒格还经常讲一个有关量子力学创始人马克斯·普朗克（Max Planck）的笑话：普朗克获得诺贝尔物理学奖之后，到德国各地做演讲，每次讲的内容大同小异，都是关于新的量子物理理论的。时间一久，他的司机记住了讲座的内容。司机说：“普朗克教授，我们老这样也挺无聊的，不如这样吧，到慕尼黑让我来讲，你戴着我的司机帽子坐在前排，你说呢？”

普朗克欣然同意。于是司机走上讲台，就量子物理发表了一通长篇大论。后来有个物理学教授站起来，提了一个非常难的问题。演讲者说：“哇，我真没想到，我会在慕尼黑这么先进的城市，遇到这么简单的问题。我想请我的司机来回答。”

这个世界的知识可以分为两种：一种是普朗克知识，它属于那种真正懂的人。他们付出了努力，他们拥有“知其所以然”的能力；另外一种是司机知识，他们掌握了鹦鹉学舌的技巧，他们可能有漂亮的头发，声音通常很动听，给人留下深刻的印象，但其实他们拥有的是“只知其然，不知其所以然”的“死知识”。

如果你对一种知识死记硬背，以便能在考试中取得好成绩，这种知识对你不会有太大的帮助。你们必须掌握许多知识，让它们在你的头脑中形成一个思维框架，在随后的日子里能自动地运用它们。

这说起来容易，我们却很难做到，甚至越来越多的人放弃了学习，与这个变化的世界日益格格不入。那些固执守旧的人，未必一开始就是如此，只是因为终身学习太难了，而且随着年龄的增长越来越难。

除了体力脑力的原因外，更主要的原因是，随着我们的阅历、能力的提升和成熟，新知识的学习需要打破的成见、积累越来越重，当学习变成对自己几十年来好不容易成型的三观进行颠覆重组时，学习已经不是一个增长知识那么简单的问题了。

大家都说，感觉没有小时候学东西那么快了，为什么？因为知识的金字塔，最底层的几层总是最容易搭建的，越高则越难。当我们以成年人的思维，已经搭建完成了自己的知识金字塔，想要再放几块砖进去，将是何等之难？唯有抽取几块固有的砖替换新的进去，而这种知识的更新无异于伤筋动骨，当然难了。

然而，学习仍然是必要的，学习带来的变化是缓慢的，但是成效却是深入意识深处的。当你把学习变成了一种习惯，你就会始终保持对知识的开放、谦逊心态，世界的巨大画卷才会在你面前一一展开，未来也才会在你眼前变得越来越清晰。

正如乔布斯所说：Stay Hungry，Stay Foolish。

中文里也有同样的话：求知若饥，虚心若愚。

28 复利

存入1万元，50年后轻松变1亿元。复利的力量这么强大吗？

复利确实很有魔力，但“躺赢”是不存在的

Zumbo：

最近打算开始做投资，所以关注了不少公众号，大家都不约而同地提到一个“复利”的概念，把它作为投资最有魔力的方式。

卖基金、卖理财的都在谈复利，我觉得还算合理，毕竟坚持长期主义，获得持续稳定回报跟我的投资理念也很一致。

但是，最近有些来拉我去做平台分享的，也用复利的魅力来跟我分析。比如说某个号称“一分钱、一个月、一千万”的裂变项目，就说自己是个“轻创业”项目，不需要投入，只需要拉朋友来平台购物，朋友购物及朋友拉朋友来购物，每单可以获得一分钱的佣金回报。哪怕每单佣金只有一分钱，只要大家每个人每天都能拉一个新的朋友加盟购物，一个月的总佣金可以超过一千万！

我内心里感觉，这个看起来有点儿不太合理，但是又说不清到底

哪里不合理。请问，复利的力量真的这么强大吗？

复利到底有多神奇，我们先讲一个“阿基米德与国王下棋”的小故事吧，很多人可能都听过，但是为了解释什么叫复利，有必要再讲一遍。

国王棋艺高超，喜欢跟人下棋。有一天，数学家阿基米德来访，国王与阿基米德棋逢对手，足足下了一天还不分胜负。国王下得也非常开心，就问阿基米德：如果最终你赢了，我能给你点儿什么作为奖励呢？

阿基米德看了看国王家的粮仓说：我要是赢了，您就在棋盘格子里放上米粒就行了。

国王问：怎么个放法呀？

阿基米德说：棋盘一共就这么多格子，我要是赢了，您就在第一个格子里放一粒米，在第二个格子里放两粒米，在第三个格子里放四粒米。以此类推，以后每个格子放的米粒都是上一格的两倍，放完就行了。

国王心想，我家有那么大的粮仓，别说这么个小小棋盘了，就是再大的棋盘也能装得下呀！于是他欣然答应。

然而最终阿基米德赢了之后，国王在兑现承诺的时候才发现，别说他那一个粮仓，就是再多粮仓也填不满那个小小的棋盘。

那么，国王到底欠了阿基米德多少米呢？

如果把第一个格子的一粒米写成2^0，第二个格子写成2^1，第三个格子写成2^2，那么第N个格子就可以写成2^{N-1}。

国际象棋一共64个格子。到了第64个格子的时候，需要放的米粒数就是2^{63}，即9 223 372 036 854 775 808粒。

这还只是最后一个格子的容量，全部累计则为18 446 744 073 709 551 615粒。

一粒大米的质量大约是0.016g，也就是说1公斤大米约6.25万粒，以此来换算的话，约等于2951.48亿吨。这是什么概念呢？根据联合国粮农组织对外公开的数据，2019年全球粮食总产量约为27.22亿吨，阿基米德这一局棋就赢走了108年的全球粮食产量。

上面的故事说明，复利从直觉上感觉不到，我们一般会表现得和国王一样，认为1粒大米不断翻倍，在一个小小的棋盘上能有多少呢？

确实，一开始不容易看出来，但可怕的效应在我们看不到的远方。

从直觉上感觉不到的事情，从短期看不出来差别的事情，容易被大多数人忽视。如果你利用了别人看不到的自然界的力量，那就拥有了巨大的优势。

这就是复利的魔力。虽然起点微不足道，但通过复利可以达到人们难以想象的程度。

复利需要遵循三个底层逻辑

复利不是数字游戏，而是可以应用到投资中的哲理。

想要玩转复利，有三个底层逻辑必须要重视，因为只有这三个逻辑成立，你才能够发挥复利的魔力，

第一个是本金。滚雪球时，一开始雪球的大小是很重要的。你投入的本金多少，决定了你将来复利达到的魔力能有多大。就比如说，你现在投入一分钱，那么哪怕翻了100倍，也才1块钱，翻了1万倍也才100块钱；而如果你投入一块钱，那么翻100倍就是100块钱，翻1万倍就是1万块钱。复利带来的就是让你本金倍数变化的能力。那么本金的多寡，也就决定了你的结果会出现多大变化。

第二个是收益率。国王的棋局，相当于是一个收益率100%的复利，我们正常的投资是难以实现这么高的收益率的，但哪怕是微小的收益率，经过足够长的时间也能产生结果的巨大差异。比如，现在拿出1万块钱做投资，如果保持20%收益率，经过30年，就会变成237万，翻了237倍。

收益率越高，对结果导致的差异就越大。比如：15%的收益率，20年后资金将变成原来的16.37倍，20%的收益率将变成原来的38.34倍，二者相差1倍，看起来差距不大。而如果把时间拉长到50年，15%的收益率将变成1083.66倍，20%

的收益率将变成9100.44倍，二者相差8倍。可以说，提升收益率，是投资者要奋斗、研究的主要目标。

第三个是周期。复利进行的年数极其关键。20%的年化收益，10年变成6倍，20年变成38倍，50年变成9100倍。最关键的是，时间越到后期，收益的翻倍效益越明显。比如，20%收益率、50年期的投资项目中，最后5年的收益，是前面45年的2倍左右。这个效应，就是我们说的“时间的朋友”的价值。

追求财富的过程，不是短跑，也不是马拉松式的长跑，而是在更长甚至数十年的时间跨度上所进行的耐力比赛。只要坚持复利的原则，放弃即时的满足感，让时间为财富增值，即使起步的资金不太大，只要有足够的耐心，加上稳定的“小利”，就能赢得这场比赛。

复利不等于躺赢

复利，是如此之美好，是不是我们只需要投入本金，熬住时间，就能实现“躺赢”了呢？

事实并非如此简单。

查理·芒格将复利作为最重要的思维模型之一。他说：“理解复利的魔力和获得它的困难，是理解很多事情的核心和灵魂。”

请注意，芒格提到要理解“获得它的困难”。虽然表面上似乎很多人懂得这个道理，但理解和运用的深刻程度应该是大不相同的。

首先，收益率的稳定性非常难以实现。在前面计算复利时候，我们讲的收益率都是一个固定值，每年都不变。

但是，稳定的增长是非常难以实现的。大家可以看到，经济增长是有周期性的，随着周期发生波动，这些波动一旦达到一定程度，是可以把你前期复利增长的成果给吞噬掉的。

比如，周期内的任何一个年度亏损100%，都意味着之前所有积累归零。你想想，如果好不容易熬满49年，积累到了巨大的倍数效应，第50年亏损100%，一切前功尽弃，复利的意义又何在？哪怕不是100%，即使亏损只是50%、30%，周期性的出现，也会让复利的倍数大打折扣。这也正是许多长期投资项目，宁愿牺牲一些收益率，也一定要先把稳定收益放在第一位的原因。

其次，时间既是朋友也是敌人。只有时间足够长，复利的效果才能够得到更充分的展现，这就需要你为了获得将来很长一段时间后的获得感，放弃即时和很长一段时间的满足感。从财富累积上这是没错的，但是未来的获得感，与人生的即期幸福相比，孰轻孰重呢？比如，现在投入1万元，100年后哪怕能够滚存到100亿，人都没了，又有什么意义呢？

最后，复利的倍数并没有想象中来得那么有价值。我们举个例子吧，比如刚改革开放的时候，“万元户”已经是可以被广泛宣传的大富翁了。但是如果当时他用全部身家，也就是这1万元资产，投入到一个“50年回报1000倍”的复利项目中，会发生什么呢？

从改革开放到现在还不满50年，但即使他已经拿到1000倍的回报，1000万元已经不算是有钱人了，甚至在上海连一套好点的房子都买不到。

为什么会这样呢？因为“50年回报1000倍”，看起来很耀眼，其实年化的收益率也只有15%，而同期中国经济的发展速度已经大大抵消了复利带来的收益。

复利与回报没有直接关系

最重要的是，我们还需要了解到，计息方式并不能决定投资收益的高低。很多文章为了推崇复利，会将复利和单利滚动数十年的结果进行对比，以巨大的差异来证明，复利对于单利而言是多么先进。

那么，在投资的时候，真是如此吗？

你拿出100万元投资一个项目，项目运行的很成功，两年后项目结束，拿回来144万元，净赚44万元。你计算了一下，按照单利的话，收益率是44%；按照两年期的复利来算，收益率20%。

复利比单利的优势在哪里呢？

如果收益率确定，复利自然比单利的回报要高。可惜的是，我们的回报并不是根据收益率确定的，而且恰恰相反，收益率是根据最终回报多少计算出来的比率。

也就是说，不是收益率决定了收益，而是收益决定了收益率。

至于用什么方式计算收益率，复利还是单利，都不重要。只是不同的计算方式得到不同的结果罢了。

当我们在判断一笔储蓄或理财是否值得投资时，更需要关注这笔储蓄或理财所能产生的“收益高低”，而不是合同上的“计息方式”。

但是，如果是不同金额的投资项目，仅靠收益额是无法判断哪个回报更高，更值得投资的。有什么指标可以用吗？

有。

经济学里有一个统一的标尺，叫作IRR，是英文internal rate of return的缩写，中文可以翻译成“内含报酬率”，是使一笔投资中资金流入现值总额与资金流出现值总额相等、净现值等于零时的折现率，可以用来衡量一笔投资的“年化收益率”。

对于每一笔投资，我们只需要知道在哪些年要交多少钱、在哪些年可以获得多少收益，无论其投资金额大小、投资期长短、现金流模式、计息方式，都可以计算其唯一的IRR。

因此，在现代金融体系中，IRR也被视作是“衡量投资收益率高低的唯一标准”。

由于IRR以一年作为收益的计量区间，不对现金流中的本金和利息加以区分，因此IRR本质上就是“年复利”的概念。

如果一笔投资采用的不是年复利的计息方式，那么计息中所使用的利率就不是年化收益率的概念，不能够单纯通过利率的数字大小来比较投资收益率的高低，必须利用投资的总收益反推出IRR，才能得出这笔投资的年化收益率。

从IRR的计算可以看出，复利就是一个我们几乎每天都在使用、用来反映“金钱的时间价值”这一基础概念原理的计息方式，单纯对比复利和单利，从而得出复利的回报更高是不靠谱的。

复利也有陷阱

公平地说，复利体现的是“金钱的时间价值”，如果我们从复利的概念中，掌握到时间价值的重要性，能够在投资中坚持长期主义，坚持定投思维，确实是能够让财富在时间的历练中得到增长，也确实是值得倡导的正确的投资理念。

但是，如果过于迷信复利，让自己掉入“复利的陷阱”，很容易就会成为一场骗局的“局中人”。

比如，一些“拉人头”的商业模式中就经常用到复利的概念。就如同你说的这个项目：每单佣金只有一分钱，只要大家每个人每天都能拉一个新的朋友加盟购物，一个月的总佣金可以超过一千万。

这不就是“国王的棋局”吗？全球100多年的粮食总产量都不够国王输的，你这一千万的佣金，需要在一个月内拉到10亿人次的购买才能实现。怪不得他们只计算一个月的回报，要是再多干两天，全球的人都不够你拉的了，还得进军茫茫宇宙搜寻外星人才能持续下去。

这一类的复利陷阱相信大多数人还是很容易看出名堂、规避掉的，但是有些反向的复利陷阱你看得出来吗？

最近很多车贷平台，为了吸引消费者，经常会在大广告牌上打出“零首付，零贷款利率”的字眼，有的更是以低价日供的方式吸引消费者贷款买车。比如有的会打出“日供低至6.6元起”等诱人广告，看到这里，你是不是觉得买车变得很容易、成本很低了？

其实，这类广告和银行贷款买房一样，每期还款都夹着本金和利息，只不过逻辑和投资相反，本质上它所营销的是一种复利概念。

比如，某一款车贷产品，如果依照天为单位计算的话，每天的名义利率只有0.027%，相当于10万元的贷款，每天只需要还27元。看起来微不足道，很多人也容易因此就走上贷款买车的道路。但这正是销售者玩的文字游戏，因为实际算下来，真实有效的年利率（IRR）高达10.52%元，比一般的银行贷款利率高多了。

复利神话，是对“躺赢”的另外一种包装。

很不幸，这个世界并没有“躺赢”，只有“躺输”。

29 股票之涨跌

为什么我买的股票明明业绩非常好，却突然跌了 10% 呢？

因为股价是对未来所有回报预期的反映

Zumbo：

你好！

我是一个股市“新鲜人”，对金融了解不多，所以希望能够得到你的指点。

去年年底股市比较火爆的时候，我忍不住入了场。但是，作为一个理工直男，我自认投资还是非常理性的。为了筛选好的股票，我很认真地去分析各个公司的经营业绩、市盈率等各种指标，从中选择我认为非常具有投资价值的股票来买。

但是，2021 年春节刚过，股市就给了我“当头一棒”。本来发展很好的股市突然崩溃，我选中的几只股票也都一个跟头栽了下来。公司经营也没发生什么大的变化啊，怎么就突然这么大幅度地跌下来了呢？我特别疑惑的是，明明在买股票的时候，已经认真考察过，这些公司是非常优质的，特别是有个公司预报出来的业绩非常好，都增长了 30%，结果股价反而跌得更惨。为什么公司业绩这么好还会跌呢？

更令我无法理解的是，有些公司明明一直在亏损，结果股价还噌噌地涨。比如特斯拉，市盈率甚至曾经达到 1000 多倍，那不是要 1000 多年的利润才能值回票（股）价吗？

股市这样涨涨跌跌，是有逻辑的吗，还是纯粹就是“跟着感觉走”？

2020年股市比较火爆，朋友们入场的越来越多。哪只股票值得买，哪只股票得抓紧卖，大家各有观点，各有各的评价依据，好在也没发生什么矛盾，因为几乎所有的个股都在涨，不管用什么理论分析出来的，反正都证实了。

到了2021年春节过后，整个大盘掉头大跌，不少本来经营和发展都非常好的“白马股”“抱团股”也都一泻千里，搞得很多股民无法安生。

这时候，大家曾经使用过的分析方法仿佛全都失效了。那么股市到底是个什么逻辑呢？

市盈率并非股票定价依据

正如你的疑惑，大家在评判股价高低的时候，都绕不过一个评价标准：市盈率。市盈率是多少？高了还是低了？

但是，如果你仔细分析市场上的各种股票，市盈率却是千差万别的。有的股票市盈率只有20倍，有的却达到1000多倍。等于有的投资是20年回本，有的需要1000年回本，为什么后者还更受到追捧？

还有利润一直为负，股价却一直飙升，这个市盈率又该怎么算？

除了市盈率，有时候我们还会去看一下市净率。这个指标就更奇怪了，有的股票市净率低于1，意味着市值比净资产还低，那不是等于把公司资产卖了回报还能更高吗？这如同一台车子的价值比拆开单卖零件还低，为啥股价能跌到那么低呢？

要明白这个问题，需要先纠正一个误解。市盈率并不是股票价格的决定因素，它只是股价的一种表现，也就是说，不是市盈率决定了股价，而是股价决定了市盈率。

这个就从根本上颠覆了我们用市盈率来评判股价高不高的标准了。

更进一步说，股票的市价并非来自盈利，更不是资产。

那么股价是怎么定下来的呢，跟什么相关呢？

股价首先是市场供需平衡的结果，你多少愿意买，我多少愿意卖，每个人心里也都是有个依据的，特别是以机构为主的市场，这个定价更不是随心所欲的。大家基本上都能接受的一个定价模型，就来自资产定价理论。

按照资产定价理论，一个公司值多少钱，取决于这个公司的全部生命周期内能为股东带来多少回报。

那么股价，就是公司未来能创造的全部价值的变现。

公司未来能创造多少价值，又取决于公司能存在多久，每年能发展到什么样的规模，能带来什么样的回报，对于这些问题，大家各自心里都有个基本的假设和预期，这些预期构成了股价的基础。

比如，一家企业虽然现在没有利润，甚至还逐年亏损，意味着对股东的贡献是负的。但是，由于这家公司拥有独特的市场竞争优势，大家预期它再过两年就可以扭亏为盈，之后每年的利润都能实现100%以上的增长。这就意味着，虽然现在这个公司不能为股东创造价值，但是不久的将来，创造价值的增长速度会非常快，全部的收益会非常大，那么大家对于这家公司就会给予非常高的估值，反映到股价上也就会越来越高。

从这个角度上看，市盈率1000多倍，并不是说股东可以容忍这家公司1000多年才能回本，而是大家都预期这家公司有成长性，将来增长的速度比较快，市场占有率会比较大，利润增速会非常高，所以给予的价值判断就远超现在的表现。计算成市盈率，就会出现1000多倍的“怪相”。

反过来看，如果一家公司虽然现在利润非常高，但是由于市场都认为这家企业已经步入衰退期，利润规模将逐年迅速降低，甚至不久后就会开始亏损，这时候股价就会逐步走低。当下的高利润与低市值对比，就会出现非常低的市盈率。

有些企业市值低于资产净值

企业市值的高低，取决于企业未来创造价值的能力，这也就解释了为什么一家还在亏损的公司，却能有比较高的股价。

因为虽然现在亏损，大家却认为这个企业的经营模式非常先进，成长性非常高，将来会迅速成长并实现非常大的盈利。这些未来预期的盈利，构成了现在股民投资的动力。

相反，一个公司如果已经进入衰退期，失去了成长性，大家认为经营会越来越差，那么市盈率也就会非常低。特别是反映到市净率上，甚至比企业净值还低，因为这些净资产是死的，无法创造合理的价值。

比如某房地产上市公司，2021年某天显示的市净率只有0.27，意味着该公司一块钱的净资产，市场只认可为两毛七分钱。但是它持有的资产主要都是商业地产，明明都是很值钱的资产啊，为啥市场就是不认呢？

因为中国的地产项目，不管是商业也好，居住也好，租金回报率是非常低的，该公司的净资产回报率只有1.46%，与银行3个月定存的利率不相上下，与很多保本型的理财产品相比都差距甚远。

这也就是说，如果你有1万块钱投资到该公司，所得到的回报与放到银行“吃利息”差不多，那你还会愿意投资这只股票吗？

这么看来，虽然该公司的资产非常值钱，但是给股东带不来满意的回报，也就是说未来预期的创造价值能力非常低。我们刚刚说了，股价反映的是未来预期的回报，回报低，股民自然就不买单。

换个例子来说，如果有个公司净资产1亿元，年利润是10万元，资产的回报率只有1‰，远低于银行存款。那么这个公司你愿意花1亿元来收购吗？

肯定不愿意啊，我有1亿元的话，放银行存款利息也比这个好啊。我又不傻，除非你用远低于1亿元的价格卖给我，我可能还得考虑值不值。

有的时候，会出现整个行业市净率整体下滑，甚至集体跌到1左右的情况。这说明什么？这说明这个行业已经走到极度成熟，甚至衰落的时期，投资者对这个行业的长期“看衰”，不愿意为行业的将来买单了。

其实，房地产行业的上市公司，目前的市净率普遍很低，某地产龙头股虽然过往的净资产收益率都超过20%，但是2021年5月的市净率跌到了1.3倍，另一龙头地产公司的市净率甚至已跌破1倍。龙头公司已经如此，更别说很多中流地产企业早已处于破净状态。

为什么曾经那么红火的地产商，甚至在房价还继续上涨的情况下，这么不被看好呢？因为目前“房住不炒”的态势下，房地产的逻辑变了，集中供地的新规导致拿地竞争更加激烈，价高者得。但是卖房却要受到限价约束，房企的利润空间被压缩，甚至可能在融资成本不受控的情况下跌入亏损空间。

看，市值低于净资产，就是这么个道理。

业绩增长快未必市值涨

刚刚你在问题里提到，有个公司预报出来的业绩非常好，增长了30%，结果股价反而跌得更惨。为什么公司业绩这么好还会跌呢？

其实大家如果注意观察，就会发现，业绩虽然跟股价有密切的关系，但是并不是业绩好股价就涨，业绩差股价就跌，这是为什么呢？

我们刚刚说了，股价反映了市场对这个企业所有的已知信息及对其未来的预期的综合反映。也就是说，股票投资者在投资的时候，已经对未来的业绩有一个预期，并且把这个预期折算到股价里去了。

这也就意味着，对于那些成长型企业，由于投资者在一开始对公司业绩增长的预期非常高，哪怕预报出来业绩确实也非常“亮眼”，但是没有足够“亮眼”到符合投资者之前的预期，都可能导致股价下跌。

比如，2021年1月25日晚，小熊电器发布业绩预告，预计2020年归属于上市公司股东的净利润同比增长50%~70%。但次日其股价以跌停收场，到2月1日的5个交易日里，小熊电器股价跌超30%，报收于88.33元。

小家电市场目前处于发展换挡期，从高速增长到平稳增长是可见趋势。另外，综合性家电巨头和垂直厨电巨头都在大规模布局这一市场，竞争也趋于激烈，投资者普遍看淡小家电的未来盈利情况。因此，虽然当期业绩非常好，却因为预示着业绩已经走到了顶峰，未来的业绩不被看好而股价走低。

相反，如果一个公司的股价大幅度上涨，也正是体现了公司出现了新的积极变化，而这些积极变化，之前市场没有掌握到，或者说没有预期到这么好，那就意味着公司的成长性和未来潜力超出了市场预期，哪怕是亏损低于市场预期，也会带来更积极的信息和股价的重估。

这样来看，大家就知道了，股价涨涨跌跌，其实就是大家对这个公司现在和将来各种信息判断的综合反映。

对企业经营业绩的预期会随时波动

正如你在问题里说的，即使是非常优质的股票，股价也经常会大幅度地涨或者跌，有时候一天涨跌10%，为什么呢？

我们之前讲过，股价是市场对于一个公司当前、将来所有已知信息的反映，特别是对这个公司将来经营业绩的预期。一旦有些信息发生变化，直接导致市场对这个公司将来业绩预期的判断发生巨大变化，股价相应的就会被重估。

那么，哪些信息会导致我们对一个企业将来业绩的预期发生变化呢？

这里有宏观层面的因素，也有企业微观层面的因素，我们一一来讲一下。

宏观层面的因素，如经济形势、国际或国内产业环境、国家政策等发生变化，都会特别严重地影响企业发展的预期。

比如，国家出台了支持新能源企业的鼓励政策，意味着新能源企业的发展将提速，新能源企业不仅可以获得国家补贴，还将在各种政策的扶持下更快发展。原本市场预期某个企业每年可以销售10万台，现在根据新的政策，每年有望销售超过20万台了，是不是公司的股价马上就会飞涨起来？

当然，国家政策的影响也不全是正面的。比如，2020年年底，国家对蚂蚁金服进行了调查，并出台了一系列对金融数据、互联网支付，包括互联网垄断的政策，这些政策限制了互联网金融企业的无序发展，这类企业之前的发展态势就肯定有所减缓，之前设想的发展速度就会降下来，所以阿里等一系列相关公司的股价自然也就应声而落。

国家政策对企业股价的影响，大家都很容易理解，也容易接受。实际上，有一个最直接影响股市的信息是利率，这个大家理解起来比较难，我就重点来讲一下。

利率，也可以说是金融产品的回报率，是我们投资一个金融产品，预期或者实际能够得到的回报率。比如，我们到银行存1万块钱，一年后可以拿回10 400元，那么利率就是4%。

利率是一个笼统的概念，在这里不仅仅是指银行存款的利息回报，还包括债券、股票投资等各种金融产品的回报率。当然，不同产品的回报率也是不一样的，为什么有的利率高有的利率低呢？这是因为承担的风险不同，承担的风险越高，利率也就是回报率也就越高。

利率的高低是怎么确定的呢？

我们投资一个金融产品，根据它的风险程度，内心会有一个最低的回报预期。比如现金存到银行必须有2%的回报率，购买某个公司的债券必须要有5%的回报率。这个预期叫作必要报酬率，就是我们投资一个项目所要求必须达到的回报率，是我们根据投资的风险所计算出来的最低回报率。

我们投资的金融产品，利率必须达到我们的必要报酬率，我们才会愿意投资。所以利率的高低，取决于我们对投资所要求的必要报酬率。

那么怎么确定一个投资的必要报酬率呢？首先，我们一般把美国10年期国债收益率作为一个基准，作为是无风险收益率，意味着就算是我们不承担任何风险，也必须有这么高的回报率。之后，再根据不同投资的风险等级，计算出一个该投资的风险回报率，两个相加，就是这个投资的必要报酬率。

比如，企业债券利率为什么比银行存款高呢?

那是因为我们投资于企业债券的必要报酬率就比银行存款的要高。企业债券存在无法收回的可能性，银行存款一般不存在。所以企业债券的风险也要高于银行存款，因为风险高了，我们对企业债券就要求更高的必要报酬率，也就导致了企业债券利率会普遍高于银行存款。

理解了什么是利率，那么我们来看，为什么利率跟股价是负相关的呢，也就是说为什么利率越高，股价越低呢?

这就涉及资产定价模型的问题了。

利率对股价影响是根本性的

资产定价模型，就是帮助大家对一个投资的标的（也就是资产，一般是指一个投资项目或者公司）进行定价的公式。定出来的价格，就是我们股价的基础。

之前我们说过，股价就是根据公司预期的业绩，把它将来所有可能的受益全部折算为现在价值，这就是资产定价模型的主要内容。

当然，讲到资本定价模型可能相对比较复杂一点，特别是将来所有可能的业绩和利润，计算过程非常复杂，也带有很多主观因素，需要根据现在所有已知的信息进行估计和推算。

稍微学过经济学的朋友都知道，把这些所有未来的收益换算成现在的价值，叫作折现。折现率是取决于必要报酬率的。必要报酬率越高，折现过来的价值就越低，而我们投资某个企业或者项目所要求的必要报酬率，我们刚才讲过，是以基准利率和风险加权计算出来的，这跟资本的定价是紧密相关的，而且跟资产最终的价格是相反的。

我们对任何一个投资都会有自己期望的必要报酬率，下面用一个例子来说明必要报酬率是怎么影响资产定价的。

比如说，我现在拿100块钱去存银行，银行告诉我一年的固定利率是4%，那么一年后我变现的话，取回来104元，刚好符合我最好期望的回报率——4%。

我之所以去存这个钱，是因为这个存款给予的回报率4%符合我对这笔存款期望收益的预期。

如果银行说，你来我们这里存个款吧，我一年后给你102元，但是你现在要存进来100元。你会不会答应？

不会，因为我现在存进去100元的预期是一年后取回来104元，你才给102元，那我不会同意。

银行会问，那一年后只能给你102元，现在你觉得拿给我们多少钱你能接受？

我就会去算，102元，除以我要求的104%的回报，得出来是98.08元。我现在付98.08元给银行，银行一年后给我102元，我觉得是可以接受的，符合我对银行一年期存款4%的回报要求。

这个例子说明，当我有一个预期的回报率也就是必要报酬率，这时候只要给我一个预计的未来收益，我就可以计算出来我现在应该投入多少钱。或者也可以这么说，根据我的必要报酬率，可以将未来的某个确定收益，折算到现在来看值多少钱。

比如，按照必要报酬率4%来算，一年后的104元，拿到现在来看价值是100元；一年后的102元，现在的价值是98.08元。这个就是现值。

把这个道理放到投资上，也是一样的。我们在投资一个项目的时候，要计算现在投入多少钱划算的话，需要看将来的收益折算过来值多少钱。比如说，我们现在去买一个机器，这个机器能使用一年，一年后能产生100元的收益，那么我们现在愿意花多少钱买这个机器呢？

那就取决于我们在这个机器上期望的必要报酬率是多少。如果我期望实现10%的必要报酬率，那么我愿意投入的金额就是100/110%=90.9元。因为我今天投入90.9元，一年后收到100元，收益是9.1元，刚好超过我期望的10%的收益率。如果我的投入超过90.9元，收益就达不到我设定的必要报酬率10%，我就不愿意投资了。

那么如果你对这个项目期望实现的必要报酬率是20%呢？那么你愿意投入的

金额就是100/120%=83.33元。

这就很明显了，在收益确定的情况下，你的期望回报越高，那么你对这个项目认定的价值就越低，这就是反作用。

最终这个东西会怎么定价呢？那就取决于供需双方了。市场上这个产品有多少供应方，有多少需求方，最后寻求一个平衡，得到一个市场认可的资产定价。但不管怎样，总的来说，它与人们期望的回报率是负相关的，必要报酬率越高，它的定价就越低；必要报酬率越低，它的定价就越高。

那么必要报酬率又是怎么确定的呢？

大家投资一个东西，你为什么就要求它必须回报10%呢？我们刚刚说过，这与其风险大小有关系。风险越大，你要求的必要报酬率就越高；风险越小，你要求的必要报酬率就越低。

那么，怎样把风险与这个必要报酬率联结起来呢？一般大家公认的方式是，把美国10年期国债收益率作为一个无风险的基准，然后按照每个投资的风险程度，计算一个风险的必要报酬率，两者相加得出这个投资的必要报酬率。

这样大家就应该能够理解了，为什么2021年春节过后，一开盘整个全球市场的科技股都在大跌。

因为全球普遍预期美元将升息，因此美国10年期国债收益率也随之上升。国债收益率上升，一方面是带走了市场一部分原来买股票的资金，现在去买债券去了，间接造成股市流动性降低，市值下降；另一方面更为直接的后果就是，因为基准收益率提高了，就带动了各个风险等级的投资，大家的必要报酬率都要跟着提高，必要报酬率提高了，但是公司预期的将来的收益并没有变，那么折现到现在的市值上看，也就不值那么多钱了。

但是，为什么科技股跌得特别严重呢？因为科技股的成长性高，大家预期将来它的增长特别快，对于它未来的收入预期特别高，特别是未来预期收入主要发生在比较久的后期，两年后的100元，跟一年后的100元相比，折现到今天肯定更不值钱，一旦折现用的必要报酬率提高，那么市值的损失就更严重。

这也就意味着，基准利率稍微波动一点，对一般性的资产来讲就会有相应的反向波动。对于成长型的科技企业，它的反向波动更加厉害，因为它的收益主要来自非常远的未来时期，这些未来时期折现到现在的利率越高，它损失的就会越严重，这里有一个倍数效应。

这就是宏观经济市场对个股所造成的影响。当然了，利率只是其中一部分，一个国家的宏观政策也好，国与国之间的关系也好，贸易的关税也好，发生不可避免的一些事件也好，都会影响人们对将来这家公司发展预期的判断。这个过程就是股价调整的过程。因为股价反映的不仅仅是当下，更重要的是市场对于这个公司将来所有可能性的一个判断。

除了宏观因素，微观的影响因素就很明确了，企业与竞争对手的关系、自身发展的情况，都会涉及企业的重估值。比如，企业如果爆出负面新闻，或者发生了超出预期的事件，哪怕只是大股东个人发生了一些问题，都会导致股价的剧烈变动，因为这也会直接影响投资者对这家公司的信心和长远发展的一个预期。

回到你前面的问题，股价的波动，并不仅仅是公司当下自身业绩的反映。所以，只看公司业绩如何，发展趋势如何，并不能完全说明公司股价变动的原因，还需要综合来看整体面临的宏观形势变化。只有把公司所处的宏观环境变化、公司自身创造价值能力的变化，包括市场参与者心理层面的波动都结合起来，才能真正反映一家公司股价的变动。

另外，作为一个股市“新人”，要沉住气，保持开放心态去学习投资的基础知识，不要为一时的股价变动所影响。因为从长远来看，一个公司的股价还是与这个公司的经营密切相关的。当整个大环境好的时候，可能所有的公司股价都在飞涨，但是只有好的公司才能经受住风云变幻，为股东长期稳定创造价值。

30 股票之买卖

股票赚了，我该提现吗？亏了，我该守着还是认亏走人？

股市小白，你需要想清楚买长线还是短线

Zumbo：

今年（2021年）以来，这股市“跌跌”不休，少有反弹。而且成交量也萎缩到了“地板”上，有人离场，有人入场。

每次看到股市在跌，我都发狠说一旦反弹我马上割肉走人；但是一旦反弹起来，我又抱着是不是能够再多反弹两天，让我以更高一点的价位来割肉，少亏一些的期望。但是，还没等到，就又跌回去了。

你说，股市这么一直起起伏伏，什么时候是割肉的时机啊？

另外，是应该先把赚了的股票提现出来，守着亏损的等待回升，还是要先割肉，守着赚钱的好股票呢？

股市涨涨跌跌，本是常态，但是对于初入股市的“小白”来说，毕竟是自己辛苦挣的钱，一下子损失了一大块，任谁也无法平静处之。

估计近期不少股市小白也都跟着人心惶惶，工作都没精神了。那么，你手上的股票该割肉离场吗，还是要趁着价格低入手一波？

这个要从长线或者短线心态聊起。

什么叫长线？长线是指对某只股票的未来发展前景看好，不在乎股价一时的涨跌，在该只股票的股价进入历史相对低位时买入股票，作长期投资的准备。这个长期一般在一年以上。

什么叫短线？短线通常是指投资者只想赚取短期差价收益，而不去关注股票的基本情况，主要依据技术图表分析。一般的投资者做短线通常都是在一个星期或两个星期以内的时段，甚至有的以两三天为限，一旦没有差价可赚或股价下跌，就平仓一走了之，再去买其他股票。

长线收益来自公司价值提升

长线的收益从哪里来？长线赚钱主要来自公司股票价值的提升，只要是选择了优秀的公司，随着公司价值的增长，必然能带动公司股价，这是价值规律使然，所以长线投资更符合经济学基本规律。

短线的收益从哪里来？短线赚钱主要来自短期内股价的波动，低位买，高位卖，这个价差不是来自股票自身的价值增长，而是来自对手方。必须有人在低位卖，你才能买进；有人高位买，你才能卖出。说白了，这个钱就是从别人的亏损里赚来的。

这就是长线与短线的区别。正如巴菲特所说，股价短期内是投票机器，长远来讲是称重机。长线的钱来自市场规模的做大，企业发展壮大的成果分享给所有股东，这是一种双赢；而短线的钱来自市场博弈，从别人亏的钱里赚过来，你每赚一块钱都必然有人亏一块钱，这是一种单赢。

这两种钱的来源不同，决定了操作方式的不同。

我们还是举个例子来说吧。

我们假设有一家公司叫A公司，2020年1月1日，它的股价是100块钱，到2021年1月1日，整整一年，它的股价上涨到了300块钱。那么对于长线投资者就很好理解，他赚了多少钱呢？就是100到300这之间的200块钱。

为什么？因为他是一直长线持有的，在这持有的过程中，他没有做任何的买卖，那么他的收入就是赚了这200块钱。

大家知道，其实在这一年间，A公司的股票不可能一直平稳、一直持续地呈一个线性增长的，中间会有很多的波动。在这个波动过程中就是短线操作者的空间。

短线操作者希望达到的效果是什么呢？就是在每一个波动过程中的价格最低点把它买进来，每一个最高点的时候把它卖出去，赚的就是这个低和高之间的差价。我们可以看到图6.1中，第一波，他赚的是多少钱呢？就是在最低的100元时买进，然后在最高的150元卖出，那么这之间的价差50元可能就是他赚的第一波。

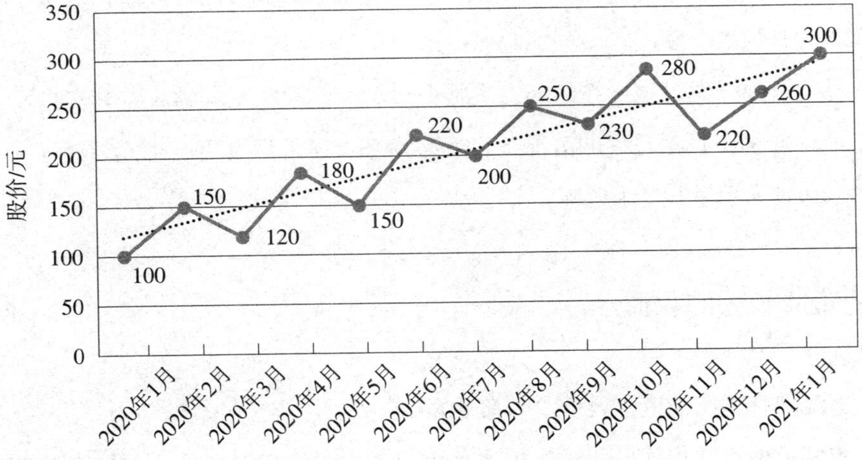

图6.1　A公司股价变动图

如果我们把A公司这一年波动的曲线当中，每一个低点和高点之间的价差加在一起。应该是：50元（150元–100元）、60元（180元–120元）、70元（220元–150元）、50元（250元–200元）、50元（280元–230元）、80元（300元–220元），相加之后为360元。

这就是这一年间，对A公司操作短线的股民，如果说能够完美地踩中曲线，每一个最低点买进最高点卖出，那么他所获得的全部收益就是360元，可以看出来，确实是远远高于200元的。

这么看起来做短线操作似乎是比做长线操作的收益更高。但是我们要考虑到，就像我们刚才所说的，短线操作的收益不是来自公司股价的增长，而是对手方亏的钱，你想要完美地踩中每一个最低点买进、最高点卖出，就需要市场上有人完美地踩中最低点卖出、最高点买入。因为所有短线操作者的总收益是零，意味着你通过短线赚的钱都是别人亏的钱，比如你赚了300块钱，那么就必须有人亏了300块钱。

从另一个角度来讲，我们能不能做到完美地踩中每一个最低点买入、最高点卖出呢？

大家都知道基本不可能，特别是对于小白来说更是很难做到。那么我们就算一个中间值，概率一半一半，如果50%的概率成功50%的概率失败，这么平均下来就是没有赚没有亏。

也就是说，做短线操作的人，在整个市场上，大家平均的收益其实是零。在大家最终的整体收益是零的情况下，就必须来看，最后谁更有可能超越这50%的概率，从别人手里赚过来钱呢？

分清短线长线的收益

那我们就需要知道，做短线的都是哪些人？

实际上做短线操作的，现在很多采用的方式叫作高频交易，它是使用高频计算机来进行操作的，毫无情感，毫无人性。那他们主要是通过什么来赚钱呢？

一是对市场信息的占有，他们最大限度地掌握市场波动的前置信息。比如说他们能够掌握一些内幕，知道这个股价要发生剧烈波动了，能提前做好布局。

二是操作速度特别快，通过高频计算机能够第一时间捕捉到这个信息，第一时间采用计算机自主操作，从那些人们无法利用的极为短暂的市场变化中寻求获利。特别是对于一些造成市场波动的突发事件来说，反应的时间往往是在毫秒之间。

三是那些有实力的机构投资者或者资金规模非常大的投资者，他们能够创造一些短期内的波动，比如做空机构。这样他们就可以通过影响和操纵市场，从中获益。

大家可以来评估一下自己，你属于这一类人吗？如果你不属于这一类人，你在短线交易中的成功概率往往要低于50%。所以说，对于普通小白来说，通过短期操作想要赚钱，往往是被割了韭菜。

但是为什么有些小白说我做短期操作，买了之后只要涨我就卖，也赚到了钱呢？

实际上你赚的那部分钱，未必是短线收益。

因为这家股票的市场价值也在增长，在这个过程中，你本身也应该分享一部分的价值增长，也就是长线收益。

比如说，2020年一年间，某一个炒短线的小白在A公司的操作中赚了100%，实际上因为A公司市值已经增长了200%，你因为是短线操作才赚了100%，说明短线操作给你带来的收益是负值。也就是说，你看起来是从短线交易上赚了钱，但是实际上，你只是从整个市值增长上赚到了钱，而短线操作这一部分实际上还是亏了。

由此可见，短线操作不是不可以做，在理想状态下，短线也能赚大钱。

但是短线操作需要比较严格的条件，这也是为什么很多大的机构、庄家，他们做短线操作的原因。因为他们具备强有力的科技实力，他们有很多技术手段，有高频软件，有配置非常高的电脑来替他们做第一时间的反应。同时，他们有密集的人才储备，特别是券商都招募了非常多非常聪明的人。

大家都知道在华尔街聚集了一批全世界最聪明的人，他们分析各种动态，建立各种交易模型，第一时间做出反应。同时，他们还通过自己非常大的资金量操纵市场的变化，所以，这些人能够从短线赚到钱。对于我们这些小白来说，还是老老实实做长线，坚持价值投资吧。

如何做好长线投资

在面临股市的震荡时，一般来说，有两种应对方式。

第一种，通过对震荡趋势的把握，提前预判股市甚至是某些个股即将上涨还是即将下跌。总体来看，股市的涨跌确实是会有一些先兆性的苗头，比如利率或者汇率的变动、国家宏观政策的变化、特定行业的变化等，也不乏很多“股评专家”会就此进行预判，很多股市小白也热衷于研究K线图、阴阳线之类的数据，甚至也确实有些时候吻合了股市的整体走势，更增添了他们进行短期预判的信心。

但是依靠这些信息进行判断，我们必须要知道，成功的可能性并没有想象的那么高。一是预判的只是大的趋势，无法具体到细节；二是你潜意识里的“证实性偏差”让你感觉自己预测准确率很高；三是很多时候你以为是自己预判成功，其实只是“瞎猫撞上了死耗子”。

为什么短期内预判股市很难实现呢？股市，包括个股，长期走势看估值，短期走势更多的是依赖于群体心理，是市场上众多参与者对于某一信息的判断，以及所做出的反应造成了短期内股市甚至某个个股的异动。

要完全把握群体心理的反应，至今还没有可靠的理论和规律，只有在科幻小说中才能看到。比如《银河帝国》中设定在一万年后发展出了心理史学，可以对群体的心理和反应进行预测，但这个结果只能为少部分人所掌握，不能公之于众，因为群体一旦提前预知了结果，就会根据结果做出进一步的反应，从而使之前预判的结果失常。

可见，希望通过提前预判股市走势来规避风险甚至反向操作，只能在某些特定的概率下成功。所以，投资机构和大的投资人一般都采取第二种方式：放弃对短期走势的把握，不关心“一时一地，一城一池”的得失，转而关注宏观政策带来的长期变化，并通过投资的组合，实现长期、整体的收益，这就是我们所说的价值投资。

在股票市场上，有一句话叫“短线是银，长线是金”，就是讲价值投资。但是，看上去简单的长线投资，其实真的没有那么简单。

一只股票你要拿几年的时间，那么便意味着你要经历股市大的动荡，从短期来看，你的股票会经常面对亏损。比如你选择做长线投资，很可能一只股票拿一年的时间，前面11个月都是亏钱的状态，最后一个月才能赚钱。如果你没有对长线投资有一个极致的理解，很难扛到最后一个月。

知名基金经理张坤说过：任何长期有效的方法都有短期的失灵。我们在投资上市公司时，如果信心是建立在股价上涨上，是很难赚到钱的，因为股价必然会有向下波动的时候。一个投资人不管采用何种方法，必然在某些时期面临业绩的落后。

因此，长线投资，必须能够忍受业绩的短期波动，同时，积极利用好短期波动，在市场被低估的时候入场。

如果你不是在市场被低估的时候入场，你也很难去获得一个较高的收益。巴菲特最爱做的事情，便是在市场被低估的时候，积极地入场抄底。抄到底之后一拿便是好几年，因为也只有这么久的时间，市场才能从一个不理性的状态中恢复过来。

所以严格来说，长线投资比短线更加困难，长线投资玩的是大的趋势，玩的是这个市场最本质的理解。

因此，当我们想要进行长期投资，并在阶段性跑输市场时进行建仓，必须先回答一下张坤的“灵魂三问”：我是否相信这个公司的底层逻辑？是否对公司的长期逻辑充满信心？假如股市关闭、3年无法交易，我是否还有信心买入这个公司？

只有这三个问题都坚定的回答“是”，这才能是你建仓这家公司的长期选择。

此外，一旦建仓，还必须能够坚持长期不放。

前不久网上热传一则新闻，说是一位老太太2008年以5万块钱买了长春高新，然后就忘记了，等到2021年初去注销账户的时候，才震惊地发现当初的5万已经变成了500万，在现场腿都快软了。

这并不是故事，是真的事实，相关券商已经回应确认。这正是价值投资的胜利，说明长期持仓并克服价格波动带来的诱惑最终可以获得巨大收益。

老太太买入时间是在2008年10月底，根据微信公众号“招财大牛猫”的统计，当时的A股有1560只股票左右，刨去这些年退市的公司，依然还在A股的有1540只。你如果在2008年11月初闭着眼挑选一只股票买入并持有至今，这1540只股票里有1277只是盈利的，赚钱的概率是83%。

再把这1540只股票的累计涨幅做一下排序，老太太买到的长春高新排第13位。排名第一的顺络电子，2008年10月至2021年4月，不到13年间的回报是1817倍。排在第20名的紫光国微，回报也有60倍。

当然，老太太“把股票给忘了”这件事，本身有太多的偶然性，普通人很难复制。不过它倒是昭示了在A股赚100倍的公式：

1% 概率的运气 +10 年以上的时间 =100 倍收益

这三个要素里，1%概率的运气很多人都拥有过，10年时间是硬成本，其实很多人进入股市的时间都不止10年了，但是始终没有赚到钱，正是因为没有坚持住，在浮浮沉沉的诱惑中频繁操作，哪怕内心里认同长期主义，也必须真的能够切实践行，才能长期持有，拿得住100倍的浮盈。

所以，对于我们小白来说，最好的股票投资方式，就是选择几家优质业绩表现良好且有潜力的，在当下及可预期的将来是社会和资金比较关注或者认可的热门行业，当股价低于股票内在价值时，果断买入，中间的波动不要过于担心，耐得住波动，扛得住心态变化，在公司基本面没有发生根本性变化的情况下坚决持有，相信未来。因为在前面三要素不变的情况下，股价一定会逐步上涨，给时间以巨大的回报。

而我们所要做的，就是持有优质基金和伟大祖国共成长，适当做做抉择就可以了。世间万物都在变，与其耗神在那些看不到的东西上，不如珍惜眼前所有，好好工作，好好睡觉，爱护身体，愿我们都能活在当下。

31 基金

投资小白应该如何入局?

关于投资，我有一些简单粗暴的建议

Zumbo：

看完了你的突破常识的“入门理论”，感觉眼界大开。但是对于我这种小白来说，不是特别清楚哪些理财培训能够教会更多实际的操作知识，你可以“送佛送到西”，给我一些简单粗暴的建议吗?

之前跟朋友们讲了一下投资需要突破的常识，也就是投资的一些基本逻辑，希望能够有助于大家在了解这些逻辑的基础上，对投资中的一些反常现象，有自己的认识和判断，正确把握投资的规律。

但是，这些毕竟只是基本逻辑，而且是投资这个宏观课题中的一小部分，虽然能够增加大家对投资的认知，但是毕竟无法直接指导具体的投资行为。所以，很多朋友跟你一样，听完表示学到了，但是转头就不记得了。或者说，真正去投资的时候，又不知道该怎么办了。

对于非经济学背景的朋友来说，为了投资而专门去学习宏大的经济学知识是

勉为其难的，其实也是没有必要的。掌握基本的经济学知识，然后建立起符合自己情况的投资思路，坚持下去，并逐步优化，是比较可行的投资之道。

那么，如何建立起自己的投资思路呢？

既然，我们已经突破了投资的常识，那么我还可以给大家一些简单粗暴的投资建议，以供刚刚走上投资之路的朋友们参考。

这是给最基础小白的建议

首先，要明确一下这些投资建议所面对的对象。

为什么要确定一个对象呢？因为投资是基于个人的财富配置、风险偏好而来的，每个人的家庭资产配置不同，所能承受的风险不同，或者自己所偏好的风险不同，那么投资的方式也是完全不同的。

比如，一个刚刚走出大学校门，迈上社会赚到第一笔工资的人，他的财富量比较少，投资经验缺乏，理论上来说，对风险的承受能力也应该比较小。但是，这些人往往比较年轻，一时间没有太大的家庭负担，暂时不需要买房或者没有能力买房，也没有太多家庭抚养等开支，工资水平如果超出日常生活所需，那么这部分资金用来投资的话，反而可以承担比较高的风险，特别是年轻人更有强一些的风险偏好，哪怕这部分投资的钱出现一定程度的亏损，甚至亏到50%，都不会影响他的生活。因此，这些人，反而是可以小额投入一部分到股票等高风险之中的。

对于年龄稍大一些，工作经验更丰富，同时收入也更高的人来说，是不是承受风险能力更高了呢？也未必，因为进入适婚年龄，买房买车，结婚生孩子，反而是生活开支倍增的时候。这个阶段，工资收入的增长未必能够赶上生活成本的增加，即使能够略有盈余，也要随时应对可能突如其来的大笔开支。所以，这个年龄段的工薪阶层，甚至是一些白领、金领反而难以接受大幅度的亏损，意味着风险承受能力也在下降。

后一个阶段，则是要等到职业生涯达到顶峰的三四十岁，这时候年富力强，收入随着经验和能力的提升也随之达到一个顶峰。同时，这时候家里房、车等

“大件资产”已经配置完毕，很多人甚至已经有了投资性的房产，实现了职业之外的稳定收入，更有人通过创业等方式实现了财富的跃升。这个时期，由于资产已经比较丰富，再加上短期内没有新的资产购置需求，消费性的开支在收入中的占比也越来越低，应该说是风险承受能力最高、投入能力最强的时期。所以可以稍微增加一点风险资产的配置，以获取更大的回报。

但是，随着职业生涯走入后半段，职业晋升的难度越来越大，工资收入也开始稳定，难以再有大幅度提升。这个时段，少部分人已经实现财务自由，但大部分人要开始考虑退休之后的养老生活了。不管前期投资收益如何，这个时段都需要趋向保守。因为，退休之后，除了退休金之外难以再有额外的收益，为了保证自己高品质的生活，那么投资收益必须稳定而持久，出现大比例的亏损情况是老年人难以承受的。这个时候的投资，应该以稳健为主，以保证为老年生活提供持续稳定的支持。

由此可见，不同人生阶段的风险承受能力是在不停变化的，没有任何一种投资建议能够覆盖各种情况，这也正是我们需要说明的第一点：要持续评估自己当下的风险承受能力。

当然，上面的分析也可以看出，对于我们大多数人来说，收入都主要来自工资性收入，富余部分不多。即使有投资收益，它的比例和金额也都不大，不是生活来源的主要组成部分，所以对风险的承受能力不是特别高，稳健的投资是主流需求。所以，我这里给出建议的对象主要是：

一、年龄在25~40岁之间，对投资了解较少也没有精力深入学习；

二、收入稳定且略有结余，希望有增值收益；

三、风险承受能力中等或偏低，只能承受较低限度的损失；

四、对投资收益有合理预期，不期望从投资中暴富。

本建议的目的

基于上述“画像”，我给出的投资建议，主要追求风险平衡、收益稳定。

在这里，还有必要再解释一下这两个词。

风险平衡，是指既不是全面规避风险，也不为了收益而忽视风险。我们在“突破常识”中说过，风险是收益的来源，不承受风险就没有收益，想要有高收益就必然面临高风险。我们要对此有深刻的认知，那就是所有投资都有风险。

就连银行存款，虽然说大家都认为肯定是无风险的，也只是风险水平比较低，可以忽略不计罢了，而不能说是无风险。不知道大家是不是注意过，从2020年11月28日起，在各个银行的自动提款机上都贴了一个存款保险标志。这个标志，就是说每个储户在单个银行中，50万元以下本外币存款，本金和利息都受到存款保险的全额保障，保费由金融机构缴纳。

这也就意味着，存款不再是硬性兑付，最多的全保只有50万元，超出部分是可能面临风险的。当然，这个风险一般是非常低的，对于大银行来说，风险更低。

所以说，没有绝对无风险的收益，想要获得收益，就必须承担一定的风险。所谓风险平衡，就是既不为了无风险而降低收益，也不为了追求高收益而承担超出自身承受力的高风险，总体上追求平衡，以保守策略为主。

收益稳定，是针对风险平衡而言的。在风险平衡、相对保守的情况下，通过投资策略的使用，使收益与风险相匹配，甚至实现略高收益。稳定不是指没有波动，而是指通过投资策略，使收益尽量不出现大幅度的波动，实现稳健增长。

为什么不能实现无波动呢？因为投资市场是受大环境影响的。比如2008年的金融危机，导致各类主要资产的价格都出现巨大的波动，特别是金融资产在2008年的收益大部分都是亏损的。追求无波动是不现实的，只能尽可能地保持稳定，减少大起大伏的波动，让收益稳步增长。

梳理自己的资产配置图

好的，如果你自认符合这个“画像”，接受我这个风险收益的设定，那么我们就正式开始。

第一步，咱们需要先梳理一下自己的“资产配置图”，并以此来测算自己的风险承受能力。

梳理资产配置图，是为了掌握自己有多少资产可以用来投资。

标准普尔公司（Standard & Poor's Financial Services LLc）是一家总部位于美国纽约的全球最具影响力的金融分析机构，美国股市最为著名的三大指数之一，“标普500指数”就是标准普尔公司于1957年开始编制的。

除了编制“标普500指数”，标准普尔公司还干了一件很有意义的事情。他们曾调研全球10万个资产稳健增长的家庭，这些家庭都有一个共同的特点，那就是过去30年家庭资产一直在稳步上升。于是标准普尔公司深入分析总结他们的家庭理财方式，最终提炼出一张成功理财的“寻宝地图”——标准普尔家庭资产象限图，简称标普资产象限图。这是目前世界上公认针对家庭资产配置构成比例进行家庭理财的最为合理的方式。

“标准普尔家庭资产象限图”（图6.2）把家庭资产分成四个账户，这四个账户作用不同，所以资金的投资渠道也各不相同。只有拥有这四个账户，并且按照固定合理的比例进行分配，才能保证家庭资产长期、持续、稳健的增长。

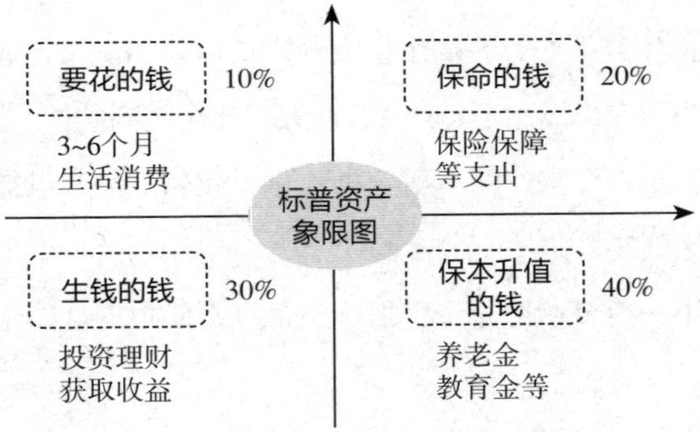

图6.2　标准普尔家庭资产象限图

第一个账户是要花的钱，是日常开支账户，一般占家庭资产的10%，为家庭3~6个月的生活费。

这个账户保障家庭的短期开销和日常生活，买衣服、房租、旅游等都应该从这个账户中支出。这个账户肯定有，但是我们最容易出现的问题是占比过高，很多时候因为这个账户花销过多，而压缩了其他账户。

第二个账户是保命的钱，一般占家庭资产的20%，这个账户是为了专门解决突发的大额开支——意外、重大疾病等。这个账户保障突发的大额开销，一定要专款专用，保障在家庭成员出现意外事故、重大疾病时有足够的钱来保命。所以一般都是购买人身意外保险和重大疾病保险。

保命的钱是家庭配置必须有的，虽然平时看不到什么作用，但是到了关键的时刻，只有它才能保障大家不会为了急用钱卖车卖房，到处借钱。如果没有这个账户，家庭资产就随时面临重大风险，甚至毁灭性的损失，所以叫保命的钱。

第三个账户是投资收益账户，也就是钱生钱的账户，一般占家庭资产30%左右，用于资产的增值。这个账户的要点是偏风险的投资，既要看到收益，又要看到风险。所以控制好比例是首要条件。

第四个账户是保本升值的钱，是长期收益的账户，占家庭资产的40%，作为子女教育金、自己的养老金等。这个账户的要点是偏保守的投资，要保证本金的安全，并要抵御通货膨胀，所以收益不一定高，但却是长期稳定的。

这个资产配置图基本上是为美国中产阶级生活来配置的，所以大家可以看到，它每部分的比例，未必跟我们中国人的生活需要相配。比如，对于年轻一点的朋友来说，第一账户可能远不止10%，那么可能会达到30%，甚至50%以上，这样就应该适当缩减第四账户、第三账户的比例，年轻的朋友可能第二账户的需求也不一定是需要达到20%。

所以，比例不一定要参照这个，但确实是有必要根据这四个账户来盘算一下自己的资产。

首先，第一账户，按照3~6个月的家庭开支来准备，年轻且收入稳定的可以按照3个月来准备，工作收益不稳定的可以按照6个月来准备，具体可以根据自己情况来考虑。

其次，第二账户，可以适当进行扩展，从“保命的钱”扩展到近期需要开支的钱，除了保险之外，还包括近期需要添置的大件资产的开支，比如买车、买房等。为什么这些要放在这里呢？因为这些钱都有一个共同点，对流动性要求特别强，随时可能拿出来用，所以无法作为投资资金的来源。

最后，第三、第四账户可以根据自己的风险承受来分配比例。这两个账户都属于投资账户，由于我们已经确定属于保守型偏好，所以未必区分那么明显。可以先确定除了第一、第二账户外，可以用来投资的金额，包括已经有的金额和今后每月能够投入进来的金额，这些钱必须是短期内不需要拿出来用的，最好还能大概列出来哪些资金是多久内不需要用的，多少资金是今后多久就需要拿出来的。这样对资金的来源、时长有了具体的概念，就可以用来投资了。

确定了投资金额，投资筹备的第二步，是测算自己的风险承受能力。虽然我们已经说了本文针对风险保守型，但是保守型也有区分，大家最好是能用网上银行的风险测评系统，实事求是地对自己的风险进行一下测评。

各银行风险评估的测试内容虽各有不同，但总体大同小异。风险评估所填信息大致包括投资者的年龄、月薪、投资经验等。根据评估分数的不同，投资者的风险承受能力由低至高被划分为保守型、稳健型、平衡型、成长型和进取型五类。大家可以看到，保守型、稳健型、平衡型，基本上都属于风险偏好较低的层级，成长型和进取型基本上是属于敢于承担风险的层级。

我们如果评估结果为保守型、稳健型或者平衡型，那么我们可以进行下一环节的投资建议了。如果你的评估结果是成长型和进取型，这里的建议大部分都不适用，需要另外再讨论了。

好，我们进入简单粗暴的投资建议。但是，还是要再强调一次：投资有风险，入市需谨慎。

建议一：买什么？买基金

对于比较成熟的投资者，购买股票是一种更高收益的选择，但是对于刚刚入局的小白来说，股票的高风险也是显而易见的，一只股票选择失误，就可能血本无归。因此，先从基金入手，是熟悉投资市场的最好路径。

首先要说明，相对于直接购买股票而言，基金成本更高。基金刚成立你就认购的话，有认购费；如果是中途买入则有申购费，要退出的时候有赎回费，持有期间还有管理费，如果你想转换到同一基金公司的其他基金上，还有基金转换费。

既然基金成本更高，为什么还要买基金，不买股票呢？

2020年是股票市场红得发紫的一年，尽管市场普涨，但从很多投资者的收益情况看，并没有享受到市场上涨带来的红利。不仅远远跑输创业板指数和科技成长行业指数，也没有跑赢上证综指，甚至还有少数投资者在2021年的行情中亏钱了。

为什么会出现上述情况？主要是因为市场已经发生了很大变化，投资者结构也发生了很大变化。依赖原有的“炒小、炒新、炒概念”模式来赚钱变得越来越难了，取而代之的是专业至上。唯有深入研究公司的基本面，前瞻判断公司的价值所在，才能知其进退，在波动的市场中应对自如。

从绩优基金表现看，因为行业内部个股严重分化，无论是科技成长主题基金还是医疗主题基金，都需要对相关行业有深入研究，而不仅仅是炒作概念。然而，对于普通投资者来说，面对日新月异的科技创新，在没有专业研究能力支撑的情况下，明显缺乏选股能力。而且，从欧美等发达国家的资本市场现状看，个人投资者大多已经退出历史舞台，专业机构投资者成为市场主力。

无论是什么行业，成功者都在做他们最擅长的事。比尔·盖茨一生从事于电脑行业，积累了财富。他为什么不去经营石油生意，也不投资于其他行业？道理很简单，他不擅长这些领域，他也怕赔钱。还有巴菲特，他明确知道自己的能力圈，且在这一范围内进行投资，不投不懂的行业。比如在2000年，不管科技股被炒到什么程度，巴菲特都坦率地告诉股东们：“看不懂科技类股票。”这个投资习惯大幅度降低了他的投资失败率，有效地避免了随后科技股大跌所造成的损失。“不熟不做”的思维会让你的财富增值，而不是贬值。

这正是我们经常所说的：你所熟悉的不一定是你擅长的，你擅长的一定是你熟悉的。把自己擅长的事情做好即可。

例如作为工薪族的我们，如果没有研究能力、精力作支撑，可以学会放权，通过支付一定的费用，让专业的人做专业的事，让专业的人为你挣钱它不香吗？

既然决定了买基金不买股票，那么我们的选择就从选股票转向了选基金。如何选好基金，第一步需要考虑的是：我们的风险偏好适合什么类型的基金？

我们先来了解一下基金的分类。按照投资对象不同，基金分为股票型基金、债券型基金、货币型基金和混合型基金。

股票型基金，顾名思义，就是以投资股票为主，基金资产80%以上投资于股票的为股票型基金。这类基金在所有基金类型中风险最高，但长期收益也最高。

很多股票型基金的名称中带有“价值”“成长”“平衡”，这些词是什么含义呢？那些价格被低估的股票叫作价值股，发展前景好、利润增长迅速的股票被称为成长股。那么，专注于价值股投资的就是价值型股票基金，而专注于成长股投资的就是成长型股票基金。平衡型股票基金是指一部分投资价值股，一部分投资成长股的基金。

由于投资股票的性质不一样，所以风险也不同。按照风险程度由低到高来说，价值型股票基金的风险最低，平衡型股票基金的风险居中，而成长型股票基金的风险最高，但它的长期收益也是最高的。

货币型基金。投资期限在一年以下的金融市场称为货币市场，投资品种主要包括银行短期存款、国家和企业发行的一年以内的短期债券等。这些投资品种可以较好地保障本金的安全，但也决定了货币基金在各类基金中的风险和长期收益都是最低的，收益略高于同期的银行活期存款。但是，除了保本外，还有一个明显的优势，货币型基金的变现能力很强，大部分货币型基金都支持当天赎回就到账。

债券型基金。债券是由机构为了募集资金来发行的。根据发行机构的不同，债券又细分为政府债、金融债和企业债等。80%以上资产投资于债券的基金称为债券型基金。一般来说，债券型基金的长期收益比货币型基金要高，但是比股票型基金低。不过，如果是在股市出现剧烈震荡的时候，债券型基金的收益也相对稳定。

混合型基金既可以投资股票，也可以投资债券和货币市场，而且投资股票和债券的比例没有严格的限制。这就使得混合型基金非常灵活，基金经理可以根据市场的变化调整投资策略。当股市上涨，可以加大股票投资力度，降低债券的配置比例，以获取更大投资收益；当股市下跌，又可以反向操作，增加债券的投资比例，回避股市的高风险。

由此看来，从风险上来排序，股票型基金＞混合型基金＞债券型基金＞货币型基金，收益则与此一致，也是股票型基金＞混合型基金＞债券型基金＞货币型基金。

所以，我们作为保守型投资，应该主要关注混合型和债券型基金。而货币型基金，虽然收益低，但是赎回快，流动性强，可以把第一账户、第二账户中暂时不用的资金放在货币型基金中，随时可以取出。另外，我们投资账户中，资金在等待投资时机、赎回后的闲置期，也可以暂时先放到货币型基金里，以获得与银行存款类似的流动性，但是收益更高。

除了选择基金的类型，我们还需要选择基金的投资策略。基金根据投资策略不同，主要分为被动基金和主动基金。

这两种基金的投资策略分别叫作Beta和Alpha。Beta代表的是投资组合的系统性风险，追求的是与所承担风险相匹配的收益，一般用于被动基金；Alpha与系统性风险无关，追求的是超出Beta收益的那部分超额收益，一般需要通过积极主动的选股来实现，因此属于主动基金的操作策略。

被动基金一般指的是指数基金，那什么是指数呢？交易所里有很多股票，每只股票的价格都在随时变动，有的涨，有的跌。而指数就是一个能够及时反映股票市场整体涨跌的参照指标。

举个例子，我们经常说的沪深300指数，就是挑选了沪深两市300只股票来编制的指数。其中，指数里的股票被叫作指数成分股。

说完指数，理解指数基金就简单多了。指数基金就好像是指数的影子，它是以某个特定的指数为目标，通过购买指数中的成分股来构建投资组合，通过跟踪指数，力求做到和指数如影随形。比如很多基金公司都推出了“沪深300指数”，就是参照沪深300指数来进行投资的基金。

和被动基金相反，主动基金是寻求取得超越市场的业绩表现为目标的一种基金，需要由基金经理对证券市场进行深入研究，主动选择股票和债券来确定投资组合。由于主动基金的人为因素比被动基金要多，所以如何选择好的基金经理、基金公司都需要特别注意。

对于我们保守型投资者而言，特别是投资经验不足，不能一下子辨别好的基金公司、基金经理的话，指数型基金是一个非常好的投资标的。

一是指数型基金对于基金经理的能力要求不高，只要跟踪指数的变动就行，所以我们也不需要特别认真地对比基金经理的过往业绩、选股能力等，只要找到主流、大的基金公司设立的指数基金就行。因为，虽然指数基金属于被动式投资，运作较为简单，但跟踪标的指数同样是个复杂的过程，需要精密的计算和严谨的操作流程。实力较强的基金公司，往往能够更加紧密地跟踪标的指数。

二是指数型基金由于管理简单，费用与主动型基金相比低了很多，等于我们投资的成本也低了。不同指数基金费用“低廉”的程度有所不同，虽然尽量减少投资成本是非常必要的，但应注意的是，前提是基金的良好收益，切勿片面追求较低费用而盲目选择指数基金。

三是指数基金一般能跑赢大盘，甚至超过主动型基金。投资服务机构Portfolio Solutions和Betterment曾经发布研究报告，分析持有10种资产的投资组合在1997年至2012年间的表现。结果发现，指数基金投资在82%到90%的情况下表现好于主动管理投资。

为什么不需要太多操作的指数基金，收益会高于基金经理费了老鼻子劲的主动型基金呢?

这里要介绍一个故事：巴菲特的赌局。

巴菲特有个习惯，每年都会写一份股东信，讨论投资理念，分享过去一年、数年的投资心得。因此，每年一度的致股东信也是全球的投资人都会拜读的大作。

2005 年，巴菲特在信中提出：买基金经理主动管理的基金还不如买标准普尔 500 指数基金。在这封信里他提出，愿意为他这个观点打一个 50 万美元的赌，获胜的一方可以将赢得的赌金捐献给指定的公益组织。

直到 2008 年，才有一个对冲基金经理泰德·西德斯（Ted Seides）接受赌局。作为主动型基金经理，泰德·西德斯在 2002—2007 年取得扣除费用后净回报高达 95% 的业绩，这也正是他敢于接受挑战的原因。

为此，他选定了 5 只对冲基金，都来自顶级的对冲基金公司，由优秀的对冲基金经理操盘，收取较高的投资管理费用，并且有优秀的投资研究团队支撑。赌局的 10 年过程中，5 只基金将主动进行数百次的调仓换股、择时优化，通过顶级专业人士的主动管控，泰德有极大的信心会在 10 年的对赌结束超过标准普尔 500 指数。

赌局从 2008 年开始，10 年后的 2017 年结束时，标准普尔 500 指数累积收益已达 125.8%，而这五只基金中表现最好的也不过是 87.7%，最糟糕的只有 2.8%。从年化收益看，标准普尔 500 指数达到 8.5%，对冲基金里面，最佳的也只有 6.5%，最不济的只有 0.3%。最后，泰德·西德斯眼见翻盘没希望了，2017 年中就直接提前认输。

这场赌局还有一场“戏外戏”，也非常值得了解一下。在赌约开始之时，巴菲特和泰德各自购买了面值50万美元的10年期美国债券作为赌金。而在5年之后，由于国债的收益率实在太低，巴菲特建议将债券换成等值的由巴菲特管理的伯克希尔哈撒韦公司的股票，并承诺，如果赌约到期之时股票价值不足100万美元的部分将由他补齐。然而到了赌局结束之时，这些股票的价值已经达到 222 万美元。而巴菲特指定的慈善机构 Girls Incorporated of Omaha 最终获得了这笔不菲的赠予。

为什么被动型指数基金能跑赢主动型基金呢？有人把原因归结为主动型基金收取了过多的管理费，用于对基金经理的奖励，在实际上压缩了基金购买者的回报。这当然是一个原因。

还有一个重要的因素，就是指数型基金所跟踪的指数，已经是精选过的股票，这些股票本身回报率是领先于其他股票的，而且指数的成分股也会随着时间来添减，新的优秀股会被纳入，表现不好的股票会被剔除，从而保证了指数成分股的稀缺和优质。

这也是巴菲特多次推荐指数基金的理由。在2021年股东大会上，巴菲特又一次表示，从长远来看，大多数投资者都能从简单地购买标准普尔500指数基金中受益，而不是挑选个别股票，即便是伯克希尔也包括在内。他说："我推荐标准普尔500指数基金，但我从未向任何人推荐伯克希尔，因为我不希望人们因为觉得我在给他们灌输什么东西而去买它。在我去世时，（旗下的）有一个基金其中90%将购买标准普尔500指数基金。"

实际上，巴菲特不止一次推荐普通投资者购买指数基金。赌局结束后的2018年，巴菲特致股东的信中对此做出总结：多年来，经常有人请求我提供投资建议，我通常给的建议是，投资低成本的标准普尔500指数基金。值得肯定的是，我的只有中等收入水平的朋友通常都采纳了我的建议。

巴菲特在2018年致股东的信中还进行了详细的解释，截至目前，指数基金按复利计算的年度增长率为7.1%，这个收益率对一段时间内的股市来说是很典型的。这是一个很重要的事实：在赌注的这9年内，表现异常疲软的股市可能会促进对冲基金的表现，因为许多对冲基金持有大规模"空头"仓位。相反，如果9年内股市带来很不寻常的高收益，那么这对指数基金是很有利的。

他接着表示，事实是，我们处于一个"中性"的环境中。在这样一个环境中，五只基金到2016年底，按年复利计算的平均收益率仅仅为2.2%，也就是说在这五只基金中各投资100万美元到现在你会获得22万美元的利润。而指数基金的收益会高达85.4万美元。

既然确定了要买被动的指数型基金，下一步要关注的就是选择哪个指数？

指数种类繁多，可谓"百花齐放，百家争鸣"，不同指数覆盖的市场范围不同，其风险收益特征也不同。如上证180和深证100指数，分别反映沪深两市的情况；中证100和中小板指数，则分别反映沪深两市大盘蓝筹企业与中小企业的情况。

另外，ETF也是一种在场内交易的指数基金。和其他指数基金不同的是，ETF的交易机制很复杂，需要的资金门槛也比较高，基金公司为了让普通投资者也能轻松投资ETF基金，就复制了ETF的投资组合，推出了ETF联接基金。随着跨境ETF的推出，同时选择沪深300指数基金与投资海外市场指数的基金也是很好的资产配置方向，能够在一定程度上起到分散投资、分散风险的作用。

在投资指数型基金的基础上，如果你认为自己的风险承受能力稍高一些，那么还可以配置一些指数增强基金。

指数增强基金，就是在指数的基础上，增加少部分的主动操作。

举个例子，某个基金经理在被动跟踪指数时，将90%的仓位“抄指数作业”，剩余的10%通过一定的自选逻辑选股，力求在基本追踪指数的前提下，比指数更好，多赚一点，就是一个典型的指数增强型基金。

因此，虽然指数增强基金坚持“被动投资为主、主动投资为辅”的投资策略，但它会比一般的指数基金更考验基金经理的主动管理能力。如果管理得好，那便可以取得超越指数的超额收益，达到增强效果；要是管理得不好，只能与指数一样同涨同跌，或者可能达不到指数的正常收益，也可能有减弱的效果。

现实中，指数增强基金，收益真的能增强吗？

以国内证券市场中具有代表性的中证500指数增强基金产品为例，2015—2020年，我们可以将每年的所有此类基金产品的年度平均收益，与同期中证500指数涨幅做对比，以验证其增强效果，计算结果显示：

除了在2015年所有指数增强基金产品的平均收益与中证500指数旗鼓相当之外，在其他5年间，指数增强基金均有切实有效的增强效果。比如2020年所有中证500指数增强基金产品的平均收益为34.26%，而中证500指数涨幅为20.87%；2019年所有中证500指数增强基金产品的平均收益为31.24%，而中证500指数涨幅为26.38%（数据来源：Wind）。

因此，长期来看，大部分时间指数增强型基金确实取得了优于标的指数的回报。因此，这类产品也比较适合那些想跟踪特定指数，但又想获得超越指数收益的投资者，也适合不知道如何选择主动型基金的投资者。

但是，指数增强型基金，差异主要就在那一小块“主动操作”的部分，和基金经理关系很大，挑选起来也更复杂。

近年来，在指数增强型基金的基础上，又出现了一个叫Smart Beta的基金类型。Smart Beta不涉及主动操作的部分，它一般采用完全跟踪指数的策略，不过所跟踪的指数是进行Smart Beta策略优化过的（主要是成分股和权重优化），比如采用质量因子或价值因子，形成新的指数的成分股和权重，然后再完全复制该指数，以紧密跟踪指数为目标。这是一种通过透明化、标准化的方式实现收益提升、风险降低的指数投资升级方法。

这是在指数的基础上，我们通过进一步提升风险承受，来获得更高回报的路径。

建议二：怎么买？定投买

现在我们已经确定了要买基金，而且要买被动型指数基金。下一步，就是开始买了。

不管是选择银行的购买渠道，还是支付宝等网络平台的购买渠道，即使我们已经选择好了基金类型，一筛选还是会出现许多各个基金公司推出的同类型基金。那么，到底买哪一只呢？

我们之前说过要买主流、大的基金公司的，但是大的基金公司也很多。如何进行筛选？

首先，我们可以先看一下收益排名。现在各类平台上，基本上都可以看到每一只基金过去特定时期的收益曲线，我们可以把时间拉长，看一下过去半年、一年甚至三年的收益情况。

这个时候，你对这只基金的收益率有了一定了解，但是这个收益率是高是低呢？一般情况下，每个基金的收益曲线图，都会跟大盘同期涨跌进行比较，你可以看看基金是不是在各个时间段内都能持续跑赢大盘，特别是在大盘下跌的时候，这只基金是比大盘跌得更狠，还是跌得更少一些。

哪怕这只基金平时表现都跑赢大盘，如果大盘下跌，这只基金跌得更惨，那只能说明这只基金风险比较高，而不是收益相对更好。作为咱们保守型投资者，除了希望基金能够持续跑赢大盘外，也希望在大盘下跌的时候，这只基金能够跌得少一些，平抑一下风险。

选基金还有一个重要因素就是要看长期回报，而不仅仅是短期的回报。绝大部分投资者在挑选基金的时候会参考几个非常简单的指标，比如过去一年该基金的回报。如果一个基金经理告诉你，他过去一年赚取的回报在80%以上，绝大部分投资者都认为这个基金很厉害，我愿意购买这个基金。如果一个基金过去一年是亏损的，那么很多投资者都不愿意购买。但是，恰恰有很多研究表明，我们通过基金短期业绩的方式挑选基金是错误的，这是我们金融小白犯的最普遍的错误之一。

其中原因是什么呢？因为很多时候，一个基金经理回报好，可能是因为水平高，也可能是运气好。我们知道运气女神来得快，去得也快。基金经理可能过去一年运气好，赚了50%以上。但当运气女神离开的时候，投资者收到的回报就完全不同了。

关于这个问题，巴菲特曾经举过一个例子：假设有1000只大猩猩参加翻硬币大赛。我们设定每次翻到正面的猩猩留下，而翻到反面的猩猩则被淘汰掉。根据统计概率我们知道，第一轮过后，会有500只猩猩被淘汰掉。第二轮过后，又有250只猩猩被淘汰掉。按照这个逻辑，如果连续翻十轮硬币，到最后会有差不多10只猩猩还留在游戏当中。这10只猩猩在翻硬币大赛中连续翻了十次正面，因此很多人会觉得它们非常了不起，他们都是拥有高智商的天才猩猩。于是这些猩猩就成了大明星，受到各大媒体的追捧。

巴菲特用这个例子就是想告诉我们，如果基金经理的基数够大的话，运气在这个基金经理的回报业绩里起到很大的作用。从外人的角度来看，我们很难区分这些经理是真的有水平，还是只是碰巧翻到十次硬币的大猩猩而已。由于该原因的存在，只有靠更长期的业绩，才能找到不是受运气左右的、好的基金经理。

长期的走势比对过之后，基本上就可以了解这只基金的风格和回报了，可以判定这只基金是不是符合自己的预期。但是，符合预期的基金毕竟未必只有一只，我们的目标是找出符合预期的基金中表现最好的那只，那么我们就需要把不同的基金拿到一起来对比，好在现在很多平台都可以直接进行对比，省去了很多麻烦。

不过，在基金之间对比的时候，必须时刻记住：不同类型的基金，对比没有意义。如果我们拿一只股票型基金跟货币型基金对比，很明显正常情况下股票型基金的收益要高于货币型基金，这能说明这只基金更好吗？不能，因为只要股市健康良好发展，股票型基金就应该比货币型基金收益高，哪怕是股票基金中表现比较差的，也不例外。但是如果股市出现大跌，股票型基金的表现可能还不如货币型基金，那说明这只股票型基金不好吗？同样未必。

所以，通过上述筛选方法，我们可以选出几只符合自己风险偏好、符合自己心理预期的基金出来，这时候该怎么开始投资呢？

首先，不要设立唯一标的。不要筛选之后，只留下一只或者两只基金，把所有资金都投入到这一两只基金之中。

为什么？因为从分散风险的角度，哪怕我们已经认定某一两只基金比较优秀，但是实际上各个基金之间在不同时期、不同状况下表现各异，未必是完全的优劣。如果多选几只基金，分散投资，一是可以防止自己判断失误；二是可以在不同状况下，避免单一基金收益的大幅波动，平抑一下风险。

另外，从基金组合的角度，也不应该只选择一类基金进行投资，正如我们学过的资产组合理论，通过不同风险的资产组合，可以在确定风险下获得更大收益，或者在确定收益下降低风险，基金组合也是如此。

我们应该根据自己的风险承受能力，在货币型基金、指数型基金、指数增强型基金、混合型基金，甚至股票型基金中进行组合，先根据风险承受确定每一类基金的比例，然后每一类再选择同类中表现比较优秀的几只基金，甚至有的还可以配置一些投资海外市场的基金，以更大范围内平抑风险获得更大收益。

其次，在资金入市节奏上要逐步进入。除了认准的基金，第一笔可以适当金额大一些之外，一般不建议一股脑地把所有资金都投入进去。

为什么？因为自己选择的基金，都是基于前期业绩的枯燥数字，认知是很简单的。只有通过自己购买后，长期跟踪它的走势，才能有比较深刻的认知，才能知道是不是符合自己的投资预期。

那么，最好的方式，就是逐步进入，先投入一小部分资金，跟踪它的走势，与当天的大盘、其他基金走势进行比较。一段时期后，基本上就可以有一个准确的结论：这只基金是不是符合我当初购买时候的预期？是的话，可以再继续加仓；不是的话，果断更换。

通过这种持续跟踪、逐步操作，可以慢慢形成固定下来的基金组合。剩下的工作就是继续跟踪大盘，持续优化了。

为什么还要继续跟踪大盘呢？一是可以锻炼自己的投资敏感度，发现更好的投资产品；二是可以持续验证自己的观点，修正、优化自己的投资理念；三是在发生大的局势变化时，及时改变自己的投资方式。

我们为什么说发生大的局势变化时要更改投资方式呢？因为，市场的细微变化，对大的局势不构成影响，我们就没有必要更改投资逻辑。但是遇到剧烈、长期的市场变动，如果我们没有及时做出调整，很可能就会被系统性的风险所影响，带来大的损失。

比如，在2008年金融危机中，如果我们看到市场发生了整体性的巨大风险，明白大盘指数也将遭受巨大下挫，就应该抓紧把指数基金调整到货币型基金中去。

再比如，2020年疫情后，各国为了拯救经济开始大放水，这时候利率持续走低，很多国家实施零利率或者说实际上的“零利率”，这时候我们就应该明白，与利率挂钩的债券型基金收益将受到影响，而与利率负相关的股票型基金收益将因此提高，所以我们就应该适当调整股票型基金的占比，降低债券型基金的占比。

而到了2021年春节后，随着疫情缓解，经济复苏，升息预期不断增加，这时候也需要及时改变自己基金组合中股票型和债券型的占比。

稳定了投资基金的组合，还需要根据自己的现金流持续投入，这时候，我们就进入了一个重要的概念：定投。

基金定投（automatic investment plan，AIP）是定期定额投资基金的简称，是指在固定的时间（如每月8日）以固定的金额（如500元）投资到指定的开放式基金中，类似于银行的零存整取方式。

定投有什么好处呢?

一是不需要判断入场时机。基金定投有“懒人理财”之称，价值缘于华尔街流传的一句话：“要在市场中准确地踩点入市，比在空中接住一把飞刀更难。”相比定投，一次性投资收益可能很高，但风险也很大。如果采取分批买入法，就克服了只选择一个时点进行买进和沽出的缺陷，由于规避了投资者对进场时机主观判断的影响，定投方式与股票投资或基金单笔投资追高杀跌相比，风险明显降低。

二是平抑成本。它有自动逢低加码、逢高减码的功能，无论市场价格如何变化，总能获得一个比较低的平均成本，因此定期定额投资可抹平基金净值的高峰和低谷，消除市场的波动性。

三是简单方便。大部分的上班族薪资所得在扣除日常生活开销后，所剩余的金额往往不多，小额的定期定额投资方式最为适合。而且由于上班族大多无法时常亲自于营业时间内抽空办理申购手续，因此设定于指定账户中自动扣款的定期定额投资，对上班族来说是最省时省事的方式。

基金定投，会获得更大的投资回报吗?

是的。

投资盈利的基本路径就是低买高卖，最理想的当然是从最低点买入，最高点卖出，以获得最大的盈利。

但现实是，我们都没有识别预测最低点和最高点的能力，我们做不到以最低的价格买，以最高的价格卖。

于是，我们可以改变思路，退而求其次，以相对低的价格买入，以相对高的价格卖出，这就相当于放宽路径。现在问题的关键是怎么去放宽路径呢？就是利用成本平均法，在价格下跌的时候分批买入以摊低成本，成本低了，收益自然也就高了。

这就是定投最神奇的地方——下跌时赚份额、上涨时赚收益。

基金定投一般采取定期定额的方式，所以在市场波动时，定额资金所能买到的基金份额是负相关的。比如，基金不断下跌的过程中，每一期购买相同的金额也就意味着每一期购入的份额在增加，每一份份额的平均成本因此也被摊平，变得更低；当市场进入上升通道后，所能购买的份额降低，因此对成本的拉升效果也变得更低，通过如此反复，则平均成本比按照份额购买能够明显降低。

这就意味着，当市场发生波动时，基金收益会因为成本的变化而变化。当市场下滑时，基金价格降低的同时成本也降低，收益因此下降的力度也会减弱；当市场恢复上涨，基金价格提高，这时候成本由于已经摊平，等于是从更低的区间逐步提升，所以可以更快地实现盈利。

举个例子，当基金价格从1元降到0.8元、0.5元、0.4元，再升回1元的过程中，对于一次性投入的基金投资来说，账面是平的，不亏不赚。但是对于定投的投资方式来说，通过0.8元时的定投，成本已经降低，这时候已经是盈利状态了，将这一过程用图形表达出来即是“微笑曲线”（图6.3）。

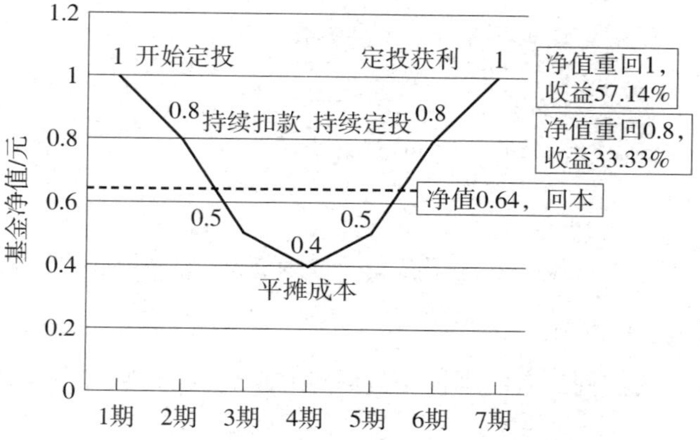

图6.3 微笑曲线

基金定投微笑曲线是一个先下跌后回升的过程，而在这个过程中形成一条U形的投资曲线，这是一个先苦后甜的过程，其实也是一件值得微笑的事情，所以定投的投资者都喜欢叫它“微笑曲线”。

当然，投资者需要满足几个条件，才能实现微笑曲线的结果。

一是坚持投资。许多投资者一看到市场下跌，投资亏损，就暂停或终止了定投，从而导致微笑曲线中断，最后亏损。

二是保持资金投入的持续和稳定。无论市场处于上涨还是下跌过程中，保持资金投放的稳定性。正常情况下，尽可能维持原有扣款金额即可。当然，最好的情况是下跌时加大扣款金额或投资次数，上涨时适当减少投资金额或减少扣款次数。

三是坚持投资逻辑和投资纪律。过于乐观及过于悲观均不可取，保持平常心最为关键。市场波动属正常现象，投资者需要做的就是相信自己的投资逻辑和遵守投资纪律，坚持往往意味着胜利。

现在我们已经明白，基金定投通过定期投入同等金额，实现在净值低的时候多购入份额，在净值高的时候少购入份额，通过长时间的投入，降低总的持有成本，并产生高于基准的超额利润。

但是，我们也要注意，定投并非完美无缺，弊病是没有考虑市场行情变化的因素，这对投资者获取收益会形成一定的局限。最近几年，随着自动化、智能化的发展，出现了基金定投的增强版——智能定投，通过在基金定投中加入智能成分，根据不同的市场环境，对定投金额进行相应幅度的调整，低位多投、高位少投，进一步摊薄成本，在跌宕起伏的股市中取得更加显著的收益。

智能定投根据什么来确定调整的幅度呢？

比较常见的是根据均线策略或者估值策略进行定投操作。

估值策略是指追踪指数估值状态不定期不定额买入基金的策略，即在指数处于低估值区间时自动买入基金，在基金处于非低估值区间时不买入，而在高位时也不买入，可以实现低位加仓、摊薄成本，控制风险。

我们投资基金很重要的一点就是看估值，同一支基金买的估值越低证明我们买的越便宜，盈收的成本更低。估值策略就是根据基金估值进行扣款，只在基金低估时操作，高估时不扣款，这种策略的好处是能够保证你买入所有指数基金的点位都在低估区，买得便宜，避免了高估买入的风险。对于一些低估时期较短的指数，如上证50、中证500，你得耐得住长时间不投的寂寞。

均线策略是指投资者根据证券市场的指数走势定期不定额买入，在高位少买入，在低位多买入。很多智能定投均线策略的扣款率介于60%~210%，也就是说，如果基金涨幅大，实际扣款最低为所设置定投金额的60%，假如定投金额为200，则实际扣款最低为120；如基金跌幅大，实际扣款最高为所设置定投金额的210%，定投金额为200的话，实际扣款额最高为420元。

大家在定投的过程中，随着自己风险承受能力的提高，以及闲置资金的灵活性提高，可以尝试一下智能定投。

建议三：买多久？做长线

投资为什么要长线，不要短线？正如之前我们说过的，长线投资的收益来自价值增长，是穿越周期的确定性增长。对于保守型投资者来说，确定性意味着风险降低，意味着收益波动小。

这个策略不仅仅是针对保守型投资者，而是各种类型的投资者都必须坚持。所以，在阐述这部分的时候，我不再仅限于基金这一种投资类型来谈，希望大家在随着风险承受能力提升，在基金投资的基础上，开始投资股票等其他标的的时候，也能有所借鉴。

短线投资收益除了期间的价值增长外，主要来自价格变动，这部分收益与风险直接关联。更重要的是，价值增长是所有投资者共同分享的增长红利，是一种双赢；而价格变动带来的短期收益，是来自对手方的亏损，有赢必有输。

因此，短期收益，除了依赖运气外，还非常依赖于投资者的短期判断能力和技术手段。短期判断能力，就是能从各种偶发事件中，第一时间判断其对市场的影响，这就要求投资者对市场的认知更为清醒，对对手的行为判断更为精准。同时，还需要通过技术手段，比其他人更早做出反应，只有反应快，才能从对方手里获得收益。

那么，作为非专业投资者的我们，面对聪明人集聚的华尔街机构，面对他们用巨额资金砸出来的设备和投资系统，怎么有那么大信心能从他们手上挣到短期收益呢？

实际上，短线操作是另外一门专门的投资策略，最为极致的一种叫作高频交易。高频交易是指从那些人们无法利用的，极为短暂的市场变化中寻求获利的计算机化交易。比如，某种证券买入价和卖出价差价的微小变化，或者某只股票在不同交易所之间的微小价差。这种交易的速度如此之快，以至于有些交易机构将自己的服务器群组（Server Farms）安置到了离交易所的计算机很近的地方，以缩短交易指令通过光缆以光速旅行的距离。

在美国，73%的交易是由高频计算机进行的，这些电脑交易的速度比眨眼的速度还要快。数十亿美元的交易，目标是每笔交易只赚几美分乃至零点几美分，但由于交易数量庞大，仍可获得巨额利润。

简而言之，这是一场令人难以置信的速度和信息的游戏，在微秒的时间跨度内，股票/货币就会被买卖。同时，这也是一场游戏，只有高频交易员知道规则，并且有能力出千，而普通投资者只能玩明面上的牌。

高频交易速度究竟有多快？美国有个电影《蜂鸟计划》（*The Hummingbird Project*），寓意来自“蜂鸟扇动一次翅膀的速度是17毫秒”。电影讲的是纽约某证券公司的表兄弟文森特和安东野心勃勃的计划，就是在美国堪萨斯州到新泽西州之间铺设一条光缆，把股票、证券交易操作的时间降低到每次17毫秒以内。高频交易的公司花上数百万美元，就为了节省几毫秒的时间。当涉及速度时，所有的赌注都是普通人无法实现的。

由此可见，短线操作已经比拼到了我们作为非专业投资者完全无法参与的阶段。事实上，还有大量的因素决定了我们个人投资者在金融投资游戏中处于绝对的弱者地位。和那些职业的金融投资机构相比，个人投资者在自己的本职工作以外能够花在投资研究上的时间和精力有限，我们得到的信息量和处理信息的速度也很难比得上专业机构。

在进行投资活动时，绝大部分个人投资者在不经意间，被各种金融机构收取了各种明的和暗的服务费用而后知后觉。假以时日，这些费用的积累会严重影响他们的投资回报。

不管在资金、科技方面，还是市场规则制定方面，我们个人投资者都处于明显的下风。这个时候，如果我们把心思放在短期收益上，大概率会成为这些机构投资者的“韭菜”。

但是这并不意味着我们只能接受任人宰割的命运。美国投资大师巴菲特说过：当一个傻瓜明白自己有多傻之后，他就不再傻了。在投资这场龟兔赛跑中，我们个人投资者就是那只小乌龟。如果乌龟和兔子硬碰硬，在兔子擅长的优势领域去挑战兔子，那么它无疑是自寻死路。但是，一只聪明的小乌龟，会在充分认识到自己的优势和短板的基础上，寻找最适合自己优势和特点的投资方法来增加自己取胜的概率，那就是坚持长期主义。不期望一夜暴富，长期坚持，就能获得一个比较稳定的投资回报。

既然只能做长线，那么我们该如何做好长线投资呢？

一是要稳住心态。投资心态非常重要，而这一块常常被很多投资者直接忽略。比如我们经常提到的风险偏好，大家应该根据自己的风险承受能力去选择对应风险等级的基金。不少人常常高估自己的风险承受能力，在投资基金之前，拍着胸脯肯定地说自己能够承受30%、50%的亏损。可一旦自己持有的基金真的出现了大跌，原本的策略、信心都被打击。看着不断亏损的账户，很多人可能在亏损10%、20%的时候，就赎回基金。

投资心态的准备必须是真实的，不能打马虎眼，毕竟最终的投资结果不会跟你演戏。定投基金的心态如果不坚定，往往会在调整的行情中做出错误的决策。你所期待的丰厚利润，必将与你无缘。能够忍受短期波动带来的煎熬，才能够收获时间的玫瑰。

二是要把准退出机会。作为长线投资者，已经通过定投来减少了进入时机的影响，但是什么时候退出呢？

一般来说，作为长线投资，我们持有的时长一般都要准备在三五年以上。但这是不是就意味着这期间都没有任何操作了呢？

不是，我们前面说过了，长线投资不代表长期持有，而是以追求长期价值的增长作为投资目的。如果这个基金或股票，或任何的投资标的，它的环境、形式发生了变化，不再能提供长期价值的继续增长，就意味着我们应该退出了。

比如，瑞幸咖啡在被揭露造假之前，从它的发展模式到发展速度，都非同寻常，价值创造能力非常强，意味着可以作为长期持有的价值投资标的。但是，随着被披露业绩造假，泡沫破裂后，我们可以明显看到瑞幸咖啡的长期价值已经不复存在，它所依赖的增长路径也被证实无法实现。这个时候，瑞幸咖啡的发展环境、形式已经发生了剧烈变化，无法再提供长期价值。如果我们还以长线投资为理由继续持有的话，明显就是生搬硬套、不知变通了。

还有一种情况，就是需要用钱。不管是用来改善自己的生活，还是有其他更好的投资标的需要资金，都是长期主义退出的理由。

由于我们谁都没办法做到“完全的理性”，为了能够让自己坚持长期主义，有时候我们还需要以短期思维来平衡一下。比如，很多人会“止盈”，也就是在股价走高、盈利比较丰厚的时候撤出一部分资金，哪怕是自己继续看好这个股票，认为肯定还会上涨，但是都会进行一个“止盈”操作。这个看起来是短期主义的做法，但这种操作一是可以避免单一股票上的投资比重过高，二是可以通过止盈让自己的成本摊平，甚至将成本全部先收回。此后即使遇到价格回调较大的情况，也能够理性看待，对于一些风险承受能力没那么高，亏损时心态难以稳定的投资者来说，还是比较有用的。

除了改善生活外，因为更好的投资标的而退出，往往是出于战略思考。比如，看到了更好的成长型公司，能够提供更好的价值增长机会；再比如，需要多元化投资各类型的标的，如果投资太集中于某一个标的，也会稍作分散。

2021年4月，腾讯最大的股东Prosus打算出手1.92亿股的腾讯股票，持股比例将减少2%，从30.9%降至28.9%。虽说减持比例并不算多，但是根据文件来看，Prosus打算最多以每股595元的价格，减持1.92亿股的股份。细细来算一笔账，Prosus减持的仅仅2%的股份竟然价值1200多亿港元。

Prosus（拉丁语为“前锋”），或许大部分投资者都较为陌生。腾讯的大股东不是一直是南非传媒集团Naspers吗？

其实，在2019年的时候，南非传媒集团Naspers把Prosus分拆了出来，Prosus是一家控股公司，用来持有南非投资公司Naspers的国际互联网资产。

Prosus除了持有腾讯股权外，还持有俄罗斯的Mail.ru的股权，美国网上零售商Letgo和德国送餐公司Delivery Hero等的股份。

为何腾讯的大股东要减持股份呢？南非报业集团Naspers投资腾讯，持股长达近20年，投资回报7500倍，年复合收益率是伯克希尔公司的3倍以上，堪称全球最成功的风险投资。可见，这笔投资绝对不是短线投资，而是长期价值的投资。

其实，原因很简单，就是腾讯的大股东Prosus要有新的投资布局了。Prosus表示自己打算用这些股票的收益拿来提升公司财务的灵活性。此外，我们也可以看到，腾讯迅速飙升的价值使Naspers在约翰内斯堡股市所占权重增至四分之一，因其投资组合中的集中度风险太高，迫使许多南非投资者出售该股，所以多元化的分散就势在必行。

以上，就是我对于保守型投资者进行投资的简单粗暴的建议，如果要浓缩成一段话来说，那就是：

首先，根据资产的配置需求，确定自己能够拿出来作为长期投资的资金额度，包括当下能够拿出来的，以及今后可以陆续拿出来的。

确定了资金额度之后，要认真测评自己的风险承受能力。风险承受能力是持续变动的，这个测评也要定期复盘，从而确定自己投资的类型。

对于买什么的问题，一般来看，保守型投资者最好的投资工具是基金。对于短期内有流动性需求的日常性、应急性开支，可以投资到货币型基金中，随时赎回；对于可以用来长线投资的闲置资金，可以根据资金的风险承受能力，相应配置到债券型、混合型的基金中。

根据基金的操作方式，建议重点选择指数型基金，作为投资的入门级。然后再根据自己的风险承受等级，逐步过渡到指数增强型、Smart Beta型的指数基金。然后再来考虑股票型基金。风险承受能力再提高的话，还可以考虑适度买入股票。

对于怎么买的问题，应该根据自己的风险偏好，对可以接受的各类基金进行对比，选择符合自己预期的几只基金，形成自己的基金组合，逐步加仓，从而优化确定下来。之后，通过定投的方式，持续投入，以获得稳定回报。

对于买多久的问题，那就是始终坚持长线思维，不为短期的盈亏所动摇。同时，紧盯投资标的的价值变化。对于未来价值发生巨变，无法实现自己价值增长目标的，就要及时退出。

最后，要从战略角度看待自己的投资组合，避免过于单一，或者过于倚重同一类投资，通过多元化投资来规避风险，实现更高收益。

再次声明：本文只提供关于投资的一般性建议，不涉及具体的项目标的，仅为个人观点，不作为投资指导，也不承担投资责任。也就是说，我是这么投资的，我承担这么投资的风险和收益；你如果按照这样来投资，赚了钱不用分我，亏了钱也别怪我。

32 保险

我年轻力壮还需要买保险吗？

这恰恰是买保险的最好时机

Zumbo：

你好！

我叫 Sunny，今年 35 岁，老公 37 岁，现在在上海生活。

我们都来自边远小城，到上海读书时相识、恋爱，毕业后又一起留在上海，目前已经结婚 8 年了。

由于我们都出身农村家庭，家里给不了太多支持，刚毕业时拿着一份微薄的薪水，既要供养双方老人，还要准备买房、生娃，生活压力非常大。在这种情况下，为了改变自己的生活，我老公毅然决定辞职创业。

刚辞职那几年，我亲历了老公创业的艰辛：每天加班到半夜；为了争取一个客户，也为了省钱，往往早上赶早班机飞去一个城市，白天在那边开会，梳理诉求，晚上陪客户吃了饭再赶晚班机回来，连夜准备相关资料，第二天一早到公司给员工布置工作。

虽然住在同一个家里，我最长连续半个月都没见过他的面，只有脱下来的脏衣服证明他曾经回来过。

为了支持他创业，我不仅承包了家里所有的事情，还把自己所有的积蓄都拿出来给他。刚开始那段时间，为了节省招聘员工的开支，我还利用业余时间把他们公司的行政、人事工作给干了，甚至还干过一段时间的保洁，公司的厕所都是我来打扫。

好在皇天不负有心人，公司逐渐走上正轨，而且发展得越来越大。现在公司已经有100多名人员，公司也不需要我去兼职干活了。业务发展到了全国范围，一年的净利润也能达到数千万元。

随着经营好转，我也在老公的要求下，辞了职，专心在家带娃。当然，老公在家用方面还是非常慷慨的，不管是我还是孩子，甚至包括双方老人，都是有求必应。

虽然我过上了“富太太”的生活，但也许是从小穷惯了吧，总是有一种在做梦的感觉，生怕哪天梦醒了，一切都回到过去；或者是担心老公身体生了重病，或者是老公出轨把我和孩子全抛弃了，这种不安全感一直笼罩着我，老公对我越好，我内心越焦虑。

前一段时间，一个朋友向我推荐了保险，说可以给老公买个意外险，也可以给孩子买教育险，包括我自己也可以买分红险，等于是给自己留个后路。我跟老公商量，老公说保险都是穷人承受不了风险才要买，家里已经挣了足够花的钱，买保险有啥用。再说自己身强体壮，买保险就是白交保费。

请问，像我这种情况，是不是不需要买保险，还是为了我内心的安全感来买一些?

创业是一场修行。

你们抱持着改变自己人生的目的，毅然决然地投入一场不知未来的旅行，这种勇气是很多人都没有的。更为难得的是，修行的意义，在于不是所有人都能抵达预期的目的地，而你们通过自己的努力，达到了自己的目的，改变了生活。这种成功，是拼搏的结果，也是一种幸运。

所有的创业成功者都离不开幸运女神的帮助，所以你内心才会一直惴惴不安。因为，幸运女神未必能一直相伴，也许她会在某一天抽身离开，也许她还会把你的财富、事业、健康，甚至老公一并带走。

这是人生常态。

前一段我到医院看望一个老朋友，他只有42岁，为人豪爽、十分聪慧，一路风调雨顺，事业家庭一直都是我们艳羡的对象。但是，他突然被确诊为癌症晚期，住进医院。

由于事发突然，他庞大的事业没有任何后备计划，全部陷入停滞。几个骨干管理层一看这个状况，迅速离职。普通员工无心工作也离去大半，应收的账款无人去收，欠付的业务围堵在公司和家中。家庭里更是慌乱，失去主心骨的父母和妻子乱成一团。

多亏了朋友们帮助，公司才清理了各种复杂的业务，家财散了大半，总算把公司清了盘。好在之前发展够大，剩余部分也算是能够保障他安心住院，家人衣食无忧。

虽然这种情况并不常见，但是“你永远不知道，明天和意外哪一个先来”，这是我们所有人都必须面临的问题。

家庭资产筹划离不开保险

应对人生的各种不确定性，做好家庭的资产筹划是一种未雨绸缪的最好手段。

之前提到的标准普尔家庭资产象限图，就是一个很值得借鉴的筹划方法。具体内容你应该已经知道，我就不再细说。但是需要指出的是，从这个象限里，大家可以看到，以保险形式体现的“保命的钱”，在资产配置里占到20%，地位是非常重要的。由此可见，保险是人们资产配置的一种必不可少的手段。

此外，除了保险及10%“要花的钱”外，还有70%是需要通过投资理财来实现保值增值的。

为什么同样是要保值增值的投资理财，还需要分成两个部分呢？因为在资产配置里，我们需要兼顾不同的风险和收益，不能一股脑地都投到高风险项目里，也没有必要全部都放在低风险但是收益也相对较低的项目里。

所以，对于教育、养老这些刚性但是不急的支出，可以先放到“保本升值”的项目里，在确保本金无忧的情况下，争取实现升值，不让资产缩水。另一部分则作为“生钱的钱”，投资于一些风险稍高、收益也会高一些的项目，即使发生了风险损失，也不会影响生活所需，这其实也是一种保险意识的体现。

保险的本意就是稳妥可靠

保险起源于人们对于风险的担忧，以及逃避风险的倾向。

人类社会从一开始就面临着自然灾害和意外事故的侵扰。在与大自然抗争的过程中，古人就已经萌生了对付灾害事故的保险思想和原始形态的保险方法。为了规避风险，人们有意愿支付一定的费用来进行风险转移，于是保险行业应运而生，通过承担和分散风险来保障个人或单位的经济安全和社会安定。

公元前2500年前后，古巴比伦王国的国王命令僧侣、法官、村长等收取税款，作为救济火灾的资金。古埃及的石匠成立了丧葬互助组织，用交付会费的方式解决收殓安葬的资金问题。古罗马帝国时代的士兵组织，以集资的形式为阵亡将士的遗属提供生活费，逐渐形成保险制度。

随着贸易的发展，大约在公元前1792年，古巴比伦第六代国王汉谟拉比，为了援助商业，为商队的骡马和货物损失进行补偿，在《汉谟拉比法典》中，规定了共同分摊损失补偿的条款。

17世纪，欧洲文艺复兴后，英国资本主义有了较大发展，经过大规模的殖民掠夺，英国日益发展成占世界贸易和航运业垄断优势的大英帝国，为英国商人开展世界性的海上保险业务提供了条件。保险经纪人制度也随之产生。

17世纪中叶，英国人爱德华·劳埃德（Edward Lloyd）在泰晤士河畔开设了

“劳合咖啡馆”，成为人们交换航运信息、购买保险及交谈商业新闻的场所。随后劳合咖啡馆开办了保险业务。1696年，劳合咖啡馆迁至伦敦金融中心，成为“劳合社”的前身。“劳合社”是最早的保险交易场所，目前已经成为全球最大的保险交易市场。

保险为什么能够降低人们的风险呢?

这里我们要重温一个概率论的名词，叫作大数定律，是随机变量序列的算术平均值向随机变量各数学期望的算术平均值收敛的定律。

说“人话”就是：在随机事件的大量重复出现中，往往呈现几乎必然的规律，这个规律就是大数定律。

更通俗地说，这个定理就是在试验不变的条件下，重复试验多次，随机事件的频率近似于它的概率。

如果还感觉无法理解，那我们可以举个例子：我们常用的骰子有六个面，抛出的那一刹那，你知道落地后会是什么结果吗?

不知道。不管你猜哪个点，都是靠蒙的，然而蒙对的概率只有1/6。

然而这个1/6并非是确定性的。如果你连续抛12次，是不是每个点数都会出现两次呢？并不是，有可能是连续十二次都是1点，也有可能出现4次3点、6次4点和2次1点，任何可能的情况都会出现，任何可能的结果都是合理的，任何结果出现的概率都无法确定，这正是随机性的意思。

不过如果是连续抛1万次、100万次骰子呢，这时候再来猜落地后是什么结果，你是不是就能猜出来了?

当随机事件发生的次数足够多，那么结果就会从无法预测的随机事件，变成确定性的结果：每个点数都会出现平均且一样的次数。

大数定律的结论就是：无数的偶然，最终导致某种必然。

对于每个个体来说，只有两种可能：发生了，带来损失；没发生，天下太平。风险发生的概率和可能性是无法确定的，你无法预测这个风险会不会发生。

但对于存在大量个体的集体，风险发生次数是可以预计的，它接近于个体量×

风险发生概率。

这正是大数定律在风险管理上的应用。只要风险发生的次数足够多，一个风险的发生概率就是可统计的，风险带来的损失就是可以用钱衡量的，那保险公司也就可以把该风险量化成一个确定的数额，这就是保险费的基础。

所以，买保险对投保人和保险公司是双赢：投保人把难以预测的风险转化成确切的费用，避免风险发生带来的巨额损失；而保险公司靠大数定律锁定风险，从中赚取费用。

由此可见，保险公司将个人无法预测、无力承担的风险，通过风险集中的方式，就可以利用大数定律确定可能发生的概率及可能造成的损失，再通过精算锁定要付出的代价，分散出售给个体，从而实现了“风险集中，收益分散”的效果。

保险还具有“保本升值”功能

其实，随着保险行业的发展，保险已经不再单纯只是人身、医疗等方面的保障功能了，还发展出了理财功能。

我们刚刚介绍了资产象限图中的“保本升值的钱”，这类资产最明显的一个特征是：

一是一定要保本。因为将来某个确定的时段，我们需要有确定的支出。比如，我们退休后需要按月得到一定的养老金，比如子女上大学需要得到一笔教育费用。

二是要有升值。随着经济增长和物价上涨，货币是在持续贬值的，钱躺在银行吃利息是远远赶不上货币贬值速度的，那么我们就需要寻找一种渠道，在确保本金的基础上争取更大的升值。

保险中的“分红保险”就是为了解决这一需求而来。

分红保险，指在获得人寿保险的同时，保险公司将实际经营生产的盈余，按一定比例向保险单持有人进行红利分配的人寿保险品种。相对于传统保障型的寿险，分红保险向保单持有人提供的是非保障性的保险利益。红利的分配还会影响保险公司的负债水平、投资策略及偿付能力。

分红保险有三个非常突出的特点：

一是风险非常可控。为了保障保单持有人的利益，保证保险公司的持续经营，各国保险监管机构都非常重视对分红保险的监管，保险监管的重点集中在分红产品的红利演示、分红基金的红利分配、分红基金的信息披露、保单持有人的合理预期和分红基金的负债确认等诸多方面。因此，从资金安全角度来说，保险理财的安全性远高于其他投资渠道，符合“保本”的需求。

二是收益稳，回报低。很多人在看待分红保险时，将重点放在了理财保险的回报率上。事实上，分红保险作为一种理财手段，在收益方面低于其他投资渠道，如果消费者希望通过保险实现高额收益，那么就是把“生钱的钱”错配到了“保本升值的钱”上来了。

因此，在看待分红保险时，必须明确这个保险的首要目的是“保本”，这一诉求的意思是风险承受能力低，也就限定了它的收益率不可能很高。但是，由于保险集合的资金时限长、流动性差，所带来的好处就是可以投资于长期回报的项目，从而获得稳定、持续的投资回报。正如我们之前学过的复利概念，回报再高但不稳定的收益，都无法实现复利增长，因为一次亏损可能就把前期复利的增长都给湮灭了，只有稳定、长期的增长，才能实现复利的魔力。

三是具有避税和资产保全功能。由于保险的特殊性，各个国家在法律制定和税收上，都对保险留下了一定的灵活空间。因此，通过分红保险，可以合法规避一定的所得税和遗产税。也可以通过受益人的指定，在面临破产、清算、债务等纠纷时，为家人留存一定的生活所需。特别是在资产传承方面，还可以简化遗产继承的复杂法律关系，特别是回避婚姻的“共有”关系，使财产传承更具有个性化，因此分红保险受到了很多中产阶层和富裕人群的欢迎。

规划保险需要懂得这些名词

我们刚刚知道了与我们个体相关的两个保险种类：

一是人身保险，是以人的身体为保险标的的险种。主要有人身意外伤害保险、疾病保险（又称健康保险）、人寿保险（分为死亡保险、生存保险和两全保险）等。

二是分红保险，在获得身故保障和生存金返还的同时，还以红利的方式分享保险公司的经营成果，实现保险金的保值增值。

此外，我们还需要了解一些专用名词：

保险主体，就是保险合同的主体，只包括投保人与保险人。被保险人、受益人、保单所有人，除非与投保人是同一人，否则，都不是保险主体。

投保人，是指与保险人订立保险合同，并按照保险合同负有支付保险费义务的人。投保人可以是自然人也可以是法人，但必须具有民事行为能力。

保险人，又称承保人，是指与投保人订立保险合同，并承担赔偿或给付保险金责任的保险公司。

被保险人，是指根据保险合同，其财产利益或人身受保险合同保障，在保险事故发生后，享有保险金请求权的人。投保人往往同时就是被保险人。

受益人，是指人身保险合同中由被保险人或者投保人指定的享有保险金请求权的人，投保人、被保险人可以为受益人。如果投保人或被保险人未指定受益人，则他的法定继承人即为受益人。

保单所有人，拥有保险利益所有权的人，很多时候是投保人、受益人，也可以是保单受让人。

配置保险的逻辑架构

这么多保险的险种，我们应该如何购买呢？在资金有限的情况下，先买哪个后买哪个？即使在资金充足的情况下，又如何在不同险种之间分配资金呢？

一是先人身，后分红。相对于分红保险，我们更重要的诉求是人身保险。因此应该先买人身保险，确保在发生医疗、意外、死亡等重大人身事故时，能够有钱治病、有钱生活，让家人在发生任何灾难时都能衣食无忧。在这个基础上，再来考虑通过分红保险实现资产的保值增值。

二是先保主心骨，再保其他人。很多人在买保险的时候，都会优先给孩子买，给老人买，甚至有的家庭只给孩子买保险，自己选择“裸奔”。这固然体现了尊老爱幼的传统优良作风，但是实际上，一个家庭最无法承受人身伤害的往往是家里的主心骨。

大家想一想，如果一家人一起出门，不幸遇到了车祸，哪个人身故，对家庭未来的生活影响最大？肯定是年富力强、正在挣钱养家的人啊。所以从这个角度看，最无法承受风险的人，就是家里的主心骨，也正是最应该优先配置人身保险的人。哪怕全家都配置了人身保险，主心骨也应该配置更高的额度。只有这样，才能最大限度地保障意外发生后家里的生活不会遭受变故。

三是先大险，后小险。这里的“大、小”，指的是风险发生后可能造成的损失。比如，对身故、全残、重疾这些一旦发生对家庭会造成毁灭性影响的大风险，应该首先保障，并做好、完善保障规划。而像普通门诊的保险，比如感冒发烧、头疼脑热这些问题，即使发生，对我们的日常生活影响也不大，就可以选择在配置完重疾险、寿险、意外险、住院医疗险之后再配置，甚至选择不买保险，风险自担。

如何配置自己的保险？

介绍完这些知识，我们再来回答Sunny的问题，答案就显而易见了。

首先，身强体壮需要买保险吗？

很明显，生老病死并不因为年轻、体壮就会“绕道而走”，现在年轻人患病，甚至直接癌症晚期的情况越来越普遍。

保险基于精算而来，年轻人患病总体概率低，因此购买保险的成本也更低，并不会因为生病概率低而“吃亏”。

更重要的是，各家保险公司还会有个续保承诺，因此在身强力壮的时候开始买保险，不仅保险成本低，更重要的是一旦后续发生身体变故还能持续得到保障。如果这个时候不尽早购买保险，等体检发现身体异常再去买保险的时候，保险公司不仅会提高保费，而且还会对已经有异常指标的部位进行“免保”（也就是说，同样的保险费用，已经有异常指标的部位不会被保险，一旦发生医疗费用需要自行承担）。因此，人身保险宜早不宜迟。

其次，家里有医疗承受能力，还需要保险吗？

我能理解，以Sunny现在的家庭条件，即使发生比较大的医疗开支，也完全可以承受，不会造成财务负担。那么，这种情况还需要买保险吗？诚然，保险的主要作用，是承担个体无法承担的灾害损失。如果自己能够承担，保险的意义就确实没有那么大了。

但是，医疗费用也许可以承担，因为个人身体造成的其他损失是不是也同样可以承受呢？让我们冒昧地假设一下：如果Sunny的丈夫突然身患重病，即使几百万的医疗费用不在话下，但是因此造成了事业无法延续，收入中断，甚至财产亏空，是不是会对家庭生活，特别是未来的生活带来影响呢？

这样的话，人身意外保险是不是应该了解一下？人身意外保险，是指投保人向保险公司缴纳一定金额的保费，当被保险人在保险期限内遭受意外伤害，并以此为直接原因造成死亡或残废时，保险公司按照保险合同的约定向被保险人或受益人支付一定数量保险金的一种保险。

医疗险的赔付需要与医疗开支匹配，而意外险与医疗开支无关，可以覆盖除了医疗之外的有形无形的开支。

再次，家里有那么多投资，还需要买分红保险吗？

我虽然不知道Sunny家的公司是做什么业务的，但是能实现这么快速的发展，这么高的回报，持续性就必然是一个无法回避的问题。标准普尔资产象限图也给了我们非常明确的指引，除了创业和投资作为“生钱的钱”之外，“保本升值的钱”不可缺失。如果Sunny能投入一部分资金到分红保险之中，那么即使公司发生比较大的变故，依然可以保证将来自己养老、孩子教育等开支所需。

更重要的是，分红保险金额不限，可以丰俭由人。特别是对于中产阶级以上的人士来说，购买大额的分红保险，通过将受益人设置为子女等资产配置，可以将保险金置于自身公司、个人的债务纠纷之外，不因个人创业失败、破产清算与否影响家人和子女的未来生活，而且还可以规避将来遗产税的影响，实现家族财富的合法传承。

最后，我们来看一下Sunny应该怎么配置保险。

一是先为老公购买比较大额的意外保险，以保证家庭的主心骨发生意外时全家生活不受大的冲击。

二是为全家购买高水平的医疗保险，以便家庭任何人受到疾病困扰时，可以以最高的标准、最舒适的方式，获得最好的医疗待遇。

三是购置大额的分红保险，将子女作为受益人，以便家庭或者生意上遇到重大挫败时，生活无后顾之忧，甚至还能有资本东山再起。

不知道这么说，是不是可以说服Sunny的老公，同时也大大缓解Sunny的不安全感了呢？

不过，保险配置的目的并不是为了减少内心的不安全感，而是给自己和家庭解除后顾之忧，从而才能更心无旁骛地追求自己的梦想。希望你们可以继续实现更大的人生梦想。

33 博傻理论

一株郁金香能换一栋楼你敢信吗?

不学“博傻理论”，天天都过愚人节

Zumbo：

最近看投资书，学到了一个历史故事：郁金香泡沫。

据说郁金香曾艳压群芳，备受青睐。300多年前，郁金香球茎的价格堪比黄金，这股热潮几乎席卷了荷兰各个阶层，无论富人还是穷人，整个荷兰都为之疯狂。

郁金香球茎，成了一场狂热的金融投机活动主角。世界经济发展史上第一起重大投机狂潮，竟然是由这么一种小小的植物引发的，人人都想从中分一杯羹，但结果是成千上万的家庭倾家荡产。

郁金香不就是一种普通的花吗？为什么那么多人会丧失心智，去花大价钱买这束花呢？

是的，郁金香只是一束普通的花，但是一旦变成了投机的工具，那么在投机者眼里，它就不是普通的花，而是“击鼓传花”了。

我们还是先看一下“郁金香泡沫”出现的过程吧。

疯狂热炒的郁金香是什么？

17世纪上半叶，荷兰在欧洲的地位非常特殊，当其他欧洲国家还深陷在30年战争中无法恢复元气时，荷兰已经达到了它的黄金时代。

当时的荷兰并不是由皇室统治的，而是由市民委员会和贵族共同管辖。它是欧洲第一个发展现代经济的国家，同时也是欧洲当时最富裕的国家。它的财富主要来自贸易，荷兰是第一个与远东地区直接建立贸易关系并进行大规模贸易往来的国家。当时欧洲大部分奢侈品也是来自远东地区，荷兰人一点一点积累财富，慢慢地变得极其富有，尽管财富集中在少数人手里，但人们整体的生活水平在当时是欧洲国家中最高的。

这个时期的荷兰商人，虽然已经经历了16世纪的宗教改革，但事实上，他们依然非常盛行比较极端的加尔文主义，非常反对炫富，所以唯一允许荷兰商人公开表现自己富有的行为，就是用各种方式赞美上帝。比如，在花园里栽种漂亮的花来供奉上帝，一边供奉一边炫富。

这个时候，荷兰还没有一朵郁金香。

郁金香最早产于中国的新疆、地中海南北沿岸、中亚细亚和伊朗、土耳其、哈萨克斯坦等地，后经丝绸之路传至中亚，又经中亚流入欧洲及世界各地。

直到一位新任命的来自维也纳的植物学教授把一批在土耳其栽培的郁金香带到荷兰的莱顿。教授精湛的栽培技术使这些郁金香球茎异常漂亮，一时成为莱顿上层社会谈论的焦点。

本来就喜欢用花装点自家花园的荷兰人，马上对郁金香产生了喜爱之情，并把它评为国花，与风车、奶酪和木鞋一起成为荷兰的“四大国宝”。

许多王公伯爵登门拜访教授，以一赏郁金香为荣。但那些萌生占有之意的买主一律遭到了教授的拒绝。

后来，一个窃贼乘教授不备盗走了许多球茎并出售。机敏的投机商开始大量囤积郁金香球茎以待价格上涨。在舆论鼓吹之下，人们对郁金香的倾慕之情愈来愈浓，最后表现出一种病态的倾慕与热忱，以致拥有和种植这种花卉逐渐成为享有极高声誉和财富的象征，人们开始竞相疯狂地抢购郁金香球茎。

起初，球茎商人只是大量囤积以期价格上涨时抛出。随着投机行为的发展，一大批投机者趁机大炒郁金香。一时间，郁金香迅速膨胀为虚幻的价值符号，郁金香球茎的价格开始猛涨，价格越高，购买者越多。欧洲各国的投机商纷纷聚集荷兰，加入了这一投机狂潮。

1636 年，一颗郁金香的价格竟然达到了与一辆马车、几匹马等值的地步。就连长在地里肉眼看不见的球茎都几经转手交易。

1637 年，一种叫“Switser”的郁金香球茎价格在一个月里上涨了 485%。一年时间里，郁金香总涨幅高达 5900%。当时最贵的郁金香球茎名叫“永远的奥古斯都”（Semper Augustus），价格可以买下荷兰最繁华地区的一座大礼堂。

很多人都没有见过真正的“永远的奥古斯都”开花，但并不妨碍这种郁金香被“爆炒”。因为，人们并不是真正地想种植这些球茎，只想大赚一笔罢了。

他们只用合同宣布球茎的所有权，而当球茎挖出来的时候就该结算了，就必须要很多钱支付结算才行。所有人都只想着买下球茎再高价卖出去赚钱，他们认为价格会上涨，如果能倾尽所有购买更多的球茎，并在价格再次被抬高之前，将自己结算的责任转嫁到别人身上，就能赚到更多的钱。

有的球茎一天之内在同一家酒馆转手十多次，这些交易地点叫作酒馆学院。很显然，人们争先恐后地把债务转给别人。

故事的转折出现得非常稀奇，这也正说明了一切的投机行为都经不起风吹草动。

《布莱恩维尔游记》中记载：一位年轻的水手初来乍到，不知道荷兰国内正在掀起郁金香投机潮。水手因卖力地工作得到了船主的奖赏，离船时他顺手拿了一颗“永远的奥古斯都”郁金香球茎。

那颗球茎是船主花了 3000 金币（折合现在 3 万—5 万美元），从阿姆斯特丹交易所买来的。当船主发现郁金香丢失时，便去找那位水手，并在一家餐厅发现水手正满足地就着熏鲱鱼将球茎吞下肚去。水手对郁金香球茎的价值一无所知，他认为球茎如同洋葱一样，应该作为鲱鱼的佐料一块儿吃。

价值几千金币的球茎在一个陌生人眼里竟如同洋葱，是水手疯了，还是荷兰人太不理智了？

这个偶然事件仿佛一枚炸弹，引起了阿姆斯特丹交易所的恐慌。

谨慎的投机者开始反思这种奇怪的现象，开始对郁金香球茎的价值产生根本性的怀疑。极少数人觉得事情不妙，开始折价卖出球茎。一些敏感者立即开始仿效，随后越来越多的人卷入恐慌性抛售浪潮，暴风雨终于来临了。

一时间，郁金香球茎成了烫手山芋，无人再敢接手。郁金香球茎的价格一泻千里，暴跌不止。

一周之后，郁金香几乎一文不值。世界投机狂潮的始作俑者为自己的狂热付出了代价，荷兰的经济繁荣也变成了昙花一现，从此走向衰落。荷兰在欧洲的地位受到英国的有力挑战，欧洲繁荣的中心随即移向英吉利海峡彼岸。

郁金香依然是郁金香，荷兰却不再是以前的荷兰了。

不做最后一个傻瓜

美国经济学家彼得·加伯（Peter M. Garber）评论说：这是一场不折不扣的投机泡沫。人人都想靠这种价格的疯涨发一笔横财。在这种情况中，人们都不切实际地认为价格会一直涨。

为什么人们会犯这样的错呢？20世纪初，现代西方经济学最有影响的经济学家之一凯恩斯用亲身经历做了总结。

他为了能够专注地从事学术研究，免受金钱的困扰，曾出外讲课以赚取课时费，但课时费的收入毕竟是有限的。1919年8月，他借了几千英镑做远期外汇投机，仅4个月时间就净赚一万多英镑，相当于他讲课10年的收入。

投机客往往有这样的经历：开始那一跳大概率有惊无险，钱就这样莫名其妙进了自己的腰包。就在他飘飘然之际，却忽然掉进了万丈深渊。3个月之后，凯恩斯把赚到的利和借来的本金亏了个精光。

赌徒往往有这样的心理：要从赌桌上把输掉的赢回来。

7个月后，凯恩斯又涉足棉花期货交易，狂赌一通，并大获成功。受此刺激，他把期货品种做了个遍。还嫌不过瘾，就去炒股票。在十几年的时间里，他已赚得钵满盆满。

到1937年，他因病金盆洗手的时候，已经积攒了一生享用不完的巨额财富。与一般赌徒不同，他还给后人留下了极富魅力的赌经——博傻理论，这可以视为他投机活动的副产品。

什么是博傻理论呢？凯恩斯曾举过这样一个例子：

> 某报纸举办了一次选美大赛，从100张照片中选出你认为最漂亮的脸，选中的有奖。但确定哪一张脸是最漂亮的脸，是由大家投票来决定的。

试想，如果是你，你会怎样投票呢？

因为有大家的参与，所以你的正确策略并不是选自己认为最漂亮的那张脸，而是猜多数人会选谁，就投谁一票，哪怕丑得不堪入目。在这里，你的行为是建立在对大众心理猜测的基础上，而并非你的真实想法。

凯恩斯说，专业投资大约可以比作报纸举办的这个比赛，这些比赛由读者从100张照片中选出6张最漂亮的面孔，谁的答案最接近全体读者作为一个整体得出的平均答案，谁就能获奖。因此，每个参加者必须挑选并非他自己认为最漂亮的面孔，而是他认为最能吸引其他参加者注意力的面孔，这些其他参加者也正以同样的方式考虑这个问题。

那么，要选的不是根据个人最佳判断确定的真正最漂亮的面孔，甚至也不是一般人的意见认为的真正最漂亮的面孔。我们必须做出第三种选择，即运用我们的智慧预计一般人的意见，认为一般人的意见应该是什么。

这与谁是最漂亮的女人无关，你关心的是怎样预测其他人认为谁最漂亮，又或是其他人认为其他人认为谁最漂亮。

因此，在报纸的选美比赛中，读者必须设身处地地从其他读者的角度思考，假定这100个决赛选手简直不相上下，最大的区别莫过于头发的颜色。在这100个人当中，只有一个红头发的姑娘。你会不会挑选这位红头发的姑娘？读者的工作，是在缺乏沟通的情况下，确定人们究竟将会达成怎样的共识。

“选出最美丽的姑娘”可能是书面规则，但这可比选出最苗条、头发最红或两颗门牙之间有一条有趣的缝隙的姑娘困难得多。任何可以将它们区别开来的东西，都可以成为一个焦点，使大家的意见得以汇聚一处。

因此，投票者能够选中的话，或者说被他提名的能够“当选”的话，关键是猜测别人的想法。猜对了你就能获胜，猜错了，你则不能获奖。在这里，我们可以看到，没有正确与否，或者谁应该选上、谁不应该选上的问题，而是投票的人相互猜测的结果。

这就是博傻理论（greater fool theory），人们之所以完全不管某个东西的真实价值而愿意花高价购买，是因为他们预期会有一个更傻的傻瓜，会花更高的价格从他们那儿把它买走。博傻理论告诉人们的最重要的一个道理是：在这个世界上，傻不可怕，可怕的是做最后一个傻子。

博傻理论所要揭示的就是投机行为背后的动机，投机行为的关键是判断“有没有比自己更大的笨蛋”，只要自己不是最傻的傻瓜，那么自己就一定是赢家，只是赢多赢少的问题。如果再没有一个愿意出更高价格的更傻的傻瓜来做你的“下家”，那么你就成了最傻的傻瓜。可以这样说，任何一个投机者信奉的无非是“更傻的傻瓜”理论。

谁是最后的傻瓜？

人为什么会认为自己肯定不是最傻的那个傻瓜呢？

英国历史学家迈克·达什（Mike Dash）认为：人们的头脑和意识中有一种东西，让人们不愿意去相信泡沫的真相。大多数人在参与投资热潮之前，都缺乏相关的了解。“郁金香热”显然就是人们这种盲目行为的首次体现。

买卖的人都很清楚，他们在拿不切实际的价格赌博，但又难以抗拒大赚一笔的诱惑。这就是跟风现象，也就是常说的盲目地随大流，实际上什么都没有，就是一阵风。

这种现象不仅以前有，今天仍然层出不穷。不管是板蓝根，还是醋，一旦价格开始上涨，人们就开始疯狂购买。

尤其是与实际商品关联不大，人们不清楚其关系时，最容易出现疯狂购买现象。当没有买家愿意出更高的价格时，就会出现恐慌性抛售，价格也会跟着暴跌。这种现象就被称作是投机泡沫。

其实，在期货与股票市场上，人们所遵循的也是这个策略。人们之所以完全不管某个东西的真实价值，而愿意花高价购买，是因为他们预期有一个更大的笨蛋会花更高的价格，从他们那儿把它买走。

比如说，你不知道某个股票的真实价值，但为什么你会花20块钱去买一股呢？因为你预期当你抛出时会有人花更高的价钱来买它。

从大众心理角度分析股市的理论中，博傻理论已经广为人知。该理论认为，股票市场上的一些投资人根本就不在乎股票的理论价格和内在价值，他们购入股票的原因，只是因为他们相信将来会有人以更高的价格从他们手中接过“烫手山芋”。支持博傻的基础是投资大众对未来判断的不一致和判断的不同步。对于任何部分或总体消息，总有人过于乐观估计，也总有人趋向悲观，有人过早采取行动，而也有人行动迟缓，这些判断的差异导致整体行为出现差异，并激发市场自身的激励系统，导致博傻现象的出现。

对于博傻行为，也可以分成两种：一类是感性博傻，一类是理性博傻。前者在行动时并不知道自己已经进入一场博傻游戏，也不清楚游戏的规则和必然结局；后者则清楚地知道博傻及相关规则，只是相信当前状况下还有更多更傻的投资人即将介入，因此才投入资金赌一把。

理性博傻能够赢利的前提是，有更多的傻子来接棒，这就是对大众心理的判断。当投资大众普遍感觉到当前价位已经偏高，需要撤离观望时，市场的真正高点也就真的来了。

博傻阶段更需要适度理性

在股市中，投机气氛总是或多或少地存在，相当多的投机者并非理性，有时甚至就是疯狂赌博。对于业余投资人而言，这种博傻带来的利润不太容易把握。但对于职业投资人而言，反而会利用这种市场氛围，投入一定比例的资金理性博傻。

如何避免成为“更傻的傻瓜”呢？股票市场有这样一句话：“要博傻，不是最傻。”这话说起来简单，做起来却不容易。

到底有没有“更傻的傻瓜”，并不是那么容易判断的。一不小心，博傻的人就会成为“更傻的傻瓜”。即使明知道是一只垃圾股，不管净利润如何，市盈率如何，依然有人孤注一掷地投入资金，冒着高风险买进，这些人凭借的就是“最傻的傻瓜”理论，他们相信一定有比自己更傻的人会以更高的价格来买走。不过，并不是所有人都能准确地判断行情，即使是股市老手，也有马失前蹄的时候，没有永远的傻瓜，但是永远有一个最傻的傻瓜，就是不知道这个最傻的傻瓜是自己还是别人。

博傻行为时常会在消息面因素的推波助澜下愈演愈烈。例如，某强势股逐日上升，市盈率越来越高，显然很不合理，并且也无消息说明该股有利多消息，但股价就是一个劲儿地直往上蹿，惹得低位未买的交易者心直痒，于是高价买进，而踏空者的追涨会导致股价进一步上扬，越买越涨，越涨越有人买。不久之后，让人奇怪的是，市场自然而然地会冒出许多该股的利好传闻，不合理的涨升也成为原因十足的上扬行情。

所以市场派人士常认为，与其说是消息决定趋势，不如说是趋势决定消息。趋势好的个股会吸引买盘，也会吸引利好消息。因而选择博傻策略的人无须认真研究个股基本面，唯一需要关注的就是股价的趋势和成交量的配合。追涨杀跌在这种操作上体现得淋漓尽致。严格地说，博傻理论的核心就是“顺势而为”。

市场很多时候无法用简单的价值理论去推测，人心狂热的时候，理性的价值评估往往失效，这时，就需要从大众心理的角度来思考问题，并依据对市场情绪的“望闻问切”，来判断行情最危险的时候是否已悄然而至。

为什么很多人懂得博傻理论背后的风险，还是要义无反顾地投身进来呢？一句话：皆因贪婪。给你的黄金过重，你拿不走；给你的过轻，你又觉得得到的太少，这就是人性。

投资大师巴菲特早就说过：“投资要用大脑而不用腺体。”大脑要做的是判断企业前景经营和大众心理趋向，而腺体只会让人按照本能去做事。当然，也有人认为对于博傻现象，完全放弃也并非是最合理的理性，在自己可以掌控的水平上，适当保持一定程度的理性博傻，可以作为非理性市场中的一种投资策略。但是说起来容易做起来难，正如道理许多人都懂，但是在人性的贪婪面前，多少人又能够成功守住自己的底线呢？

骗局也是一种博傻

博傻理论在庞氏骗局、传销中同样适用。

由于现在互联网的发达，年轻群众对这种骗局大部分看得非常明白，但是很多大爷大妈成了这个理论潜在的使用者，对于一些P2P理财、庞氏骗局，他们的观点是“我们知道，但是我们相信，我们后面还有人买进，我们要的就是利息”。

比如，在山东某地爆发的传销事件，即使该集团的负责人已被警方以涉嫌非法吸收公共存款刑拘，该集团还在编织一个泡沫，说公司上市了，钱就能归还大家了，一些大爷大妈仍对此抱有希望，阻止其他受害人报警并鼓动更多人加入，这也是博傻理论。

近年来，数字币市场异常繁茂，出现了几十万种甚至难以计量数量的各种名目的数字币，这些是不是一场博傻游戏呢？

比如，我和朋友们一共10个人，准备发行一种数字币。发行量是1000万枚，每枚初始价格为1元。我们自己每人先预留了50万枚，合计500万枚，其余500万枚通过挖矿等形式发布给公众。

我们现在面向100个“韭菜”推广，会发生什么事情？

大家肯定不认可，你说1元就1元，让我出钱买我就出钱买？我才不傻。

那怎么办？我们自己先互相卖。

10个人，每人都以2元的价格对外卖10万枚，然后再以2元的价格买回来10万枚。等于我们10个人轮了一圈，手里的币和现金不多不少。

但是，什么变了呢？币值变了，由于价格设定为2元一枚的交易，市场上已经接收到信号，这个币值2元了。

这时候，是不是有的“韭菜”就动心了？

没关系，我们还不急。再来一轮，价格直接涨到5元。甚至都不需要以那么大的交易量来拉动市场的情绪了，只要有一个币的交易价格涨到10元，那么整个市场就会认为这个币的价值是10元，而这时候整个币值已经达到1亿元了。

陆陆续续就开始有人入场了。

有人入场就有交易，这时候一定要给“韭菜”们灌输“长期主义”，让他们只买不卖。那谁来卖？我们自己卖。

价格一直往上拉，那么“韭菜”入场的也就越来越多，之前入场的“韭菜”也会逐步加仓，这时候价格就自然继续上涨。

总会有沉不住气想要卖出的“韭菜”，没准就是“理性博傻”的人，明知道这是个坑就是要进来“坑”一下更傻的人，这时候他们要退出了，怎么办？

没关系，这时候新入场的“韭菜”们已经自然而然地主动接仓了，而且价格还能上涨一波。

我们只需要趁着这一波，一点一点地出我们手里的币就好。

只要用“长期主义”的旗号安抚好“韭菜”，跌了他们自然会补仓把价格拉回来，涨了他们不仅不去卖还会拉来更多的“韭菜”帮我们接盘。

只要“韭菜”们一直有共识，这个币在涨，而且还会继续涨。那么，这个币就不会崩盘。

哪怕最终再也没有“更傻的傻瓜”出现，也没关系。我和我的朋友们早已高位清盘了大部分的币，赚得钵满盆满。

至于“韭菜”们是不是被套在高位?

这不正是“韭菜”的宿命吗?

有人会说，发币真的像你说的这么简单吗?是的，市面上已经出现了发币的全套解决方案，最快5分钟就可以发出一个新币，成本甚至只需要百把块钱。

市面上几十万种数字币，有多少是这种币，又有多少走在崩盘的路上呢?

历史不会重演，却会踏着相似的韵脚而来。

故事的主人公会换，炒作的品种会换，但游戏规则没有换。

骗术原理其实并不新奇，甚至也不高明，只是人性的弱点都差不多。

现实生活中，那些成为最傻的人，除了习惯性跟风投机炒作之外，往往都是被人性中的贪婪所害，为了获得最大化的利益，总是期待最后一个傻子的出现，结果越贪婪越失去理性，一不小心成了最后一个接盘的笨蛋。

所以，当贪念起时，别忘了提醒自己：寨有盍饕之心，而欲不可足。

后记

生活没有白走的路，每走一步都作数

这本书起始于2021年2月20日，我从香港探亲归来，在上海隔离了14天。

为了打发无所事事的隔离期，我在知识星球上开了“生活经济学”账号，一是把之前回答朋友的一些财经问题整理成文，二是也回答网友一些新的问题。

从此一发不可收拾。在两次登上知识星球热榜后，按照朋友的建议，我开始调整方向，成体系地撰写人生中的第一本书。

你看，一开始无心插下的柳，最终居然生根发芽。

人生中有很多阴差阳错，其实都事出有因。

大学毕业时，我参加了公务员考试，一不小心考了全省第一名。当时意气风发、精力过剩，除了本职工作，还做了很多职业之外别人不愿意参与的事情，虽然当时也不知道做这些事情有什么意义。

比如，当时亚洲开发银行（Asian Development Bank，ADB）有一个技术援助项目，可以支持各地开展一些本地化的课题研究。当时还是“新兵蛋子”的我，抱着探索未知的兴趣，起草完成了自己首个英文作品——课题申报书，并独自到ADB北京代表处，与三位高级经济学家谈判，争取到了最高标准的支持——10万美元的无偿资助；组织了6位博导、教授组成课题组，历时两年完成几十项政策建议，大部分被采纳。

原以为课题结束便是句号。然而，这次课题的全英文交流、成稿，提高了我财经领域的英文水平，2015—2016年，我又在领导的支持下顺利通过财政部选拔，被公派至英国曼彻斯特大学研修。

在英期间，有次拜访时任曼彻斯特市市长保罗·墨菲（Paul Murphy），市长先生刚刚接待完中国国家领导人的国事访问，对中国来的留学生非常热情，安排了整整一上午的时间会见我们，也使得我有充足的时间与市长畅谈他在“波音公司高管”和“市长”之间职业转换的感受。

事后想来，也许正是这次谈话，埋下了一颗种子，最终坚定了我辞职“下海”的决心。

茨威格在《断头王后》中说过一句话：所有命运馈赠的礼物，早已在暗中标好了价格。我更想说的是：你付出的所有努力，命运也都暗中馈赠了你。

毕业后一直从事财政经济方面的实践，让我深深感受到，经济学是一门关于生活的学问，就像一盏明灯，它从来没有直接给出答案，但是却一直指引着方向，让我深知，有借必有还，有付出才有收获。

因此，我要求自己每年都要完成一个新挑战。这么些年下来，我读完了两个不同领域的硕士，成为澳大利亚资深注册会计师、美国注册管理会计师，出国研修、辞职下海，直到今天又完成这么一本书，圆了自己还是文艺青年时没有完成的梦。

在这本书里，我尽力把自己对人生、对生活中诸多问题的反刍、体悟如实且冷静地展现出来。所以，这本书里，你看不到疯狂的情绪，也不会得出“可复制”的路径，人生的路终究要自己走，所有的答案还是要自己去寻找。

我所能做的，是告诉你：我会怎样寻找答案。

所以，在回答每一个问题时，我想让你知道的不是这个问题的答案，也不是一个新颖的名词、一个炫酷的经济学规律，而是去触摸一类事件的来龙去脉，一门学科的发展与修正过程，一个新知的应用和变化。只有深入地认知事件背后的发展脉络，才不仅仅是“知道分子”，而是一个见微知著的“知识分子”。

当然，这也导致每个回答都无法用三言两语说清，反而会有些啰唆和“掉书袋”，不太符合当下快速阅读的习惯。但是，如果不把一次性读完这本书作为任务，而是每次只看一篇回答，认知一个经济常识，是不是也是一种乐趣呢?

虽然我用了很大的精力长篇大论逐一回答，但其实我更感激这些问题的提出者。因为，回答问题的过程，也正是我对自己的观点、见解进行梳理、修正，甚至补充的过程，使我产生了很多新理解、新想法，丰富了自己的认知体系。

因此，本书的呈现，获得最大益处的不是读者，反而是我自己，所以我珍惜这些问题，也感恩他们与我一起成长的过程。

我也非常感激北京卓文天语文化有限公司、新世界出版社的信任，对于一个作者，你们的专业、担当是这本书成文的最大动力来源。

世界很美好，世界也很喧嚣。你可以不动声色，但也不能落入俗套，更不应被世界抛在身后。随着年华流逝，身体会老化，思想也会钝化，但是人不能僵化。

愿诸君都能做一个理性而温情的人，不被情绪所掌控，不被焦虑所左右，不在信息浪潮中自我隔离，不在得失中蹉跎生命。即使要付出代价，依然不能放弃努力。因为，生活没有白走的路，每走一步都作数；你付出的每一滴汗水，都会开花结果。

愿诸君生活愉快，皆得所愿。